KB151665

해양인문학의
이해

윤홍주 · 김성민 지음

도서출판 WisdomPL

머리말

지금 우리는 바다가 인간에게 있어 어떠한 존재인가를 이해하고 어떤 의미로 다가오는지에 대한 고차원적인 사고가 필요한 시점에 도래하였다. 이제 바다가 단순히 해상 교통로이거나 어패류와 소금의 공급원이던 시대는 지났기 때문이다.

우리는 바다가 일반적으로 수산 식량자원과 미래 자원의 보고라고 알고 있다. 바다와 해양 관련 산업을 통해 앞으로 바다는 계속해서 미래의 새로운 먹거리를 우리에게 줄 것이며 이에 해양산업을 육성하고 해양과학기술을 발전시켜 바다를 잘 활용하면서도 해양 환경을 보존해야 하는 것이 우리 인간에게 있어 매우 중요한 과제일 것이다.

기술적으로 보면 해양 또는 해수의 흐름과 운행을 인지하고 대기와의 상호작용을 조사하여 기상과 기후변화에 영향을 이해하고 나아가 해저 지각 활동 조사를 통한 해저 지진의 이해와 과정을 해명하는 등의 과학적, 기술적, 사회적, 경제적으로도 큰 의미가 있다는 것도 인식해야 한다. 이렇듯 우리의 주변을 둘러싸고 있는 해양은 이제 인간과 함께 공존해 나가야 할 대상으로 지금 우리 곁에 있다. 이에 우리는 그동안 상대적으로 버림받았던 바다를 안전하고 깨끗하며 친숙한 바다로 만드는 일이 우리에게 필요할 것이다. 그것이 바다와 우리가 서로 공존해 나가는 길이라 할 수 있다.

즉 지구 표면적의 약 70%를 차지하는 수구로서의 지구의 바다를 인간과 공유해 나가기 위해 우리는 무조건 광대한 해양을 이용 목적으로만 볼 것이 아니라 인간 활동의 영향을 줄 수 있는 사회, 정치, 문화, 사회, 경제, 역사, 등의 모든 부분을 포함하여 통섭적으로 이해해야 할 필요가 있다.

21세기는 신 해양 르네상스의 시대를 열어 가고 있다. 육지의 사고에서 벗어나 해양 사고의 전환, 육지를 바탕으로 한 육지를 뛰어넘는 해양 패러다임의 전환이 필요한 시대이다. 삼면이 바다로 둘러싸인 우리나라는 과거로부터 수없이 해양으로 진출해야 한다는 여러 의견과 연구의 함성이 있었지만 아직은 그 목적을 확실히 이루어내지 못했다고 볼 수 있다. 이러한 이유는 여러 가지가 있겠지만 그 중 지금까지 해양과 관련된 학문탐구는 과학기술 영역에서 그 역할을 담당해 왔기 때문이다. 이와 비교해 해양인문학은 해양인 바다를 단순한 물리적이고 현상적인 공간으로 한정하는 것이 아니라 인간의 활동 전반과 사상을 생활 속으로 흡수하여 철학적이며 사회학적인 관점에서 해양을 간 학문적(Inter-Discipline), 총체적으로 해석하고 이해하려는 새로운 학문 분야이다. 따라서 해양에 대한 제한된 인식의 지평을 넓히기 위하여 인간의 삶이 끊이지 않고 존재하였던 해양이라는 공간을 이해하여 인간 본연의 삶의 문제를 해결하려는 철학적이며 인간의식의 문제로 해석하려는 시도를 통해 해양과 관련된 인간의 모든 분야를 학문으로써 그 과정을 연구하고자 한다. 또한, 아직 해양인문학의 정의와 이해 그리고 그 범주에 대한 정확한 연구가 이루어지지 않는 것이 현실이다. 이런 이유로 이번 출판이 해양인문학의 시초가 되어 더욱더 발전할 수 있는 계기가 되었으면 한다.

즉 이러한 이해를 통해 해양인문학의 기초인 바다의 의미와 인간과의 철학적, 심리적 상호 관계를 이해하기 위한 기본적 소양의 해양을 인간, 문화, 문학, 철학 등의 시각을 통해 해양인문학의 개념을 총체적으로 통섭한다는 목적을 지닌다.

이 책은 총 8장으로 구성되어 있다. 1장은 해양인문학과 해양문화로 해양인문학의 정의와 해양문화의 의의를 이해하여 2장은 해양항해사를 중심으로 서양과 동양의 항해 역사를 고대, 중세, 근현대로 구분 지어 설명하고 있다. 3장은 우리나라 배인 한선의 대해 알아보며 4장은 오디세이아로 대표되는 해양문학과 모비 딕, 그리고 김성식의 시 세계에 대해 알아본다. 5장은 탈레스와 니체의 해양철학을 6장은 해양과 생물의 다양성과 자산어보를 7장은 인문지리학의 독도를 마지막 8장은 해양인문학의 미래에 대해 알아본다.

1차 자료는 기존에 있는 다양한 분야에서 수집하였으며 인터넷과 논문을 참고하여 집필 하였음을 미리 밝힌다. 비록 연구와 조사가 부족한 저서임에도 미약하나마 해양인문학의 초석이 될 수 있는 발판이 되길 바라며 앞으로 많은 연구와 조사가 더 필요하다는 점을 인식하여 독자들의 따가운 비판을 기꺼이 수용한다.

지속해서 더욱더 많은 연구와 조사를 통해 후속 저서를 집필할 수 있도록 최선을 다하겠다. 본서의 출판을 위해 애써주신 위즈덤플 송기수 대표님께 감사를 표한다.

2021년 10월
저자 윤홍주, 김성민

차례

1장

해양인문학과 해양문화

1.1 해양인문학의 정의와 목적

1.1.1 해양이란 무엇인가?

바다는 지구 표면의 70.8%를 차지하고 있으며, 해양의 면적은 3억 6,105만km²에 이르고, 해수의 부피는 13억 7,030만km³ 에 이른다. 해양의 깊이를 평균하면 4,117 m가 되며, 최대 깊이는 11,034 m이다. 일반적으로 바다는 지구상에 육지가 아닌 지역에 소금물로 구성된 넓은 공간이라 알고 있다. 하지만 바다와 해양은 서로 다른 개념이라는 사실을 우리는 먼저 인식해야 한다. 일반적으로 바다는 가까운 해안인 연안을 포함하여 주로 해양생물이 서식하는 연근해(沿近海)를 가리키며, 해양(海洋)은 쉽게 말해 먼바다를 대상으로 나라 간의 수출입 운송의 개념이 중심이 되는 원양(遠洋)을 말한다. 바다와 해양에 해당하는 영어단어는 sea, ocean, maritime, marine 등으로 구분할 수 있다. 먼저 sea는 대체로 바다 일반을 가리키는 말이다. land 즉 땅인 육지에 반대하는 개념이라 할 수 있고 가까운 해안인 연안에서 대양에 이르는 바다 전체를 포괄한다. 이에 비교해 ocean은 연안을 벗어난 먼 바다인 대양을 가리킨다고 할 수 있다. maritime은 항만과 항해 기술, 선박 또는 배등 수산어업 이외의 바다와 관련된 부분을 의미하는 것으로 쓰이기도 한다. 또한, 영국의 해안과 바다와 관련한 연구과 이야기를 적은 폴 헤인리(Pual. Heinly)의 저서 『Maritime Britain』은 maritime의 범주에 연안의 풍경까지도 그 범주 안에 포함하고 있다. 하지만 이는 동아시아에서 대체로 해사(海事) 즉 해양이나 바다와 관련된 일로 해석되며 해상 간의 교통과 운송, 배와 선박의 과학기술 등을 대상으로 하는 개념으로 설명될 수 있다. 이에 비교하여 더욱 넓은 의미를 포함하고 있는 단어가 marine이다. 예를 들어 marine tourism(해양 관광)이 해안과 해양을 포괄하는 해양 오락을 뜻할 때는 해안에서 행해지는 공간 영역을 의미하는 경향이 두드러진다. 이 같은 내용을 종합하면 해양 문화산업은 바다와 관련된 일(maritime)을 중심에 두고 연안 해(coast)와 대양 해(ocean)를 모두 포괄하는 문화적 개념으로 볼 수도 있다.

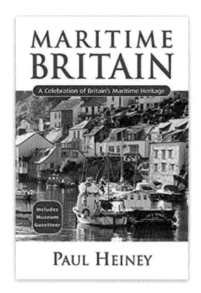

<폴 헤인리(Pual. Heinly)와 그의 저서 『Maritime Britain』>

또 다른 관점의 견해로 크루머(O. Krummer)는 해양의 개념을 지구 표면의 약 70% 이상을 차지하고 해양의 위치나 형태와 크기 그리고 해수의 성질 및 운동의 밀접한 관계에 따라 지구의 해양을 다음과 같이 4개의 분야와 영역으로 크게 분류하였다.

① 대양 : 큰 면적을 가지고 있으며, 고유의 염분이나 · 조석의 차 · 해류의 흐름을 가진 독립된 해양으로 태평양, 대서양, 인도양이 이에 속한다.

② 부속해 : 작은 면적으로서 가까운 육지와 해양의 영향을 받는데 그 중 대양의 조석의 차 · 해류의 흐름과 영향을 많이 받는 해양이다.

③ 지중해 : 대륙이나 육지에 깊숙이 들어가 있는 바다로 해협을 통하여 대양과 연결되는 해양을 말한다.

④ 연해 : 대륙 주변에서 섬이나 바다로 둘러싸야 진 곳을 말하며, 서해(서해), 오호츠크해(Okhotsk sea)가 이에 속한다.

1.1.2 바다의 어원과 본질

바다는 언급하다시피 지구라는 땅 위에 그 반대인 육지를 제외하고 그 제외한 부분에 물이 차져 있는 곳이라 정의하고 있다. 우선 바다의 어원은 '바다'가 '바닿/바랄(모음은 아래아)'의 형태에서 온 것으로 보기도 하고, '바다'의 형태 변화를 평평함을 뜻하는 받과 아래아 모임인 알이 결합하여 그다음 접사가 붙어 바다는 바랄로 불리고 되었다고 보고 있다. 또한, 바다라는 의미는 모든 것을 다 받아들인다는 의미로서의 뜻도 내포하고 있다고 일반적으로 알려져 있다.

'바다'는 신라어에서 가장 비슷한 형태를 찾을 수 있다. 대표적인 예로 삼국사기의 신라 관등명 가운데 하나인 '파진찬(波珍湌)'이다. 일본서기에는 '파진간기(波珍干岐)'라고 나와 있으며, 이를 훈으로 '해찬(海湌)' 또는 '해간(海干)'으로도 불렸다는 점에서 '파진' 또는 '파진'이 바다 해(海)를 뜻하는 고유어로 추정된다. '보배 진(珍)'은 '돌 진'으로도 불렀으므로, '파돌'과 비슷한 음가였을 것으로 추정되었다. 삼국사기를 판독한 결과 고구려어 지명인 '파단(波旦)', '파풍(波豊)' 또한 같은 어원으로 추정할 수 있다고 보았는데, 한편 국사편찬위원회에서는 해당 지명을 '파차(波且)'라고 판독했다.

국립국어원의 연구에 따르면 중세 한국어에서는 '바롤' 또는 '바닿'의 형태로 기록되었다. '바닿'의 경우 좀 더 오래 살아남아 모음이나 자음 'ㄷ,ㄱ'으로 시작하는 조사 앞에서는 '바닿'의 형태로, 그 이외의 자음으로 시작하는 조사 앞에서는 '바다'로 쓰였으며, 이때부터 현대어의 '바다' 형태가 이미 완성되었다는 것을 알 수 있다. 이후 근대 한국어에 들어서는 조사의 형태에 관계없이 '바다'로 쓰는 표기가 보급되어 오늘날에 이른다. '바닥'과 동계어로 보는 의견도 있으나 확실하지는 않다.

즉 바닿(15세기~19세기)이라는 말이 바다(18세기~현재)로 이어졌다는 것이다. 현대 국어 '바다'의 옛말인 '바닿'은 15세기 문헌에서부터 나타난다. 매개모음이나 모음, 'ㄷ, ㄱ'의 자음으로 시작하는 조사 앞에서는 '바닿', 단독으로 쓰이거나 'ㄷ, ㄱ' 이외의 자음으로 시작하는 조사와 결합할 때에는 '바다'로 나타난다. 18세기에는 '바다에'와 같이 모음으로 시작하는 조사가 결합할 때에도 '바닿'이 아닌 '바다'가 등장하면서 현재에 이르렀다. 한편 중세국어 시기에는 '바닿'과 같은 의미를 지닌 '바롤'도 존재하였다.

다시 말해 '바다[海]'의 형태는 15세기부터 '바롤'형과 '바다ㅎ'형이 있었다고 보고 있는데 이 두 가지 형태는 17세기까지 함께 쓰이다 18세기부터는 새로이 '바다'형만 쓰여 현대 국어에까지 이르고 있다. '바랄과 '바다'의 관계에 대해서는 같은 하나의 어근에 있어서 음운 변화 과정 중에 보인 두 형태로 보는 경우와 함께 쌍형의 동의어로 보는 경우가 간혹 있다. 앞ㅇ의 경우는 첫음절이 같고, ㄷ이 ㄹ로 교체 현상이 국어역사에서 나타난다는 점에서 보이는 경우이다. 이숭녕(1961), 안옥규(1989) 등이 '바다'를 15세기의 '바롤'에서 변화한 것으로 보고 있다. '바다'가 '바룰'에서 바뀌어 온 것으로 보고 있다면 이는 '바룰->바ᄅ->바라->바다'의 과정으로 바뀌었다고 생각해 볼 수도 있을 것 같다. 이러한 형태들은 모두 15세기에 나타나는 현상이다. 이기문(1991)은 삼국사기의 기록인 파진찬일행해간에 근거하여 '바룰'의 기원을 '*바들'로 보고, '*바들'의 모음 간 'ㄷ'이 'ㄹ'로 변하여 15세기의 '바룰'이 되었다고 보았다. 그러나 '바다'의 기원을 '바룰'로 보면 2음절의 'ㆍ'가 'ㅏ'로 변한 이유와, '바다'가 'ㅎ'종성 체언인 이유 등이 설명되어야 한다. 더군다나 15세기에 '바룰'과 '바다'가 공존한다면 그 이전 시기에 'ㆍ〉ㅏ'의 변화가 있었다는 이야기인데, 이는 국어사에서 자연스러운 변화가 아니다. 물론 15세기에 '바ᄃ'의 형태도 존재하지 않는다. 따라서 '바룰'이 변하여 '바다ㅎ'가 되었다는 것은 재고의 여지가 있다. '바룰'과 '바다ㅎ'를 같은 쌍형의 단어로 본다고 하면 이런 문제는 사라진다. 이것들이 같은 의미로 쓰여 서로 경쟁 관계를 놓여 형성되다가 18세기 이후에 '바다'형이 최후에 경쟁 관계에서 우위를 보인 것으로 볼 수 있다.

이에 대한 시대별 용례를 보면 다음과 같다.

① 15세기; (바닿, 바다) 닐굽 山 쓰ᅴᄂᆞᆫ 香水 바다히니 ≪1459 월석 1:23ㄱ≫ 그 鹹水 바다해 네 셔미 잇ᄂᆞ니 東녁 셔믄 弗婆提오 ≪1459 월석 1:24ㄱ≫ 一切 衆生이 渴愛 바다ᄒᆞᆯ 건너 뎌 녁 ᄀᆞ새 다ᄃᆞ라 기리 安樂ᄋᆞᆯ 得게 코져 ᄒᆞ며 ≪1459 월석 20:24ㄴ-25ㄱ≫ 須彌山이 믈어디며 四海 바닷 므리 여위오 ≪1447 석상 23:26ㄱ-ㄴ≫ 큰 바닷 內예 十寶山이 이쇼ᄃᆡ 貴코 노포미 須彌山을 몯 밋ᄂᆞ니라 ≪1447 석상 20:21ㄴ≫

② 16세기 : (바닿, 바다)비 타 바다 건너 시워레 王京의 가 ≪1510년대 번노 상:15ㄱㄴ≫ 海 바다 히 ≪1527 훈몽 상:2ㄴ≫ 수샹산이 졈졈 노프면 삼도 바다히 더옥 기프리라 ≪초발-야운 64ㄱ≫

③ 17세기 : (바닿, 바다)하늘히 길고 바다히 너르니 흔이 ᄀᆞ이 업도다 ≪1617 동신속 열1:92ㄴ≫ 碧海水 바다 ᄲᆞᆫ 믈 ≪1613 동의 1:16ㄴ≫ 海水 바닷믈 ≪1690 역해 상:7ㄱ≫

④ 18세기 : (바닿, 바다)험흔 바다ᄒᆞᆯ 건너온 빈매 몯과 밥도 고치올 거시니 이도 二三日은 흘 거시오 ≪1748 첩신-개 8:31ㄴ-32ㄱ≫ 실로 사름은 可히 얼굴로 보지 못홀 거시오 바다흔 可히 말로 되지 못홀 거시로다 ≪1765 박신 3:37ㄴ≫ 뭇과 바다흐로 실어 올니단 말슴이라 ≪1783 유호남민인등윤음 11ㄱ≫ 海溢 바다 넘다 ≪1775역해-보 5ㄴ≫ 바다에 셰가 이셔 히마다 ᄒᆞᄂᆞᆫ 셰가 졀강 차셰에서 만코 ≪1783 유원춘도윤음 1ㄴ≫

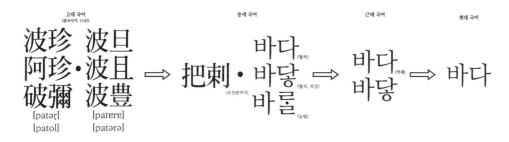

<바다 어원의 변천과정>

⑤ 19세기 : (바닿, 바다)또 ᄒ로ᄂᆞᆫ 모든 종도ㅣ 바다를 건너다보니 바람을 맞고서 배 업칠
    지경이니 ≪1865 주년 64ㄴ≫ 산이 가렷던지 바다히 막혓던지 물론 ᄒ고 경긱간에 쇼식을
    통ᄒ니 ≪1883 이언 1:42ㄱ≫ 근즈에 신심ᄒᄂᆞᆫ 남녀 잇셔 바다을 건너 향을 슬으며 산에
    올나 묘에 빌고 ≪1881 조군 6ㄱ≫ 구라파 각 국이 닉디에 드러오려 ᄒ면 반ᄃᆞ시 바다로
    올 거시니 ≪1883 이언 1:38ㄴ-39ㄱ≫ 일노 말미암아 민즁과 졀강과 월동에 바다를 통ᄒᆞᆫ
    고올이어든 방빅의게 신칙ᄒᆞ야 ≪1883 이언 1:44ㄱ≫

또 다른 견해로는 "바다"라는 말을 아프리카 중부토속어인 세소토어의 batla에서 유래한
것으로서 그 의미는 to look for, see, search로 알려져 있는데, 이는 답답한 가두어진 산이나
들판에서 벗어나서 넓은 대양의 바다를 보면 눈의 시야가 확 트여서 멀리 아득히 수평선까지
보이는 곳이라는 곳을 말한다. 즉 멀리 바라다보이는 곳을 의미한다.

다시 말해 바다의 15세기 언어인 바닿이라는 것은 〈batla (to see) + ha (space)〉에서,
〈바랄〉은 〈batla (to see) + lelele (long)〉에서 유래한 것으로서 〈저 멀리 바라볼 수 있는
곳〉을 의미한다. 그러므로, 바다(sea)라는 의미는 물결의 비말을 의미하는 수평선이 보이는
파도는 치는 그곳이라는 것이다.

또한, 바다는 많은 물이 모인 곳을 말한다. 어원은 물이라고 여겨진다. 바다(海)〈字會上4〉,
바를(海) 〈龍18〉에서 바다의 어근 '받'과 바를의 어근 '발(받)'은 동근어다. 비(雨)〈國〉,
boron(雨)〈蒙〉, pet(河)〈아이누〉, hutsi(淵)〈日〉, bira(河)〈滿〉, bilgan(川)〈滿〉. 어근 bor, pet,
put, bir 등이 물(水)의 뜻이다. 국어 물(水)의 고형은 '믇'이다. mu(水)〈퉁구스〉, mukhə
(水)〈滿〉, muduri(龍)〈滿〉, mədəri(海)〈滿〉. 퉁구스어 mu는 mur의 발음탈락형이고, mukhə의
mu는 mul의 발음탈락형이다. 만주어 mədəri(海)의 어근 mət는 mut과 동원어다. 만주어
mukhə(水)는 mu와 khə의 합성어로 보면, mu는 국어 물(水)과 비교되고 khə는 만주어
koro(河身)와 국어 거랑(渠)의 어근 '걸'과 비교된다.

바다는 인류의 보편적 정서뿐만 아니라 무의식이 투영된 신화와 전설에서 많이 등장하는데 대부분은 창세기적인 신화로 바다를 묘사하는 카오스(Chaos) 시대에서부터 그 이야기가 시작된다고 볼 수 있다. 그리스신화에 등장하는 바다의 신인 테티우스는 땅의 신인 가이아(Gaia)와 밤의 신으로 알려진 뉘크스(Niux) 그리고 모든 전체 신들의 어머니로 불리고 있었으며, 포세이돈은 이후에 나타난 이들의 까마득한 후손이다. 이를 통해 해양(Ocean)의 어원인 'Oceanos' 용어도 신의 이름에서 유래되었다는 것을 알 수 있다.

<땅의 신인 가이아(Gaia)>

<밤의 신으로 알려진 뉘크스(Niux)>

<바다의 신인 테티우스>

　　동양에서도 태초에 지구가 생성되어 바다가 형성되었음을 보여주는 신화적 소재가 아주 많이 존재하고 있다. 인도 초기의 신 중 한 명인 프라자파티는 태초에 지구의 생성될 때 바다에서 스스로 태어났고 자신의 몸속에서 신과 함께 악마, 인간을 태어나게 했다고 한다. 일본 신화에서는 마찬가지로 혼돈의 지구의 바다에서 생겨난 최초의 존재인 제1신 구니토코다치에서 창조의 신인 이라나기와 이자나미가 태어나서 이 두 신이 창으로 바다를 휘저었더니 일본 열도를 만들었다고 한다.

<인도 초기의 신 프라자파티(Prajapati)>

<이라나기와 이자나미>

바다와 관련된 신의 일반적으로 공통적인 특징이 있는데 그것은 바로 대부분이 여자로 바다를 묘사되고 있다는 점이다. 수메르의 바다의 신인 나무(Nammu)는 하늘신인 안(An)과 대지의 신인 키(Ki)의 어머니이며, 그리스신화의 나오는 바다신인 테티우스와 더불어 잉카 신화의 등장하는 바다신인 마마코차도 또한 여신으로 표현되고 있다.

<수메르의 바다의 신인 나무(Nammu)>

<잉카 신화의 등장하는 바다신인 마마코차>

즉 인간을 통해 바다와의 관계를 알고 바다의 속성을 분석하고, 동양적 사고와 서양적 사고의 바다의식 사이에 그 차이점 그리고 그러한 차이가 우리 인간의 역사에 미친 영향을 분석해 보면 전 세계의 창세신화는 대부분 여성으로 묘사되어 있고 바다가 우리 인류의 어머니임을 보여주고 있다,

프랑스어로 어머니인 mere에는 바다의 의미 mer가 들어가 있다. 한자어인 바다인 海에는 어머니 母란 의미가 내포돼있다. 인간이 섬을 품고 있는 바다의 어원을 생각해 보면 어머니인 섬은 바다가 잉태하고 있는 생명이며. 끊임없이 출렁이고 있는 역동의 생명의 결정체가 바로 섬이라고 표현 할 수 있다.

인간이 이러한 바다를 이상으로 동경하고 또한 그리워하는 것도 마치 이처럼 우리가 가진 원초적인 삶이 축적되었던 생명의 근원지인 생명의 바다에 무언가 내재해 있기 때문이다. 미국의 여성 해양 과학자인 레이첼 카슨(Rachel Carson)은 '우리를 둘러싸고 있는 바다(The Sea Around Us, 1951)'라는 저서에서 다음과 같이 표현하고 있다.

"생명이 바다에서 시작된 것처럼 우리 각자는 각자의 삶을 어머니의 자궁이라는 작은 바 닷속에서 시작한다. "

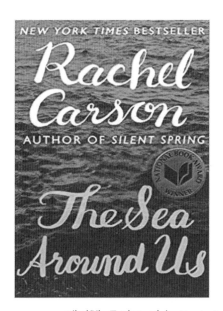

<레이첼 루이즈 카슨 Rachel Louise Carson, 1907년 ~ 1964년>

이는 바다가 동경과 도전의 대상인 동시에 변화무쌍하고 위협적이라는 양면성을 지니고 있다는 것이다. 즉 바다는 열린 공간인 동시에 거친 바다를 통해 인류는 통합성, 정보 지향성, 포용성, 진취성, 합리성, 개방성 등과 같은 속성을 보유하게 되었다는 점은 바다에 대해 인간이 가지는 큰 특징이라 하겠다.

하지만 동서양 바다의 차이를 연구해보면 극단적으로 다른 것을 느낄 수 있는데 바다를 도전하고 극복해야 하는 대상으로 본 서양은 도전적인 정신을 가지며 분석적으로 바다를 적극적으로 개척해서 이용하려는 의지의 바다를 보여주지만 바다를 단순히 형이상학적이며 관념적 대상으로 본 동양적 사고의 바다를 우리가 추구해야 할 진리의 대상으로써 인식했다. 이는 쉽게 접근하기 어려운 세계인 바다는 가서는 안 되는 위험한 공간으로 여기는 경향이 많았다.

대표적인 예로 동양의 지리적 개념에서 땅은 네모나고 하늘은 둥글며 네모난 땅 밖에서는 아무것도 존재하지 않는 무형의 공간으로 설정한 것은 동양에서의 바다의 이미지가 어떠한지를 보여주는 대목이라 할 수 있다. 즉 메모난 땅 밖을 무지의 대상으로 인식하여 두려움과 미지의 대상으로 여기고 위험의 대상으로 생각했던 모습이 나타난다.

인간이 다르듯 인간이 바다를 바라보는 관점 또한 개인마다 다르다. 즉 똑같은 바다란 없다. 그래서 바다는 변하지 않는 본질이 없다. 왜냐하면, 바다의 본질이란 늘 새로울 수밖에 없고 변하는 것이다. 그것은 그것을 대면하는 사람이 직접 그 본질을 만들어야 하기 때문이다. 우주에서 바라본 지구가 푸른빛을 띠는데 그 이유는 지구 전체의 약 71%가 바다로 약 3억 6천만㎢를 차지하고 있기 때문이다. 대략 지구는 약 13억 8,500만㎢의 물을 포함하고 있는데. 이 중에 대략 97%인 13억 5,000만㎢가 바닷물로써, 모든 생명이 시작된 곳이라 할 수 있다. 또한, 바다는 정화의 공간이며 모든 인류가 나아가야 할 미지세계의 상징과 은유를 던지는 문학적, 철학적 주제였다.

1.1.3 바다의 속성

바다는 열린 공간이다. 언제나 끊임없는 파동성과 액체성, 유동성, 응집력을 가진다. 누구나 생각하고 누구나 받아들이고 누구나 갈 수 있고 누구나 가질 수 있는 열린 공간이며 누구에게도 내어 줄 수 있는 역동과 끊임없는 사람들과 생각들이 가득 들어가도 공간이 있으며 자리 잡을 수 있어서 누구에게도 거부되지 않는 열려 있는 그런 공간이 바로 바다인 것이다.

기독교적 세계관에 기초하여 인간의 모습을 인간이 중심이 된 기계 주위와 대비되는 인간주의가 자연에 한 무자비한 착취를 합리화시킨 결과라고 본다면 바다는 지칠 줄 모르는 역동의 공간이며 마르지 않는 충만의 공간이다. 바다는 가장 낮은 곳에 머물러 있으면서 그곳으로 흘러들어오는 모든 오염물을 포용할 뿐만 아니라 정화한다. 그러면서도 바다는 '소금물'이라는 자체의 자기 정체성은 절대로 잃지 않는 존재이다. 그러므로 바다는 거부하지 않는 포용의 대상이며 경계가 없는 통합의 공간이다. 바다는 아주 오래전부터 존재했지만 언제나 새로운 공간이다. 인간은 바다를 정복해 왔다고 인간 스스로 말하고 있지만, 바다는 결코 인간에게 한 번도 정복된 적이 없었다. 인간은 바다를 잘 안다고 말하고 있지만, 바다는 언제나 알려지지 않은 미지의 세계였다.

단일민족으로 우리는 반만년 가까이 우리의 민족성은 지난 수백 년간 아니 수십 년간에 걸친 경제개발을 통해 경제력을 중심으로 국민의 의견을 함께 끌어내는 데 큰 힘이 되었다. 하지만 최근에는 이러한 민족의식의 부재가 지속하여 단일민족이라는 것이 반대 측면으로 작용해 오히려 폐쇄성을 일으키며 국제화의 한계에 직면하고 나아가 세계화의 결핍으로 인해 커다란 사회문화적인 21세기 4차 혁명 시대에 걸맞지 못한 장애 요인으로 나타나고 있다. 바다의 성경과 본질을 이해하는 것이 바로 여기에 있고 바다의 특성을 아는 것이 바로 그 이유인 것이다.

1.1.4 바다의 역할

지구의 물은 지구 표면의 대략 71%를 덮고 있다. 이 중에서 대략 97%가 바닷물이다. 바닷물은 보통 식수나 농사에 필요한 농업용수로 쓰이지는 않고 지구생태계에서 있어서 중요한 역할을 한다.

첫째, 바다는 지구의 자체의 온도를 조절하는 역할을 한다. 또한, 물은 비열이 매우 크기 때문에 낮에는 햇빛을 많이 비치고 밤에 대기가 또한 차갑게 내려간다고 해도 온도가 그만큼 빨리는 올라가거나 내려가지 않는다. 그 때문에 낮과 밤의 온도 차가 심하여도 지구 전체의 평균 기온은 변하지 않는다.

둘째, 바다는 모든 육지에서 흘러나오는 각종 물질을 전부 받아들여 스스로 자정작용을 통해 그동안 오염된 물질을 분산하고 순순하게 처리하는 역할을 담당한다.

해양은 지구에 있어서 생물이 태초에 시작된 곳으로, 해양 즉 바다 없이는 오늘날처럼 생물이 존재할 수 없었을 것이다.

즉 해양은 커다란 열을 관리하는 탱크의 역할을 하고 그 온도를 조절하여 최종 결과적으로 사막이 확산하는 것을 또한 방지한다. 해양은 우리 인간에게 아주 손쉬운 수송방법을 제공하고 있는데 그것을 해양 주변은 휴양지로 이용하기도 한다. 또한, 식량의 주요공급원이자 거대한 쓰레기를 처리하는 처리장이기도 하다. 마지막으로 해양은 단백질과 광물 그리고 전력 등 현대 산업화한 사회에서 필요로 하는 모든 잠재적 에너지를 제공해주는 역할을 한다.

1.1.5 바다의 이름

① 태평양 : 세계에서 가장 큰 바다다. 아시아와 아메리카 사이에 있으며, 지구 표면의 1/3을 차지한다. 태평양이란 이름은 "Mare Pacific ism"(평화로운 바다)에서 유래했다고 하며, 이 이름은 마젤란이 잔인하고 험난한 마젤란 해협을 통과한 후에 잔잔하고 평온한 바다에 인상을 받아 지었다고 한다. 하지만 실제 태평양의 모습은 동북아시아의 태풍과 호주의 윌리윌리와 같은 폭풍이 그치지 않는 잔인한 바다라고 한다.

② 대서양 : 세계에서 둘째로 큰 바다이며, 지구 표면의 약 1/5을 차지하고 있다. 대서양의 이름은 그리스신화의 아틀라스에서 나온 말로, "아틀란의 바다"라는 뜻이다. 고대에는 에티오피아 해라고도 불렸으며 대서양의 명칭이 최초로 발견된 자료는 기원전 450년경 헤로도토스의 역사라고 한다.

③ 인도양 : 아프리카와 아시아, 오스트레일리아로 둘러싸인 바다다. 전체바다 면적의 20%를 차지하며 인도를 둘러싸고 있는 바다의 이름이다.

④ 북극해 : 해양학에서는 대서양 일부로 보기도 하며 오대양 중 가장 작다.

⑤ 남극해 : 지구의 남쪽에 있는 바다로 남극을 둘러싸고 있다.

⑥ 오대양 그 외

지중해 : 서쪽으로 대서양에서부터 동쪽으로 아시아까지 뻗어 있으며, 유럽과 아프리카를 분리하는 바다

< 5대양 6대주 >

1.1.6 인문학이란 무엇인가?

인문학은 인간의 본디 인성과 삶의 조건을 통해 삶의 의미를 이해하는 학문이다. 서양에서 들어온 '인문학(humanities)'의 본디 어원은 '인간의 학문'이라는 라틴어 'studia humanitas'에서 유래한 것으로 알려져 있다. 처음 사용된 것은 고대 로마의 키케로(Marcus TulliusCicero, BC 106-BC 43)에 의해 알려져 있고 처음에는 교육을 위해 만들어진 단어이다. 이후 '인문학'이라는 말은 이탈리아의 인문주의자(humanist)들에 의해서 발전하기 시작했다.

인문학(human science)은 고대 서양에서 본질적 3학으로 불린 수사학과 문법 그리고 논리학을 총칭하는 말로서 넓은 의미의 학제 간의 개념으로서 4학으로 발전한 중세에는 산술과 음악 그리고 기하와 천문학을 총칭하는 지엽적이고 특정한 계층의 학문의 통칭인 바로 자연철학 또는 자연 과학(natural science)과 함께 엘리트 교육의 담당하였다.

이렇게 된 계기는 이 두 가지 범위에 속하는 학문적인 분야에 있어 소위 말하는 교양이 로마제국에서 들어오면서 확실히 인간과 관련된 자유 시민의 범위에 포함되었다. 이는 엘리트들로서 필수적으로 갖추어야 할 조건이라고 시대상의 반영이라고 볼 수 있다. 인문학의 범주인 문법과 수사학 그리고 논리학을 포함하는 라틴어적 어원을 기초로 〈Humanities〉라고 표현되었으며 역사적 사실을 통해 인문학의 대상은 바로 인간 자체에 있다고 선언한 말이 되어 버렸다.

인문학은 오직 인간에게서만 보일 수 있는 지적인 측면의 표현을 통해서만 인간을 이해할 수 있는 그럼으로써 더욱더 인간적인 모습이 될 목적으로 착안한 학문이라 볼 수 있다.

인문학을 자연 과학과 구분하여 'liberal arts'라고 명명되어 사용했는데, 그것은 아주 자유로운 로마시민에게 있어 인문학적 교양이 자연철학과 과학적 소양보다 더욱더 선행되고 이를 바탕으로 더 중요하다는 믿음이 서로 간에 깔려있었기 때문이지만 더 나아가 생각해 보면 그 당시 한 사회적 정치적 맥락에서는 떠나서 생각할 수 없는 인간이 정말 더욱더 인간다운 인간으로서 본질에서 존재한다는데 가장 핵심적이며 중요한 가치가 바로 자유라는 핵심적 신념과 믿음에 절대로 떼어 놓을 수 없기 때문이기도 하다.

동양권에는 인간의 삶에 무늬를 새긴다는 의미로 사용되고 있고 전해지고 있다. 인간 삶의 새로운 무늬를 놓으며 인간의 삶의 모든 영역에 포함된 사적이며 지적인 활동과 사고를 표현하는 말이다. 인문학은 동양이나 서양 모두에 있어서 역사, 사상, 철학 등을 매개로 하여 인간의 본질과 조건과정을 지적 활동의 결과물로 탐구하는 학문으로 이해할 수 있다.

즉 인문학은 인간이란 존재가 무엇인지, 그리고 인간은 어떻게 앞으로 살아야 하는지에 대해 정신적으로 탐구하는 학문이다. 다른 학문은 대체로 인간보다는 특정한 대상이나 상황에 대해서 연구한다. 또한, 대부분 사회과학이나 자연 과학 즉 행정학이나 경제학과 경영학 그리고 물리학과 생물학 등이 그러하다. 이런 학문의 특징을 보면 정도의 차이는 있기는 하지만 어떤 객관적인 대상을 과학적 수학적인 주관으로 탐구한다는 데 있다. 그러나 인문학은 그렇지 않고 탐구의 과제가 인간 바로 그 자체이다. 즉 인문학은 인간성(humanity)이란 과연 무엇을 의미하는지, 어떻게 사는 것이 진정으로 인간답게 사는 것인지 객관적으로 이해하려고 한다. 다시 말하자면 인문학의 관심 대상은 인간 삶의 의미나 가치 도는 삶의 목적에 있다. 그것은 인간은 자연 속에서 다른 존재들에 함께 객관적인 지식을 어떻게 획득하려고 할 뿐 아니라, 스스로 자기 자신의 존재의미를 깨닫고 가치를 탐구하고자 하는 본연의 강한 지적 호기심을 보여주고 있다.

1.2 해양문화의 정의와 범주

1.2.1 문화의 개념과 어원적 해석

문화의 영어적 의미는 'culture'이다. 이 말은 'cultura'라는 라틴 어원을 가진다, 'culture' 라는 낱말도 처음에는 다각적이다가 점차 일원적으로 되면서, 다른 무엇보다도 첫 번째로 문화를 일차적 의미로 인정하게 되었다고 볼 수 있다.

'culture'의 다른 의미는 보통 다른 낱말인 경작의 의미 cultivation과 재배를 뜻하는 growing 그리고 양성과 훈련의 의미를 지닌 education과 training에 의해 표기될 수는 있지만, 문화라는 측면에서 그 의미는 단연 'culture'라는 어휘로만 표현될 수 있는 까닭이 여기에 있다.

바로 여기에서 의문이 일어나는데 왜 하필 '문화(文化)'라는 말이 'culture'에 대한 번역된 말이 되었을까? 이것은 일본의 철학적인 용어들을 번역하여 새롭게 만든 철학자인 이노우에 데스지로(井上哲次郎 Inoue Tetsujiro 1855년~1944년)애 의해서다. 그는 그 시기에 영어로 된 여러 철학 용어들을 다양하게 한자어로 번역하였는데, 그 많은 작업 중 그중에는 'culture'에 어휘에 대한 번역작업도 함께 포함되어 있다. 예를 들어 그는 계몽이라는 의미의 enlightenment 에 대해 번역도 했는데 여기에 또한 문화(文化)라는 말을 동양인이 이해하리라고 할 수 있는 가능한 번역어의 하나의 개념으로 제시하였다. 하지만 'culture'에 대한 그의 번역어로는 함께 말해 수련(修練)으로 제시하였다. 수련은 훈련처럼 반복적인 활동과 생각을 통해 그것을 읽히고 알아감에 따라 습득의 과정을 의미한다, 무한 반복을 통한 지식 암기의 경우처럼 지금의 관점에서 그것을 본다면, 그의 번역은 우리의 입장에 봤을 때 꼭 적합한 것의 번역은 결코 아니라고 하겠지만, 다시 생각해 보면 'culture'의 단어의 의미 중에 양성과 수양과 교양이라는 말이 하나로 들어있다는 점에서 본다면, 심사숙고의 생각 끝에 그리 나쁜 편은 아니며 그의 번역어가 꼭 틀린 것이라고는 말할 수가 없을 것이다.

'culture'가 '문화'라는 번역으로 번역될 수 있는 이유에 대한 논의 중 하나는 다음과 같은 이유로 설명될 수 있다.

한자어권인 동양의 한국, 일본, 중국의 사람들이 하나같이 자연의 모습을 볼 때 논과 밭을 경작하는 것을 자연에 무늬를 놓는다는 말로 이해했다는 것으로 이해될 수 있다. 이러한 설명이 위의 내용을 뒷받침해줄 수 있다. 이것은 적절한 해석으로 보인다. 물론 이러한 한자어권의 동양사람들은 'culture'라는 의미를 '문화(文化)'로 번역을 하면서 이 또한 유교적이며 도덕적인 교육을 통해서 함께 공존하는 방식을 생각하였다. 이 점에 있어 우리는 문화라는 그 용어 자체가 가지는 그 이전부터 있었던 도덕적이며 윤리적이고 유교적인 맥락에서 본다는 것이 명백하다. 즉 도덕화(道德化)라는 개념을 통해 그것을 말로나 글로 생각하고 가르쳐서 인간을 착하게 만드는 유교적인 동양적 사상의 패러다임은 본질에서 보면 문화의 의미에서의 핵심적인 말이다. 원래 문화라는 것은 '문민치화(文民治化)'의 줄임말로 알려졌지만, 일반적으로 외적인 자연에 인간이 무늬 놓는 행위와 일 그리고 내적 자연인 인간 본성에 기반으로 한 도덕화하는 행위나 일 사이에 상대적이고 유지적 관계가 한층 더 성립하는 게 사실이라고 한다면 여기서 경작이라는 의미가 배양이라는 의미 이외에도 수양과 훈련 그리고 교양과 소양의 의미를 지닌 'culture'라는 대한 번역 용어로 '문화'를 지정한 것은 우리에게 역사적 문화적으로 분명 일반적으로는 아주 적절한 예라고 할 수 있을 것이다.

1.2.2 해양 문화란 무엇인가?

그렇다면, 해양이라는 개념과 문화라는 개념이 합쳐진 해양문화란 무엇을 말하는 것일까? "인류와 바다의 관계에서 이루어지는 친(親) 해양 성향 또는 해양 지향의 문화 일반"이라고 하는 학자도 있고 "인간과 바다의 관계에서 형성되어 고착된 공통의 정서"라고 정의하는 학자도 있다. 또한, 철학적 개념으로서의 해양문화를 "인류가 바다라는 자연 상태에서 한층 더 벗어나서 인간의 일정한 목적을 위한 일 또는 그 생활 이상으로 실현하는 노력과 과정 내지는 그 과정에서 얻은 소득"으로 정의하는 때도 있다.

그런가 하면 "바다를 관련되어서 보이는 관습이나 풍습이나 사회제도, 사회구성원들에게 공유되는 지식의 체계"라고 정의하는 사람도 있다. 이런 맥락에서 해양문화의 개념을 바다를 통한 삶, 해양과 관련된 정신, 예술과 문명, 해양과 관련된 사회의 발전과정, 해양과 관계되어 공동체를 이루며 살아가는 인간들이 서로 나누는 의미와 가치, 생활양식 그리고 해양과 관련하여 의미를 만들고 실천하는 일이라고 정의할 수 있다.

쉽게 말하자면, 바다를 배경으로 하여 사람들이 살아가는 모든 현상이 결국 해양문화인 것이다. 선사시대 수렵 생활에서부터 시작하여 오늘날 해양과학기술 분야에 이르기까지 바다라는 것을 매개로 하여 생활해 온 그 모든 것들 즉, 정치, 경제, 사회, 예술, 역사, 교육, 여가활동 등등 심지어 군사나 체육활동까지, 바다와 관련된 사회 전반의 모든 활동이 결국 해양문화일 것이다.

1.3   해양인문학의 정의와 새로운 패러다임

1.3.1 진정한 해양인문학의 정의와 의미

　　그러면 진정한 해양인문학의 정의와 의미는 무엇이란 말인가? 이것은 단순히 해양문화와 인문학의 합성어가 아니라 새로운 다 학문적 접근(multi- disciplinary approach)의 범주에서 명확하게 밝혀져야 한다. 그러므로 해양을 이해하기 위해서는 인간을 이해하여야 하며 인간과 관련된 모든 해양 활동과 관련된 바다의 의미와 더불어 강과 호수에 등도 해양인문학의 범주에 또한 포함되어야 하지 않을까 하는 생각을 조심스럽게 해 본다. 지구의 71%를 차지하는 바다와 물의 의미(강, 호수, 빙하 등)의 모든 것을 지구 안에 영향을 받은 인간의 생활, 환경, 문화, 정치, 사회, 경제, 예술, 사상, 철학, 역사, 심리, 과학, 기술, 문학, 지리 등과 관련된 모든 의미의 활동들을 포함해야 한다는 것이다. 그것은 육체적으로나 정신적으로 인간에게 파급되는 아주 단순한 생존의 문제에서 전쟁이나 정치적 확장, 혁명, 탐험과 같은 해양 역사의 흐름에 굴레에 모든 요소를 포함하여야 한다는 것이다.

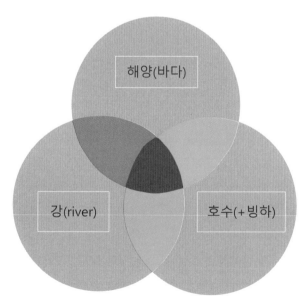

<해양인문학의 새로운 패러다임>

그러므로 강이나 호수 그리고 극지방 등의 연구가 지속해서 필요하며 강과 바다, 호수와 바다, 강과 호수의 교집합의 인문학적 이해를 넓혀 나가야 할 것이다. 수해양의 기본인 물의 이해를 통해 육지에서 그 근본을 찾아 해양으로 확대하는 방법도 좋을 것이다. 인간은 강과 주변의 호수에서 처음 정착하였고 후에 바다로 확장해나갔다는 개념으로 접근한다면 해양을 이해하기 위해선 먼저 강, 호수에 대한 이해가 근본적으로 필요 하다는 것이다. 이것이 수 해양인문학이 나아가야 할 궁극적이며 확장적인 의미의 해양인문학 정의라 하겠다. 또한, 그림에서 제시된 각각의 분야의 교집합 영역도 새롭게 정의되고 연구되어야 할 것이다.

1.3.2 해양인문학의 이유와 목적-해양화(marinization)

해양인문학은 해양을 이해하는 기본적인 학문이지만 과학기술 등 이·공학 분야와 그 경계가 명확하게 구분되지 않아 그 기능이 제대로 이해하지 못하고 있다.

따라서 해양문화콘텐츠의 새로운 시장을 새로 마련하고 지속 가능한 해양문화 의식을 구현할 수 있으며 이를 위한 기반을 위해 해양인문학과 과학기술의 융합이 요구된다. 또한, 새로운 해양시대를 열어 갈 전문 인력을 양성해야 하며 해양인문학의 이해와 연구가 필요하다.

지구의 70%를 덮고 있는 바다는 21세기 최후의 블루오션이다. 해양과 바다 사람들의 삶을 집중적으로 연구하는 해양인문학의 힘이 절실히 요구되는 시대가 바로 지금이다. 그러므로 해양인문학으로 바다를 새롭게 부각하는 것이 해양인문학의 철학적 의미의 목적이다. 또한, 인류가 당면한 해양 생태계 파괴의 현안을 극복하고 해양수산을 발전시키는 길을 모색하는 것이다.

바다는 인간에 있어 환경이자 문화로 비추어 왔다. 바다라는 환경 속에서 사람은 사람들은 바다와 관련된 삶을 살아왔다. 바다라는 환경에 적응하면서 또 그 결과로 문화를 향상 시켜왔다. 만약 바다를 외면한다면 인간은 삶을 포기하는 상황에 봉착하게 될 것이다. 인간의 역사를 비추어 봤을 때 인간은 바다와 해양의 관점에서 삶을 전면적으로 재검토해야 하는 숙명을 안고 있다고 표현하는 것이 정확할 것 같다.

즉 인간의 삶은 바다의 삶이라고 해도 무방할 정도 있다. 그러므로 인간은 육지의 사고에서 한 단계 더 발전하여 나아가는 해양 생각을 지닌 해양화(marinization)로 인식의 전환이 필요할 것이다. 해양 사고의 전환은 해양에 대한 지식의 축적 그리고 행동에 실천을 의미한다. 이것을 위한 가장 중요한 기본 단계는 해양을 인식에서 벗어나 도전적 의식으로 맞아 드리는 것이다.

그럼 과연 진정한 해양화(marinization)란 무엇인가? 그것은 바로 대륙지향 사유에서 해양 지향 사유로의 인식전환에서 출발해야 할 것이다.

해양인문학의 발전은 해양문화산업과 해양공간 및 환경 융합과 복합적 발전과 더불어 최고의 고부가 가치적인 해양문화콘텐츠에 관한 창출을 통한 경제 활성화를 이끌 수 있다. 또한, 해양문화기반창조경제기획, 해양프로그램코디네이터 전문 인력 수요에 대응하여 해양문화 창조의 계급양성, 해양 관련 일자리창출과 직업 다양성을 확보하며 국제적 해양 관련 교육기관 관계망을 구축해 나갈 수 있다.

이를 위해서 가장 시급한 점은 시대 저변에 깔린 학문적 고정관념의 탈출과 타성의 극복에 그 의미가 있다 하겠다. 즉 인문, 자연, 예술 등의 경계를 초월한 공간 융복합의 필요성이 요구 된다. 이를 다르게 말하면 학문 간의 경계를 무너뜨리고 간 학문적인(INTER-Multi Disciplinary Approach) 사고방식을 토대로 새로운 해양화(Marinization)를 구현해야 한다는 것이다.

1.3.3 호모 오션니엔스(HOMO OCEANIENCE)

인간이 살아온 수많은 흐름을 살펴보자. 인간을 이해하는 수많은 말들이 있다. 다음은 인간이 다른 동물과 구별되는 특징을 인간만이 가지는 유형으로 구분했다.

- 호모 사피엔스(Homo sapiens) : 지혜가 있다고 생각하는 인간
- 호모 그라마티쿠스(Homo grammaticus) : 문법적 인간
- 호모 폴리티쿠스(Homo politicus) : 정치적 인간
- 호모 파베르(Homo faber) : 도구적 인간
- 호모 루덴스(Homo ludens) : 유희적 인간

이러한 인간은 스스로 생각하고 문자와 언어로 소통하며 도구를 이용하며 그들 사이에 정치적인 관계를 유지하며 유희와 삶의 의미를 느끼며 생활한다. 우리는 여기에 또 하나를 덧붙여 나가려고 한다. 인간의 흐름은 통합하여 인간의 새로운 해양화(marinization)에 시대에 맞추어 새로운 인류의 도래, 호모 오션니엔스(HOMO OCEANIENS)의 시대로 나아가야 한다. 이는 호모(HOMO:인간) + 해양(OCEAN)의 합성어로 새로운 해양화(Marinization)를 위한 인간의 패러다임 전환을 지칭하는 용어로 정의할 수 있겠다.

그럼 호모 오션니엔스(HOMO - OCEANIENS)란 무엇인가?

그전에 우리는 인간 이전 모든 생명의 근원이 무엇인지를 생각해봐야 할 것이다. 생명의 원천 그것은 바로 물이다. 모든 생명은 그 근원에 물이라는 존재에서 그 시작을 열었다. 우리의 DNA 안에는 물 즉 바다로부터 그 원천이 되는 무엇인가를 포함하고 있다는 것이다. 생명의 시작을 해양 즉 물과 같은 곳으로 본다면 인간의 유전자 속에는 분명히 해양을 갈구하는 본디 요인을 분명히 가지고 있다고 생각할 수 있다. 정치, 문화 언어, 유희, 도구의 인간이 존재하기 전에 가장 기본이 되는 해양의 태생을 지닌 인간의 모습을 이해하고 적용해 나가야 할 것이다.

즉 호모 오션니엔스(HOMO OCEANIENS)는 인간이 가진 가장 기본적이며 원천적인 해양에 대한 욕구와 욕망의 모습을 나타내는 대표 명사이며 인간이 다시 해양에 대한 패러다임의 전환 동기로 작용할 수 있는 철학적, 문화적, 사회적, 생물학적 의미가 될 수 있다. 정신과 육체에 깊숙이 잠재된 해양 DNA의 모습을 보여주는 새로운 의미로 21시기 신 해양 르네상스 시대가 나아가야 할 동기를 제공해 줄 것이다.

이를 위해서 가장 먼저 해야 할 일이 바로 물과 해양을 바라보는 시각의 전화, 즉 패러 다임의 전환이 요구된다. 그럼 이러한 의식의 변화는 무엇을 기반으로 하여야 하나? 그것은 수 해양교육의 지속성에서 그 해답을 찾을 수 있다.

최근 STEAM 교육의 콘텐츠가 이슈화되어 사회 전반에 적용되어 가고 있다. 하지만 여기 하나를 덧붙인다면 그것은 해양 즉 OCEAN을 가미하는 것이다.

즉 과학, 수학, 공학, 예술, 기술의 학문에 해양이라는 학문적이며 체험적이고 철학적인 분야 로서의 분야를 더하여 STEAMO (STEAM + Ocean)'이라는 모습으로 나타날 수 있을 것이다. 이를 통해 수 해양과학예술의 융합의 새로운 패러다임의 재정립이 통해 새로운 4차 혁명의 시대를 나아가야 할 것이다.

그러므로 해양인문학 아니 수 해양인문학이야말로 우리에게 있어 학문적인 현실적인 측면에서 그 양상을 볼 때 지금 21세기를 위한 미래형 학문이라는 사실을 우리에게 던지는 동시에 현재 걸음마 수준에 불과한 국내 해양인문학의 발전을 한층 더 필요한 시점이라는 것이 미래지향적인 시대가 요구하고 있는 새로운 패러다임이 아닌가 싶다.

지구의 71%를 덮고 있는 바다는 알다시피 우리 인류에게 있어서는 `위대한 엄마(Great Mother)` 같은 존재라 할 수 있다. 인류의 서로 생존에 필요한 각종 필수 자원은 물론 정신적이고 종교적이며 문학적으로 수많은 영감을 준 바다는 우리 아이디어의 원천이다.

그렇지만 우리는 해양공학, 조선과학, 해양생물학이라는 말에는 익숙하지만 지금 말하는 해양인문학이라는 새로운 콘텐츠는 아주 생소하다. 해양과학사, 해양철학, 해양 인류학, 해양문학, 해양심리학, 해양사, 해양법, 국제경제학, 국제정치학, 국제 관계학, 해양 환경학, 해양 관광·레저, 해양 의료학 등과 같이 각각의 인문, 과학, 사회 분야에서 그 상위와 하위 범주로서의 해양인문학은 아직 제대로 정립하지 못하고 있는 것이 지금 우리의 실정이다.

해양과 관련된 모든 과학적 분야는 원칙과 본질에서 서로 복잡하게 연결된 연결망과 같이 해양인문학 범주에서도 학제적, 통섭적, 간 학문적 접근과 연구가 필요한 것이다.

1.4 해양인문학의 응용과 적용 범위

해양인문학을 인간과 물, 해양과 관련된 모든 정치, 문화, 사회 및 정신적 활동이나 산물의 개념과 패러다임이라고 본다면 해양인문학을 가장 상위의 갈래로 놓을 수 있다. 그리고 그것을 역사, 사회, 철학, 문학, 문화, 레저, 교육, 정책, 정치, 경제, 예술, 과학, 산업, 공학 등으로 나눌 수 있다.

이를 학문적 범위로 나누어 분석하면 다음과 같다.

해양인문학	해양문화	해양민속인류학	해양종교, 해양풍습
		해양박물학	해양물
	해양사	해양과학사	
		해양해전사	
		해양정치경영경제사	
		해양고고학	해양수중유물
		해양선 박사	
	해양철학	해양윤리학	
		해양사상	
		해양심리학	인간 심리
		해양 사회학	
	해양문학	해양시	
		해양소설	
		해양수필	
		해양희곡	
	해양예술	해양미술	
		해양영화	
		해양음악	
		해양건축토목	등대, 해양도시, 항만
		해양사진, 영상, 출판	
	해양과학기술산업	해양지구과학	
		해양공학	해양개발
		해양의학	
		해양자원	
		해양조선선박,해운	
		해양생물(생태)학	
	해양레저	해양박물관, 전시관	
		해양스포츠	
		해양축제	
		해양관광	
		해양체험	
		해양e-콘텐츠	cyber, PC 게임
	해양교육	해양 환경보호	
		해양안전	
		해양승선, 운항	
		해양의식	
		해양교육인력양성	
	해양 정책	해양수산어업	
		해양법,해양국제관계	국가 간 정치경제,
		해양력(해군력)	
		해양영토	독도, 영유권

<해양인문학의 범위와 적용 분야>

또한, 이것을 바탕으로 해양인문학의 범위를 다른 방식으로 분류하여 콘텐츠의 의미로 자세히 살펴보면 첫째, 생활양식으로서의 해양인문학 콘텐츠로는 해양 설화, 해양 민속, 해양 역사, 해양 민요 등이 있다.

둘째, 해양 기반 시설-해양인문학 하드웨어로는 해양 전시관이나 박물관, 해양 체험관, 해양 수족관, 리조트와 마리나, 비전문적 장소의 대중적 전시기획, 테마파크 등의 공간콘텐츠 등이 있다.

셋째, 해양문화 콘텐츠-해양인문학 소프트웨어로는 해양 예술, 해양 출판, 해양 예술, 해양 영화과 영상, 해양 축제 및 공연기획 행사, 해양 관광 콘텐츠, 해양 스토리텔링, 해양 디지털 콘텐츠, 해양 교육지식콘텐츠 등이 있다.

넷째, 해양공간으로써 포구, 어항, 항구, 선박, 친수 공간 등의 연안 공간, 해양 문화 도시와 등대 등이 있다.

다섯째, 해양인문학 응용콘텐츠로서 해양조선 산업 및 해운, 해양 식품, 해양의학, 해양자원, 해양조사 및 탐험, 해양체험 레저 등이 있다.

1장 단원평가

학년도	학기	고사 분류	학과	학번	이름	평가점수
20	1학기/2학기	제1장 /익힘문제 (제출용)				

1. 해양의 대한 설명 중 틀린 것은?

① 바다는 지구 표면의 70.8%를 차지한다.

② 일반적으로 바다는 지구상에 육지가 아닌 지역이다.

③ 바다와 해양에 해당하는 영어단어는 sea, ocean, maritime, marine 등이 있다.

④ maritime 대체로 바다 일반을 가리키는 말이다.

2. 크루머(O. Krummer)의 해양의 범위에 대한 설명 중 틀린 것은?

① 대양은 큰 면적을 가지고 있으며, 고유의 염분이나 · 조석의 차 · 해류의 흐름을 가진 독립된 해양이다.

② 연해는 작은 면적으로서 가까운 육지와 해양의 영향을 받는데 그 중 대양의 조석의 차 · 해류의 흐름과 영향을 많이 받는 해양이다.

③ 지중해는 대륙이나 육지에 깊숙이 들어가 있는 바다로 해협을 통하여 대양과 연결되는 해양을 말한다.

④ 대양은 태평양, 대서양, 인도양이 이에 속한다.

3. 바다에 신화에 관한 초기의 신(God)들에 대한 설명 중 맞는 것은?

① 일본 열도를 만든 이라나기와 이자나미

② 인도 초기의 신 중 한 명인 키(Ki)

③ 수메르의 바다의 신인 안(An)

④ 그리스신화의 나오는 바다신인 마마코치

4. 인문학의 대한 설명 중 틀린 것은?

① 어원은 '인간의 학문'이라는 라틴어 'studia humanitas'에서 유래한 것으로 알려져 있다.

② 로마의 키케로(Marcus TulliusCicero)에 의해 알려졌고 처음에는 교육을 위해 만들어진 단어이다.

③ 자연철학 또는 자연 과학(natural science)등을 통해 그 당시 일반인을 위한 대중적 교육의 담당하였다.

④ 인문학을 자연 과학과 구분하여 'liberal arts'라고 명명되어 사용하였다.

5. 해양인문학의 범위를 콘텐츠의 의미로 분류하여 설명 한 내용으로 틀린 것은?

① 생활양식으로서의 해양 인문학 콘텐츠로는 해양 설화, 해양 민속, 해양 역사, 해양 민요 등이 있다.

② 해양인문학 응용콘텐츠로서 해양조선 산업 및 해운, 해양 식품, 해양의학, 해양자원, 해양조사 및 탐험, 해양체험 레저 등이 있다.

③ 해양공간으로써 포구, 어항, 항구, 선박, 친수 공간 등의 연안 공간, 해양 문화 도시와 등대 등이 있다.

④ 해양 기반 시설 해양인문학 하드웨어 로로 해양 예술, 해양 출판, 해양 예술, 해양 영화과 영상, 해양 축제 및 공연기획 행사, 해양 관광 콘텐츠, 해양 스토리텔링, 해양 디지털 콘텐츠, 해양 교육지식콘텐츠 등이 있다

6. 바다의 어원에 관한 설명으로 옳지 않은 것은?

① '바다'가 '바닿/바랄(모음은 아래아)'의 형태에서 온 것으로 보기도 한다.

② 현대 국어 '바다'의 옛말인 '바닿'은 17세기 문헌에서부터 나타난다.

③ 중세 한국어에서는 '바를' 또는 '바닿'의 형태로 기록되었다.

④ '파진' 또는 '파진'이 바다 해(海)를 뜻하는 고유어로 추정된다.

7. 바다의 본질과 속성에 대한 설명으로 옳은 것은 ?

① 전 세계의 창세신화는 거의 대부분 남성으로 묘사되어 있다.

② 바다를 통해 인류는 통합성, 정보 지향성, 포용성, 진취성, 합리성, 개방성 등과 같은 속성을 보유 하였다.

③ 해양(Ocean)의 어원인 'Oceanos' 용어는 고대 로마사람의 이름에서 유래되었다.

④ 동양적 사고와 서양적 사고의 바다 대한 의식은 동일했다.

8. 바다를 나타내는 설명 중 옳지 않은 것은?

① 태평양 : 세계에서 가장 큰 바다다. 아시아와 아메리카 사이에 있으며, 지구표면의 1/3을 차지한다.

② 인도양 : 아프리카와 아시아, 오스트레일리아로 둘러싸인 바다다.

③ 대서양 : 세계에서 둘째로 큰 바다이며, 지구표면의 약 1/5를 차지하고 있다.

④ 북극해 : 해양학에서는 태평양 일부로 보기도 하며 오대양 중 세 번째로 작다.

9. 해양문화에 대한 정의에 대한 설명 중 옳지 않은 것은?

① 육지와 별개로 해양 속에서 살아가려는 인간의 본능과 의지

② 인류와 바다의 관계에서 이루어지는 친(親) 해양 성향 또는 해양 지향의 문화 일반

③ 인간과 바다의 관계에서 형성되어 고착된 공통의 정서

④ 인류가 바다라는 자연 상태에서 한층 더 벗어나서 인간의 일정한 목적을 위한 일

10. 인간이 다른 동물과 구별되는 유형 중 잘못된 것은?

① 호모 사피엔스(Homo sapiens) : 지혜가 있다고 생각하는 인간

② 호모 루덴스(Homo ludens) : 도전적 인간

③ 호모 파베르(Homo faber) : 도구적 인간

④ 호모 폴리티쿠스(Homo politicus) : 정치적 인간

11. 다음 중 태평양이라는 이름의 유래를 올바르게 설명한 것은?

① 평화로운 바다

② 잔인한 바다

③ 험난한 바다

④ 투명한 바다

12. 다음 중 고대 서양의 3학을 올바르게 나열한 것은?

① 수사학, 문법, 논리학

② 수학, 음악, 기하학

③ 수사학, 수학, 논리학

④ 천문학, 철학, 의학

13. 다음 중 16세기 일본인이 번역한 'culture'의 의미에 속하지 않는 것은?

① 양성

② 수양

③ 교양

④ 계몽

14. 다음 중 동양에서 본 문화의 의미에 있어서 핵심적인 개념은?

① 도덕화

② 문민치화

③ 수양화

④ 교양화

15. '우리를 둘러싸고 있는 바다(The Sea Around Us, 1951)'라는 저서에서 "생명이 바다에서 시작된 것처럼 우리 각자는 각자의 삶을 어머니의 자궁이라는 작은 바다 속에서 시작한다."라고 말한 미국의 여성 해양 과학자는?

16. 바다의 역할에 대하여 서술하시오.

17. 해양화(marinization)란 무엇인지 간략히 서술하시오.

학년도	학기	고사 분류	학과	학번	이름	평가점수
20	1학기/2학기	제1장 /서술형문제 (제출용)				

생각해보기

바다가 스스로에게 어떤 의미가 있는지 구체적인 사례를 들어 인문학적으로 설명하시오.

2장

해양항해사의 이해

해양항해의 초기 역사는 항해의 역사와 밀접하게 관련되어 있다. 처음에는 이주, 무역, 전쟁, 식량을 구하는 생활과의 연관성에서 차츰 지식탐구로 변모하였다. 또한, 인류 항해와 지식 탐구를 위한 기계와 과학기술의 발명, 발견으로 눈을 돌렸다. 해양과학사에서는 과학의 내용뿐만 아니라 과학기술자가 살던 시대의 사상적 배경, 당시의 사회제도, 경제구조, 생활 방식, 종교 등이 과학기술자와 그가 행한 과학 내용에 어떤 영향을 미쳤는가 하는 과학 기술과 그것을 둘러싼 외적 요인과의 상호관계에 대해서도 연구한다. 해양과학이 발전되어온 과정을 정치, 경제, 사회, 문화, 과학, 철학의 의미로 분석을 통해 인류와 연관된 인문학적 관계를 검토 할 수 있다.

2.1 고대 해양항해사

인류가 바다와 깊은 관계를 맺으며 살아왔다는 것은 각종 유물이나 암각화 등을 통해서 볼 때 매우 오랜 시간 이전이었을 것으로 추정된다. 인류 문명의 발상지 역시 바다와 가까운 강어귀로 인류와 바다 그리고 강은 불가분의 관계를 맺고 있다고 해도 과언이 아니다.

본격적인 항해과학 발달의 기초를 마련한 것은 대개 기원전 2000년 전으로 보고 있다.

지중해 동부에 속하는 에게해의 크레타섬에서 발생하는 미노아 문명(기원전 2000~1450)과 그리스의 미케네문명(기원전 1600~1100)은 바다를 통해 이집트와 메소포타미아 문명의 영향을 받아 발생하였다. 이 두 문명은 일상용품과 곡식을 수입할 수밖에 없을 뿐만 아니라 해상로의 주요 길목에 있다는 지리적 조건 때문에 해상으로의 진출을 통해 발전할 수 있었다.

<미케네문명과 크레타(미노스)문명 그라고 트로이 문명 지역>

<미노스문명의 벽화>

<미노스왕>

그 과정에서 미노스 왕은 함대를 이용하여 해적을 일소한 후 수 세기 동안 해상질서를 유지했으며, 이를 바탕으로 그리스인들은 동방과 서방을 잇는 무역의 교두보 역할을 담당했다. 나아가 에스파냐, 영국, 에트루리아, 발트해에 이르는 곳까지 해상무역 활동을 전개하여 해상 왕국을 건설하였다.

한편 중동에서 인류가 처음으로 항해 기술을 습득한 것은 BC 2000년경 페니키아인으로 지중해, 홍해와 인도양을 항해한 것으로 알려져 있다. 지중해 지역에서 해양수로는 생명선이었으며 페니키아인(Phoenician)은 인류 최초의 숙련된 항해사들이었다. 지중해 연안에 상업도시들을 건설하고 이를 발판으로 삼아 이미 기원전 1100~750년에 지중해 전역에 식민지를 건설했다. 페니키아는 기원전 700년에 상선과 군함을 구분하여 건조했으며, 역사상 최초로 해양력과 해군력을 보유하게 되었다.

<고대 페니키아 상선과 군선>

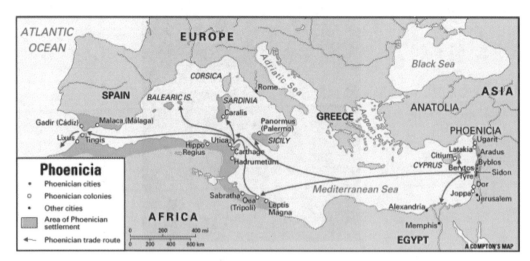

<페니키아인들의 항해로>

한편 지중해를 탐험하던 그리스인들은 운수업과 중개업을 통해 상업을 발달시켰다. 그러나 마케도니아의 알렉산더 대왕이 페르시아와 중앙아시아를 정복하고 유럽의 각자를 침공하게 되자 그리스의 상업은 쇠퇴하지 않을 수 없게 되었다. 본래 그리스의 상업 중심은 다시 동방으로 이동되어 알렉산드리아, 셀류키아, 안티오크 등이 새로운 상공업도시로 등장하고, 지중해는 오직 로데스만이 상업의 중심으로 남게 된다. 그리스의 탐험과 관련된 대표적인 인물로 피아테스와 스트라보를 들 수 있다.

그리스인들은 상당히 정확한 해도(chart)를 가지고 있었지만 중세 암흑기에 전부 소실되었다. 하지만 그리스·로마 시대에는 천문학자인 피테아스(Pytheas)가 BC 325년에 멀리 북쪽으로 아이슬란드까지 항해한 기록이 있다.

<기원전 500년 그리스의 배. 지중해 무역과 대서양을 탐험하는 데 쓰였다>

<피테아스(Pytheas)와 그의 항해 지도>

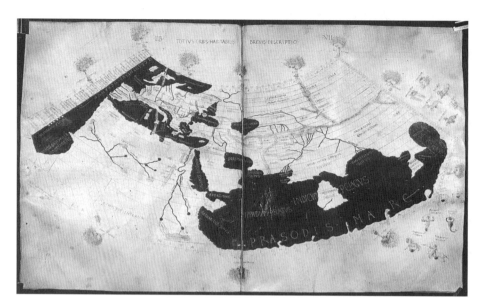

<프톨레마이오스의 지도 : 대륙이 서로 거의 근접해 있다>

그리고 AD150년경에는 프톨레마이오스(Ptolemaeus)까지 알려진 사실에 기초해 세계지도를 그렸다.

고대 해양발전에는 그리스의 알렉산드리아 공헌이 있었다. 그중 알렉산드리아 도서관은 역사를 통틀어 고대 문헌을 가장 많이 보유한 곳이며 배가 항구에 도착하면 배에 있는 모든 책을 압류하여 복사하였다. 이곳은 B.C. 3세기의 세계 최초의 대학이었고 도서관 학자는 천체를 이용해서 지구상에서 자신의 위치를 파악하는 천문항해술(celestial navigation)의 이론적 배경이 되는 천문학, 기하학, 대수학을 창안하였다. 또한, 에라토스테네스가 지구가 둥글다고 믿고 태양 빛이 평행하다고 가정하고 처음으로 지구 둘레의 크기를 구했다(실제 지구 둘레와 8%의 오차가 있음). 이는 항해술과 해양학에 패러다임의 변화에 큰 영향을 주었다.

또한 에라토스테네스(기원전 275년 ~ 기원전 194년)가 작성한 지도를 보면 지중해가 세계의 중심을 이루고 있다. 기원전 3세기 무렵에 그린 세계지도로 지금처럼 일정 격자를 쓰지 않고 중요한 지형을 기준을 잡아 경도와 위도를 그려 넣었다. 알렉산드리아를 한가운데 둔 것과 각 대륙의 크기를 보면 이들의 세계관을 엿볼 수 있다.

당시 그리스는 헤로도토스의 광범위한 여행에 의한 저술 때문에 지리적 지식이 향상되어 있었고, 알렉산더의 동방원정 등의 지리적 지식의 축적을 통해 지구는 상당히 넓고 다양한 지형을 가지고 있으며 지구가 구형일 것이라는 관념적인 추측은 하고 있었으나 아직도 호머의 지구는 평편하고 주위에는 OCEANUS라는 바다가 있다는 관념이 강하게 남아 있어 지구 구형이라는 그의 체계는 상당한 비판을 받았다.

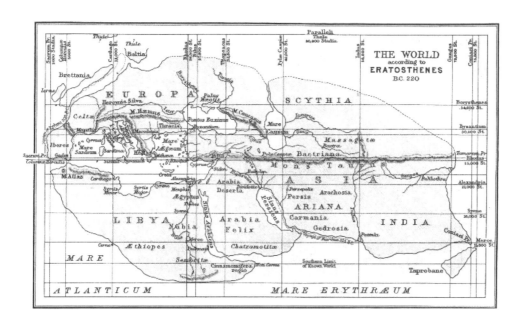

<에라토스테네스의 지도>

하지만 에라스토테네스는 지중해가 육지로 둘러쌓은 하나의 큰 호수라고 생각했고 서쪽에 대양으로 통하는 통로가 있다고 생각했는데 그 당시 지리적 지식으로는 놀라운 발상이었다.

고대 폴리네시아인들은 B.C. 300년 전부터 서남아시아와 인도네시아 일대를 다니며 중북부 태평양의 섬들에 정착하여 적도무풍대를 지나 하와이까지 이주하기도 했다. 이는 종교문제로 이동했던 것으로 추정되고 있으며 대규모 문화와 종자식물의 해양이동을 보여주는 역사적 사건이며 별들을 이용한 항해술을 가지고 있었다.

인류에 있어서 전설적인 항해로 기록되어 있는 폴리네시아 사람들은 글자로 쓰인 역사를 지니고 있지는 않았다. 그러나 그들의 기원에 대한 약간의 실마리가 있다. 그들이 쓰는 말이 말레이시아의 말과 비슷하고, 기르는 가축 가운데 동남아시아 원산인 동물이 있으며, 18세기에 이들이 가꾼 곡식들이 아시아의 것들과 같으므로 전문가들은 폴리네시아 사람들의 조상들이 1000년에서 3000년 전쯤 인도네시아와 말레이시아에서 왔을 것이라고 믿고 있다. 오랜 시간 카누를 타고 태평양을 건너 뉴질랜드에 도착한 마오리족도 폴리네시아 사람이다.

그들은 배를 잘 만들었을 뿐 아니라 항해도 잘했다. 해도나 항해기구 등이 없었으나, 바람의 변화나 파도의 모습이 무엇을 나타내는지 알았으며, 해나 별을 보고도 길을 찾아갈 수 있었다. 예를 들어 타히티섬의 머리 위의 별은 시리우스였다. 시리우스가 머리 위에 떠 있으면, 자기들이 타히티섬의 위도에 있다는 사실을 알았다.

폴리네시아 사람들이 하와이를 발견한 것은 서기 450년에서 600년 사이로 추정된다. 이들의 조상은 태평양의 드넓은 바다에 흩어져 있는 섬들을 하나씩 찾아내기 시작해서 마지막으로 조상의 전설에 따라 낙원이라 믿었던 하와이를 찾아내었다.

<폴리네시아인들의 이동 경로>

<폴리네시아인들의 카누>

이들은 100여 명을 태울 수 있는 동체가 두 개로 된 배를 만들었으며, 막대기로 만든 해도를 가지고 다녔다. 막대 해도는 야자수 가지들을 코코넛 섬유로 묶어 만들었다. 각 가지는 수천 킬로미터의 바다를 나타내며, 여기에 달린 조개껍데기는 섬들의 위치를 나타낸다.

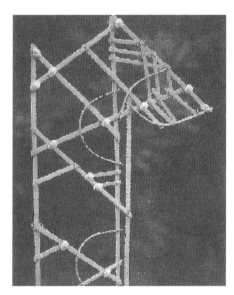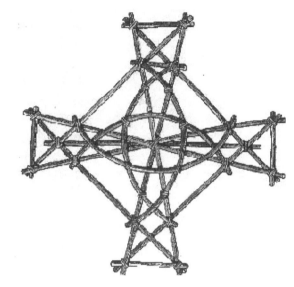

<폴리네시아 사람들이 사용하던 막대해도>

그림에서 조개껍데기로 동글게 나타낸 것은 섬이고 막대기는 해류, 그리고 둥글게 엮은 것은 섬에 부딪혀 반사돼 나오는 파도를 나타낸다. 이러한 해도가 언제부터 쓰였는지는 알려지지 않았으나 초기의 폴리네시아 탐험가들이 가지고 있었던 것 같지 않고 아마도 섬을 향해 날아가는 새들을 따라갔던 것으로 보인다.

하와이섬은 폴리네시아 사람이 살던 섬에서 무려 3,200 km 이상 떨어진 북쪽에 있으며 중간에 쉬어 갈만한 섬도 없다. 또한, 바람이 불어가는 쪽에 있는 섬도 아니다. 섬을 발견한 뒤 처음 100년 동안에는 이주민과 지도자, 그리고 농작물 씨와 가축 종자를 가지러 여러 차례 오늘날 타히티섬 등을 다녀간 기록이 남아 있어 이들의 놀라운 항해술을 짐작케 한다.

<폴리네시아인들의 항해>

이후 AD 8세기에 유럽의 북부와 남부에서 또 다른 민족들이 해상의 강자로 출현하였다. 바이킹은 북해와 발트해 연안에서 8세기부터 상업 활동을 하다가 영국과 센 강 침공하고 지중해 동부 해역으로까지 진출하였다.

그들의 활발한 해상진출은 자신들의 전통선박인 바이킹 선을 갖고서 해양생물, 바다 색깔, 풍향, 밧줄에 의한 수심 측정술 등을 이용하여 원양을 능숙하게 항해할 수 있었기 때문에 가능하였다. 바이킹의 활동은 북부 유럽의 생산 활동과 상업의 발전으로 이어져 결국 도시를 발달시키는 계기가 되었으며, 이 도시 중 일부가 13세기에 한자동맹을 체결하여 상거래를 독점했는데, 14세기에는 80여 개의 도시가 이 동맹에 참여했고 유럽 각지에 지부를 설치하기도 하였다.

한편 남부 유럽에서는 8세기부터 이슬람인들의 활동이 활발하게 이루어졌다. 그들은 에스파냐를 정복했으며, 2차례에 걸친 콘스탄티노플 공방전에서 승리하였다. 흔히 사라센제국으로 불리는 이 이슬람 왕국은 10세기 초에 시칠리아와 크레타를 점령했으며, 이어서 아프리카 북부 연안 전체를 점령하여 유럽인들의 해상활동을 위협하기까지 하였다.

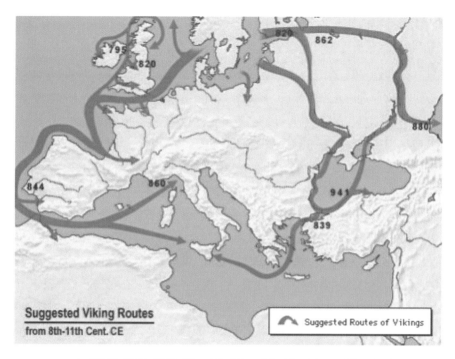

<바이킹의 활동 범위 및 이동 경로 (숫자는 최초 진출 연도)>

<바이킹 LONG SHIP>

한편 아시아에서는 항해 기술이 서서히 발달하고 있었다. 그 중심에는 중국의 한나라 시대에 나침반 발명이 큰 몫을 담당했다.

최초의 나침반은 기원전 1세기경 사용했던 것으로 알려져 있다. 당시 중국인들은 천연 자석을 표면 위에 올려놓으면 항상 북쪽을 가리키는 것을 발견했다. 또 600년경에는 중동 항해사들 역시 나침반을 사용했던 것으로 보이고, 이들이 유럽에 영향력을 행사하면서 나침반 역시 건너온 것으로 보인다. 14세기경 유럽 선박은 나침반을 이용한 해도를 사용한 것으로 보인다. 또한, 포르투갈의 왕자이자 항해사였던 엔히크가 항해사들과 지도 제작자들에게 더욱 정확한 해도를 만들 것을 장려하면서 나침반의 보급이 원활해진 것으로 알려져 있다. 15세기경 나침반의 가장 큰 결함을 발견한 것은 콜럼버스다. 콜럼버스는 신세계로 항해하던 중, 나침반이 북극성과 정확히 일치하지 않는 것을 깨달았다. 이로 인해 16세기와 17세기의 과학자들은 지구의 자기장에 대해 더욱더 많이 이해할 수 있게 되었다. 미국의 발명가 스페리는 지구의 어느 지역에서나 사용할 수 있는 자이로 컴퍼스를 만들었다. 이 자이로 컴퍼스는 밤낮 상관없이 자기장이 너무 강한 극점에서도 사용할 수 있다. 자기 바늘에 의해 간단히 북쪽을 가리키는 나침반이 없는 시절의 항해사들은 태양과 달 그리고 별의 위치를 이해해 항해해야 했다.

이후 중국에서 나침반을 본격적으로 사용한 것은 11세기 초 송나라 시대로 추정된다. 그 이후 13세기경에 나침반이 중국에서 아랍을 거쳐 유럽에 전파되면서 유럽 대항해 시대를 촉발했다.

그럼 우리나라의 경우는 어떠할까?

고조선은 서해 북부해안을 끼고 발전하였는데, 특히 랴오둥반도와 서한만, 대동강 하구 지역을 중심으로 해양문화가 발달하였다. 고조선과 한나라 간에 벌어진 전쟁은 이러한 서해 북부 해상권을 둘러싼 역학관계의 재편을 목적으로 한 전쟁이었을 가능성이 크다. 한반도 남쪽에는 삼한의 소국들이 있었다. 대부분이 해안가 또는 강 하구에 있는 일종의 항구도시 국가들이었는 데, 일본 열도의 소국들 및 중국 지역과도 교섭하였다. 일본 열도에 발달한 청동기문화와 철기문화에 해당하는 야요이(彌生) 문화(BC 3세기~AD 3세기)는 한반도 남부에서 건너간 사람들이 주축이 되어 이룩한 문화이다.

고조선을 계승한 고구려는 압록강 하구인 서안평을 장악하여 서해 북부로 진출한 이후 꾸준히 요동 진출을 시도하여 요동만 해안지역에 닿았다. 동천왕 때(233년)는 양쯔강 하구 유역인 건강(建康, 현 남경)에 있었던 손권의 오(吳)나라와 교섭하였다. 위(魏)나라를 피해서 먼바다에서 근해항해를 하면서 장거리 외교를 한 것으로, 뛰어난 항해술이 없었다면 불가능했을 것이다.

<고조선의 육상과 해상교역도>

광개토대왕은 396년도에 수군을 거느리고 백제의 핵심부를 공격하여 점령하였다. 이때 한강수로 직공작전, 인천상륙작전, 남양 반도 상륙작전 등을 시도하였다. 5세기에 이르면 서해 중부 이북의 해상권을 장악하여 백제, 가야, 신라, 왜 세력들이 중국의 남북조와 교섭하는 것을 견제했으며, 분단된 중국을 동시 등거리외교를 통해 조정했다. 그뿐만 아니라 4세기부터 일본 열도에 진출하여 그 흔적들이 혼슈 남단의 지역에서 발견된다. 고구려는 대륙경영과 함께 해양 활동을 확대하는 이른바 해륙정책을 추진해 군사력은 물론이고 외교력을 신장시키고 경제력을 강화하면서 강국으로 발돋움하였다.

백제는 초기부터 해양 활동과 깊은 관련이 있었다. 경기만으로 흘러드는 한강, 임진강, 예성강 등의 하계망(河系網)을 장악하면서 경기지방을 배후지로 삼았다. 황해도 해안지방까지 장악하면서 영토를 확대하는 것 외에도 서해 중부 이북의 해상권을 장악하고 무역상의 이점을 확보하고자 했다. 이어 마한을 정복하고 서해 남부지역을 장악했다. 이후 서해 남부의 여러 섬을 징검다리로 삼아 제주도를 영향권 아래에 넣었으며, 일본 열도에 본격적으로 진출하기 시작하였다. 그 후 고구려의 공격을 받고 경기만을 빼앗겨 수도를 남으로 이전하였다. 그 때문에 결국 해양 활동은 위축되었다. 물론 국력을 회복하여 서해 남부는 물론 남해에서도 활발하게 활동하였다. 그리고 일본 열도로 본격적으로 진출하여 규슈 북부에 상륙하고, 다시 세토(瀨戸)내해를 항해하여 오사카, 나라, 아스카 지역으로 진출했다. 결국, 백제는 일본에서 고대국가가 성립하고 불교 등 문화가 발달하는데 결정적인 역할을 하였다. 그러나 신라가 급속하게 성장하고 나·당 동맹을 허용함으로써 패망의 결정적인 요인을 제공하였다.

한편 가야는 김해, 거제도, 고성 등을 이용하여 일찍부터 해양문화와 대외교역이 번성하였다. 일본 열도가 성립되는 과정에서 유물과 건국신화 등 가야적인 요소가 많이 있다. 가야가 멸망할 때까지 가야와 일본 열도 간의 교섭은 매우 활발하게 이루어졌다. AD48년 가야의 시조 김수로왕의 부인 허왕후가 인도 아유타에서 김해지역으로 들어와 남방문화와 한반도문화의 융합이 일어났다. 허황후(許皇后)[33~189] 의 다른 이름은 허황옥(許黃玉)이다. 허황후는 아유타국의 공주로 바다를 건너와 가락국[금관가야]의 시조 수로왕과 혼인하였다. 국왕 부부가 낳은 11명의 자녀 가운데 10명이 아들이었는데, 8명은 수로왕의 성을 따서 김해 김 씨(金海金氏)가 되었고, 2명은 허황후의 간청에 따라 김해 허 씨가 되었다고 한다. 허황후와 수로왕의 혼인에 관한 이야기는 『삼국유사(三國遺事)』「가락국기(駕洛國記)」와 「금관성파사석탑(金官城婆娑石塔)」 조에 상세하게 적혀 있다. 관련 기록에 의하면 9간(干)에 의해 추대된 수로왕은 토착 세력의 처녀 가운데 왕비를 간택할 것을 요청받았으나 모두 거절하고 인도 아유타국에서 온 공주와 혼인하였다.

허황후의 도래 설화에서 우선 주목되는 것은 허황후의 출신지에 대한 것이다. 이와 관련하여 불교 동점(東漸) (점점 세력을 넓혀 동쪽으로 옮겨 감)에 대한 이야기라는 설, 아유타국은 일본에 있던 가락국의 분국이라는 설, 기원전 1세기 인도 아요디아 왕국이 태국에 건설한 식민국 아유티야 또는 아요디아에서 중국 쓰촨성 보주(普州) 지역으로 집단 이주한 허씨족 (許氏族)이 옮겨 왔다는 설, 낙랑 지역에서 도래한 유이민 혹은 상인이었다는 설 등이 있다.

허황후의 출신지와 관련하여 주목되는 점은 허황후가 바다를 건너올 때 한사잡물(漢肆雜物) (한나라의 여러 가지 호화로운 물건)을 잔뜩 가져온 것, 천부경·종정감·사농경 등 중국계 관직을 칭한 것, 황옥(皇玉)이라는 이름이 중국 '황제'와 관련 있다는 것 등이다. 이런 것들로 보아 허황후는 북방 유이민 집단과 직접적인 연관이 있는 것으로 생각된다. 즉 허황후 집단의 출현은 기원전 2세기 초반 위만 조선의 멸망과 한나라 군현 설치 이후 김해 지역과 북방 지역의 인적·물적 교류의 산물로 볼 수 있을 것이다. 대외교역에 유리한 김해 가락국의 입지 조건이 허황후의 도래를 통해 보여주는 선진 문물의 상징인 '선박 신앙'과 결합한 것이다.

<허황옥과 김수로왕 영정>

신라는 한반도의 동남부에 고립되었기 때문에 초기에는 해양에 큰 관심이 없었다. 오히려 초기에는 바다를 건너온 왜로부터 빈번하게 침략을 당한다. 그런데 일본 신화에 스사노노미코도나 천일창 등 신라인의 진출 사실이 나타나 있고, 이즈모 등에서 신라계 유물이 발견된 것은 일본 열도로 진출이 활발하게 이루어졌음을 알려주고 있다. 김이사부(金異斯夫)는 강릉 삼척을 점령하고 512년에는 우산국(울릉도)을 복속시킨 다음 충주, 김해, 한성, 당성 등을 차지하여 해양문화를 빠르게 발전시켰다. 당나라와 맺은 동맹은 해양을 이용한 비밀외교를 통해 성사된 것이다. 결국, 삼국시대의 동아시아 질서는 육지 위주의 질서나 영토를 확장한다는 단편적인 관점으로 이해해서는 한계가 있다. 특히나 한일 관계는 국가와 국가가 아니라 국가와 지역 간의 관계, 국가와 주민 간의 관계로 파악해야 한다. 또한, 정치와 군사의 관계만이 아닌 문화와 경제 간의 관계로써 이해해야 한다. 한반도의 각국은 먼저 주민들의 비조직적인 대규모 이주를 통해 일본 열도의 각 지역에 진출하였고, 후에 정치적인 목적으로 조직적으로 진출하였다.

통일신라는 삼국의 해양문화를 토대로 삼아 매우 활발한 해양 활동을 펼쳤다. 초기에는 당과의 전쟁을 위해, 또 일본의 침입을 방비하기 위해 해군력 증강에 힘을 썼다. 그 후 동아시아 바다에서 군사적 긴장이 풀리면서 외교 문화 경제적 목적을 위한 해양 활동이 활발해졌다. 특히 장보고(張保臯, ?~846)로 대표되는 재당 신라인들은 상업적으로, 때로는 외교사절의 역할을 하면서 동아시아의 바다를 장악하였다.

신라의 배는 이미 6세기 초부터 강이나 연안 해로에서 돛을 이용한 것으로 추정된다. 하지만 역사학자들은 신라와 당이 돛 달린 해선으로 본격적인 항해를 한 것을 8세기 초로 보고 있다. 중국 고사기인 〈태평어람〉에는 조병이라는 무역 거상 이야기가 나오는데, 돛을 펴고 배 중앙에 앉아 큰 고함으로 바람을 불러 유유히 바다를 건넜다고 전한다. 이 기록을 바탕으로 연대를 추정한 듯하다.

하지만 바람과 돛만 있다고 해서 넓은 바다를 항해할 수는 없다. 또 하나 중요한 것은 바로 뱃길을 잘 아는 것이다. 당나라는 실용적인 항해도를 일찍부터 만들어 썼다. 군부 내에 직방랑중(織方郎中)이라는 항해도 전문 작성 부서까지 설치했다는 기록이 있다. 당대의 명재상인 매탐(賈耽)이 만든 항해도인 '등주해행입고려발해도(登州海行入高麗渤海道)'에 당에서 한반도 서해로 가는 '해내화이(海內華夷)'라는 뱃길이 그려져 있어 이런 사실을 뒷받침한다. 구름 낀 날이나 별 없는 어두운 밤에도 항해할 수 있도록 나침반도 만들어 이용했다. 당의 나침반은 지남철 침을 이용한 것으로 기원전 2세기 한(漢)나라 때부터 쓰던 관측성술, 즉 별을 관측하는 기술을 더욱 발전시킨 것이다.

이렇게 중국과 오래 교류하면서 신라에는 항해도, 즉 뱃길을 잘 알고 나침반을 능숙하게 다루는 항해사인 '암해자(暗海者)'가 많았다. 그 증거로 당에 들어갔던 일본 승려 엔닌(圓仁)이 일본으로 돌아갈 때 귀국 선단(船團)의 배 아홉 척에 신라인 암해자 60명을 분승시켰다는 기록이 있다. 이런 것을 보면 신라는 항해 기술의 기본을 당에서 배워 발달시킨 것으로 보인다.

신라인들은 3세기부터 바다를 거쳐 중국으로 내왕하기 시작했기 때문에 가장 필요한 것이 바다를 항해할 수 있는 해선이었다. 초기에는 육지 연안을 따라 내왕하는 연안 해로였기 때문에 주로 노를 젓는 배를 썼지만 다양한 통로로 바다를 건너는 해로교통이 발달하던 4세기에 들어서면서 신라의 배 만드는 기술도 점차 발달했다. 그래서 통일신라 시대에 접어들면 당나라의 조선기술보다 크게 앞섰다.

<신라의 해선>

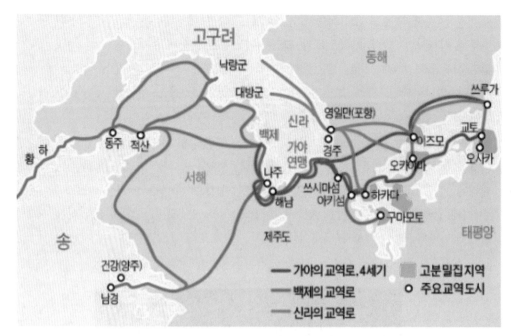

<삼국시대의 해상활동>

중국의 고서인 <구당서>에 이런 기록이 잘 나온다. 기록을 보면 신라인이 건조한 배들이 양쯔강의 나루터들을 장악하고, 수만 척의 배들이 주야로 왕래하여 교역했다. 특히 원양 항해용 해선은 선체가 웅장하고 안정성이 뛰어나 아라비아와 일본인들이 타기 좋아했다는 기록도 있다.

이렇게 훌륭한 신라인들의 조선기술은 당나라에도 큰 영향을 끼쳐 중국 배는 당나라 시대에 비로소 크게 발전한 듯하다. 당나라의 동래·강주·양주·상주·항주·복건 등 주요 항구에는 신라와 당나라 사람이 만든 수많은 조선소가 있었다. 이곳에서 많은 배를 만들어 군사·운수·교역에 쓰였음이 중국 고서 여러 곳에서 나타나고 있다.

9세기 들어 신라가 해상교통·해상교역·항해술·조선기술에서 최대 해상왕국으로 발돋움한 데에는 해상교역의 대가였던 장보고(張保皐, ?~846)의 공적을 빼놓을 수 없다. 장보고는 전남 완도 근방에 해상진출기지인 청해진을 설치하고 이를 중심으로 병력을 이용해 동양 삼국에 출몰하는 해적을 소탕하면서 극동 해상의 교역권을 장악했다.

장보고는 해상교역을 활발히 하는 동안 당나라와 일본의 사신·승려·유학생들의 왕래에 배를 제공하고 정부 간 교류와 통신을 대신 해주는 한편 선박 건조와 수선 그리고 조선 기술자들까지 도와주어 신라·당·일본으로부터 정치적 신임을 받았던 인물이다.

<복원 장보고선 모형(전쟁박물관)>

한편 발해는 고구려의 해양능력을 이어받아 초기부터 해양 활동에 관심을 기울였다. 건국 초기인 732년, 무왕은 장문휴(張文休)를 시켜 수군과 함선을 거느리고 발해만을 건너 등주를 공격하고 일시적으로 점령하는 등 상당한 전과를 올린다. 일본과는 건국 초부터 교류를 시작하여 공식적인 기록에 전하는 것만 발해가 일본에 34회, 일본이 발해에 13회 사신을 파견하는 등 빈번하게 정치 경제적 교섭이 있었다. 특히 9세기에 이르면 한 번에 100명이 넘는 사절을 파견하기도 한다. 신라를 경계해야 하는 지정학적인 역학관계 때문에 발해와 일본은 해양외교를 통해서 협조 관계를 유지해야 했다. 이 외에 민간인들의 접촉과 무역도 상당했다.

2.2   중세 이후 해양항해사

　고대에 이어 중세에도 바이킹(Viking)들이 해양탐사를 했지만 지중해 연안 국가들이 본격적인 해양탐사는 중세 암흑기로 인한 전통적인 무역로가 단절된 15세기 후반부터 시작되었다.

　서양의 역사에서 중심국 역할을 한 대부분 국가는 강이나 바다에 인접한 지역에서 출현하고 발전했으며, 이를 근거로 독일의 지리학자 칼 리터(Karl Ritter : 1779~1859)는 인류 문명이 하천 문명→내해 문명→대양 문명의 순으로 발전했다는 인류 문명의 변화설을 주장하기도 하였다.

　지중해는 많은 반도와 섬으로 에워싸여 있으며, 조류가 거의 없고, 기상조건이 비교적 좋으므로 육상교통보다 더 쉽고 신속한 해상교통의 요건을 갖추고 있다. 따라서 지중해는 일찍부터 문명의 전파, 무역, 해적, 해전 등의 무대가 되었으며, 그 결과 서양의 역사는 사실상 지중해 연안에서 시작되었다고 할 수 있다.

<지중해 해양도시>

11세기에 들어 터키 제국이 번영하자 비단길의 요충인 콘스탄티노플을 점령해 유럽과 인도, 중국을 잇는 육상 무역로가 단절되었다. 이에 유럽 제국은 성지 회복이란 구호 아래 십자군 전쟁을 일으켜 무역로를 되찾으려 하는 한편 바닷길을 개발하려 나섰다. 아랍에서 전해진 나침반이 이때 크게 이바지하였으며 제일 먼저 해로를 찾아 나선 나라는 비단길의 제일 끝에 있던 포르투갈이었다. 왕자 헨리는 가장 적극적이었으며 항해사 헨리 (Henry the Navigator - 포르투갈어로 엔히크하고 말하는 것이 더 정확하다. Henrique)라 칭송되었다. 그로 인해 15세기 중반에는 아프리카의 희망봉을 돌아 인도로 가는 무역로가 개설되었다.

엔히크는 탐험 항해를 후원한 포르투갈의 왕자이다. 그는 포르투갈 왕 주앙 1세의 아들로, 1419년 포르투갈 서남단에 있는 사그레스 곶에 바다 탐험을 위한 기지를 세우고 항해사들을 위한 유럽 최초의 학교를 세웠다. 엔히크가 파견한 선장들은 아프리카 서해안을 탐험하며 1420년 마데이라 제도에 이르렀고, 베르데곶을 돌아 그가 죽은 해인 1460년에 지금의 시에라리온까지 도달했다. 1441년 범선 1척이 사금가루와 노예들을 데리고 돌아옴으로써 엔히크가 소득 없는 사업에 돈을 낭비하고 있다는 비난이 잠잠해졌다. 그 자신이 직접 탐험에 나선 것은 아니었으나, 그의 후원 덕택에 포르투갈의 해상세력의 기틀을 마련할 수 있었고 나아가 식민지제국의 우위를 점할 수 있었다.

<포르투갈의 엔히크 왕자>

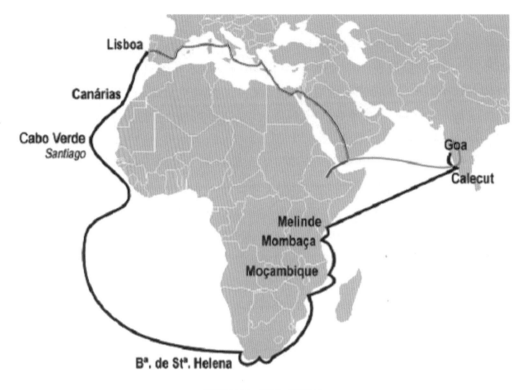

<엔히크의 해상 개척로>

한편 다른 해로를 찾아 나선 콜럼버스는 인도를 찾는 데 실패하였지만 엉뚱하게도 신대륙 발견이란 역사의 전환점을 마련하는 빌미를 마련해 주었다. 이후로 대양 항해는 각국의 경쟁에 힘입어 줄을 이었고 1522년 스페인을 떠난 마젤란의 배가 3년 만에 본국에 돌아오며 인류 최초의 세계 대양 일주가 실현되었다.

중세 유럽 사회에서 해상활동을 가장 활발하게 전개한 것은 이탈리아의 도시 국가들이었다. 이때부터 대 동방 무역로가 페르시아에서 홍해와 이집트로 변경되었고, 선박을 보다 안전하고 저렴한 운송 수단으로 인식하였으며, 선박 용량이 증가하였고 항구이용료가 저렴했으며, 나침반·해도 등 항해보조기술이 발전하였고, 남부 유럽의 해상항로 주변에 항구 도시가 발달하였다. 이들은 위험부담을 줄이기 위해 상인들이 정주항해를 시작하는 등과 같은 여러 요인 덕분에 도시 국가들은 해상 무역을 발전시킬 수 있었으며, 그 결과 이들 도시 국가들에 의해 새로운 상업 시대가 도래하게 되었다. 근대 유럽을 개막한 르네상스는 바로 이 도시 국가들이 활발하게 해상활동을 한 산물로 간주 될 수 있다.

한편 중국의 명나라는 정화의 항해를 통해 정치적인 해상활동을 전개했다. 정화(1371~1434)는 윈난성 출신의 이슬람교도로, 본성은 마(馬)이다. 환관으로서 영락제를 보필하였고, 정난의 변 때 공을 세워 정(鄭)이라는 성(姓)을 하사받았으며 태감이 되었다. 그는 남해 여러 나라를 중국 문화권으로 끌어들이려는 영락제의 정책에 따라 해외 원정을 감행하였다. 제1회 항해는 1405년에 배 62척에 2만 7,800명을 태우고 출발하여 참파, 캄보디아, 타이, 자와, 수마트라, 인도네시아, 실론, 인도 서해안 등에 기항하였다. 이때 정화는 믈라카 해협 주변의 수마트라, 말레이반도 각지에 아유타야 왕국의 지배가 미치고 있음을 알게 되었다. 이에 명은 아유타야 왕국에 사신을 파견하고 정화의 제2차 항해 때 아유타야 국왕을 책봉하였으며, 제3회 항해 때에는 믈라카 국왕을 책봉하고 명의 기지를 건설하였다. 정화는 이 밖에도 호르무즈와 멜린디에도 원전 기지를 건설하였으며, 도중에 해적을 만나 평정하고 실론 국왕을 포로로 잡기도 하였다.

정화의 항해 이후 중국은 30여 개국으로부터 조공을 받았으며, 동남아시아의 국가들도 중국으로 사신을 파견하여 조공 무역이 활발해졌다. 또한, 원정대에 참가한 사람들에 의해 해외 사정이 알려지면서 해금령을 어겨 가면서 동남아시아로 이주하는 중국인들이 늘어 화교 진출의 계기가 되었다.

<인도네시아 사원의 정화 동상>

정화의 원정은 중국의 선진 문화를 세계에 알렸고, 그를 수행한 사람들이 남긴 기록과
중국을 방문한 각국의 사신들이 가져온 진귀한 물건을 통해 중국인의 지식이 확대되었다.
그러나 자유로운 해외 무역 활동을 금지하였던 명의 대외 정책 때문에 이 효과를 장기화하지는
못하였다.

<정화 항해 기념 600주년 우표>

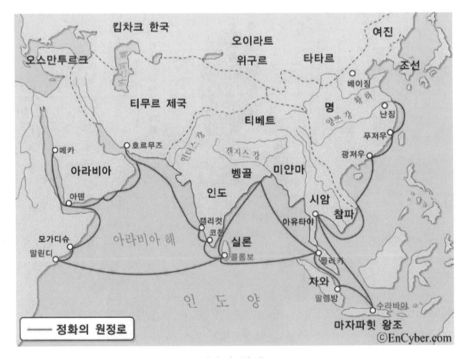

<정화의 항해도>

해금 정책의 중국과 반대로 서유럽은 15세기 후반부터 대항해 시대를 열어 간다. 지중해에서 이탈리아 도시 국가들이 전성기를 맞이할 무렵, 대서양을 끼고 있는 서유럽에서도 서구의 역사에서 결코 지울 수 없는 대항해의 움직임이 나타났다.

대항해는 지도와 해도의 제작을 비롯한 지리학의 발달, 나침반의 전래, 항해 도구의 발달·항해 안내서의 발달·해양 관련 지식의 축적을 바탕으로 한 항해술의 발전, 캐라벨(2~3개의 돛대를 가진 소형 범선. 크기가 작아 조타 성능이 뛰어나 15세기 초에 스페인 등지에서 널리 쓰였다. 콜럼버스의 함대도 2대의 카락선과 3대의 캐러벨로 이루어졌었다) 과 같은 대항해용 선박의 발달 등과 같은 과학의 발전과 기독교의 선교 열망, 대담한 선원의 출현, 엔히크 같은 선구자들의 출현, 지중해 서부 지역의 인구 과잉, 경제 위기의 타개책 필요 등과 같은 인간 세계의 변화 때문에 가능했다고 할 수 있다.

이러한 움직임은 이베리아반도 인들에 의해 14세기부터 주도적으로 이루어졌다. 이베리아인들의 이러한 해양 활동은 사그레스에 해양학교의 설립, 여러 항해가의 15세기 아프리카와 아메리카 탐험, 16세기 전반기 마젤란의 세계 일주를 계기로 절정에 이르렀다.

영국·프랑스·네덜란드는 16세기부터 대항해 활동을 전개하였다. 그 결과 유럽 세계는 거대한 식민지제국을 형성할 수 있었으며, 새로운 품종의 식물을 받아들여 주기적으로 나타나던 식량 위기를 완화할 수 있었고 가격 혁명과 사회구조의 급변을 초래한 자본주의를 확립시켰으며, 노예제와 인도주의적 이상을 동시에 정립하였다.

대항해 시대는 세계 경제를 출범시키고 근대 산업 발전의 서막을 열었던 시대이자 유럽의 팽창 시대였는데, 이것은 그 후 식민지 건설 경쟁이 전개되었다는 사실로 입증될 수 있다.

15세기 후반부터는 서아프리카 항로 개척과 희망봉을 발견한 바르톨로메우 디아스(Bartolomeu Diaz, 1450?~1500), 신대륙 발견의 크리스토퍼 콜럼버스(Christopher Columbus, 1451~1506), 인도 항로를 개척한 바스쿠 다가마(Vasco da Gama, 1469~1524), 유럽인으로는 최초로 태평양을 발견한 바스쿠 누녜스 데 발보아(Vasco Núñez de Balboa, 1475~1517), 세계 일주로 유명한 페르낭 드 마갈량이스(Fernão de Magalhães, 마젤란, 1480~1521) 등이 세계 일주의 탐험 항해를 하였다. 그 이후 19세기에 접어들면서 해양학에 관한 관심이 고조되면서 1804년 윌리엄 이턴(William Eaton)은 해양생물을 채집하면서 기록을 남겼고, 1807년 미국에서는 연방 과학기구로 연안 토지측량조사소를 출범시켜 연안과 해양을 탐사하기 시작했다.

윌리엄 이턴(William Eaton)

바르톨로메우 디아스(Bartolomeu Diaz)

바스쿠 누녜스 데 발보아(Vasco Núñez de Balboa),

<페르낭 드 마갈량이스(Fernão de Magalhães, 마젤란>

<바스쿠 다 가마 Vasco da Gama>

콜럼버스는 1492년에 서쪽으로 항해할 때 아메리카 대륙의 존재를 전혀 몰랐다. 지구가 둥글다는 사실은 오래전부터 알려져 있었지만, 지구를 실제 크기보다 작게 본 콜럼버스는 서쪽으로 항해하면 아프리카를 돌아 항해할 때보다 훨씬 빨리 인도에 도착하리라고 믿었다. 실제로 그의 배 세 척은 33일 만에 바하마 제도에 도착했는데, 그는 인도에 왔다고 확신한 나머지 주민들을 '인디오'라 불렀다.

<서인도 제도에 도착한 콜럼버스와 후원자 이사벨라 1세>

콜럼버스는 이탈리아인이었으나, 새로 통일된 에스파냐의 왕 페르난도 2세와 여왕 이사벨라 1세의 후원을 받았다. 독실한 가톨릭교도였던 페르난도 2세와 이사벨라 1세에게 콜럼버스는 그 '신세계'에 참된 종교로 기꺼이 개종할 이교도들도 많고 금도 많다고 보고했다. 에스파냐 정부는 서쪽의 그 신대륙에 대한 소유권을 주장했으나 포르투갈의 항의를 받았다.

그리하여 1494년 교황의 중재로 토르데시야스 조약이 맺어짐으로써 아메리카 대륙은 두 나라에 분할되었다. 포르투갈은 브라질을, 에스파냐는 나머지를 얻었다. 영국도 신대륙에 관심을 보였다. 헨리 7세는 1496년에 이탈리아 항해가 존 캐벗을 후원했고, 캐벗은 이듬해에 북아메리카 북동부에 도착했다.

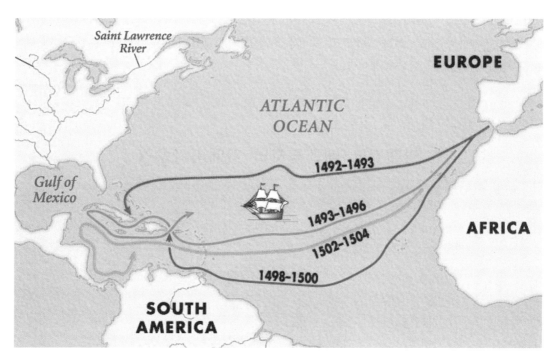

<콜럼버스 항해도>

식민지제국은 토르데실라스 조약(1494년)의 체결 이후 본격적으로 건설되기 시작하였다. 15~16세기에 나타난 식민지 건설로 말미암아 금·은·향신료·밀·노예의 수요 증가와 국익의 상승을 통해 경제가 발전할 수 있었고, 각 계층의 열망 때문에 식민지 건설의 움직임이 더욱 역동적인 사태로 전개되었으며, 그 과정에서 부르주아지와 귀족층 사이의 경쟁이 유발되었으며, 선교·교육·구호 등으로 문화적 교류가 이루어지기도 했다. 또한, 16~17세기에 이르자 이 식민지 건설 운동은 네덜란드, 영국, 프랑스로 퍼졌다.

식민지 활동은 크고 많은 파급 효과를 가져왔다. 경제의 중심축이 지중해에서 대서양으로 이동하였고, 세계 경제의 주도권이 유럽인들에게 주어졌으며, 농업 기술의 혁신과 교류가 전개되었고, 다양한 문화들의 상호교류도 이루어졌다.

실제로 1610~1640년에 유럽의 무역량이 10배로 증가했고, 또한 경쟁국들이 해상 무역을 서로 통제하고 보호하려는 목적으로 중상주의 정책을 펼쳤는데, 18세기에 이르자 국제 해상 무역의 선두자리가 영국에 돌아갔다.

책 속의 책 - 더 읽어보기

아메리고 베스푸치의 아메리카발견

아메리고 베스푸치(Amerigo Vespucci)

아메리고 베스푸치(Amerigo Vespucci, 1454-1512)는 신대륙으로 항해하고 그에 대한 글을 남긴 이탈리아의 상인이자 지도제작자였다. 그는 오늘날의 남아메리카 동쪽 해안을 탐사한 후에 아시아가 아닌 새로운 대륙을 발견하였다고 확신하였는데, 크리스토퍼 부스(Christopher Columbus)를 비롯한 모든 사람이, 유럽의 독(dock)에서 출항한 개척자들은 동아시아로 항해한다고 생각했던 그 시대에서는 대담한 주장이었다.

아메리고 베스푸치는 이탈리아 피렌체(Florence)의 고명한 가문의 세 번째 아이로 태어났으며, 그의 아버지는 피렌체의 저명한 금융가였다. 그는 어려서부터 그의 삼촌에게 교육을 받았으며 광범위한 독서와 지도 수집에 미를 보였다.

베스푸치에 대해서는 많은 논쟁이 있는데 특히 진실성에 많은 의문을 가져온 '신세계'와 '4번의 항해'라는 그의 저작물들 때문이다. 몇몇 사람들은 베스푸치가 그의 역할을 과장하고 계획적으로 날조한 것이라 주장하는 반면에 다른 사람들은 그 두 저작물이 동시대의 다른 사람들에 의해 위조된 것이라는 의견을 제시했다. 그의 두 저작물의 출판과 많은 발행 부수는 1507년에 마틴 발트세뮬러(Martin Waldseemüller)가 만든 그의 세계지도에 신대륙을 아메리카(America)로 명명하게 만든다. 이에 베스푸치는 그의 저작물에 자신의 이름을 라틴 스타일로 새롭게 바꾸어 아메리쿠스 베스푸시우스(Americus Vespucius)로 기록했으며 이에 근거하여 발트세뮬러는 베스푸치의 첫째 이름의 라틴형인 아메리쿠스(Americus)를 여성형인 아메리카(America)로 변경하여 명명하였다. 여성형으로 바꾼 이유는 아시아(Asia), 유럽(Europe), 아프리카(Africa) 대륙의 이름이 모두 여성형이어서 그랬다는 말이 있다. 몇 년 후에, 발트세뮬러는 신대륙의 이름을 변경하려 했으나 인쇄된 단어의 힘은 철회하기에는 너무 강력하였으며 아메리카로 굳어졌다. 처음에 아메리카라는 명칭은 현재의 남아메리카만 의미했으나 네덜란드의 지리학자인 메르카토르(Gerardus Mercator)가 1538년에 만든 그의 세계지도에 아메리카 북쪽의 신대륙을 북아메리카로 표시한 이후에는 북쪽 신대륙마저 아메리카로 칭하게 되었다.

논란이 되는 두 저작은 베스푸치가 아메리카로 4번의 항해를 하였다고 주장하지만 3번의 항해만이 다른 근거들에 의해 증명될 뿐이다. 현재는 일반적으로 역사학자들에 의해 1497년의 항해는 없었다는 주장이 받아들여지고 있다. (1497년 5월 10일에 카디즈에서 출항했다는 주장) 최종 항해에 대해서도 알려진 것은 거의 없다. 1499년에서 1500년에, 베스푸치는 알롱소 드 오헤다(Alonso de Ojeda)가 이끄는 탐사대에 합류한다. 오늘날의 남아메리카 북동부 가이아나(Guyana)의 해안에 도착한 후, 둘은 서로 떨어져서 탐사를 시작했다. 베스푸치는 남쪽으로 항해하면서 아마존(Amazon)강 어귀를 발견했으며 남위 6°까지 도달했다. 그 후, 방향을 바꾸어 항해하면서 트리니대드(Trinidad)와 오리노코(Orinoco)강을 본 후에 히스파니올라(Hispaniola)를 거쳐 스페인으로 돌아갔다. 베스푸치는 로렌조 디 메디치(Lorenzo di Medici)에게 보내는 서한에서 1499년 8월 23일 항해 중에 경도를 천측하였다고 주장했다. 그러나 그것은 베스푸치의 신뢰성에 더욱더 손상을 주는 명백한 거짓이다. 1501년에서 1502년 사이에 이루어진 그의 다음 항해에서는 포르투갈 탐사대의 일원으로서 오늘날의 리우데자네이루(Rio de Janeiro)만(灣)에 도착했다. 이 탐사대의 수장은 곤살로 코엘류(Gonçalo Coelho)였다. 이 항해에서 그는 남아메리카의 해안을 따라 남쪽으로 내려갔다. 그의 보고에서는 그가 파타고니아(Patagonia) 위도까지 내려갔다고 주장한다.

그러나 파타고니아까지 내려갔었다면 반드시 목격하였을 라플라타강(Rio de la Plata)의 넓은 어귀를 그의 보고에는 언급이 없는 것으로 보아 이러한 주장 또한 의심스러워 보인다. 1503년에서 1504년에 했다는 그의 마지막 항해에 대해서는 거의 알려지지 않았고 실제로 했는지조차 의문이다. 1508년에는 `스페인 최고의 항해사`(Pilot Major of Spain)라는 명칭을 얻었으며 베스푸치는 다음과 같은 말로 그의 성과를 과시하였다. "나는 전 세계 모든 선원 중에 가장 뛰어난 항해가이다." 1512년에 스페인의 세비야(Seville)에서 아메리고 베스푸치는 숨을 거두었다. 역사상에 있어서 베스푸치의 중요성은 그의 발견물들에 있는 것이 아니고 그의 저작물들(비록 그것들을 베스푸치가 전부 썼든 아니든 간에)에 있다. 그의 저작물들로 인해 유럽인들은 처음으로 아메리카에 대해 알게 되었고 아메리카의 존재는 그것들의 출판 후, 몇 년 지나지 않아 전 유럽을 통하여 널리 알려지게 되었다.

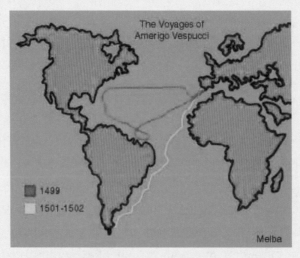

<아메리고 베스푸치의 항로>

최초의 세계 일주를 한 사람은 과연 누구인가?

　포르투갈인들이 아프리카 남단의 희망봉(Cape of Good Hope)을 지나 항해하였고 스페인 사람들은 '신세계(현재의 아메리카 대륙)'를 발견하였다. 이 시기에 페르디난드 마젤란(Ferdinand Magellan)은 1519년에서 1522년에 걸쳐 최초(?)로 세계 일주 항해에 성공하였다. 우리는 이러한 사실은 역사적으로 알고 있다. 하지만 1521년 그는 필리핀에서 사망하였고 진정한 세계 일주는 이루지 못했다.

　페르디난드 마젤란이 막탄 전투에서 전사하자, 그 선단의 지휘를 물려받아 1522년 사상 최초로 세계 일주를 마치게 된 인물이 있다. 후안 세바스티안 엘카노(Juan Sebastián Elcano, 1486년/1487년 ~ 1526년 8월 4일 태평양)는 스페인 바스크 지방 기푸스코아 주 게타리아 출신이다. 마젤란 탐험대의 일원일 당시 카르타헤나, 멘도사, 케사다와 함께 마젤란에게 반기를 들었다. 그 중 유일하게 용서받고 항해를 계속한다.

　엘카노는 스페인 차를레스 I세의 해군 사령관으로 복무하여, 필리핀으로 가는 탐사대에 참가했다. 그들은 1519년 다섯 척의 배를 끌고 항해를 시작했다. 〈콘셉시온 호〉, 〈산안토니오 호〉, 〈산티아고 호〉, 〈트리니다드 호〉, 그리고 〈빅토리아 호〉였으며, 탑승 인원은 스페인군 241명으로 된 함대였다. 엘카노는 마젤란에 대항해서 아마다 함대가 남미의 마젤란 해협을 통과하기 전에 발각된 맹렬한 선상 반란에 참여했다. 그는 마젤란에게 용서를 받았고, 5개월간의 고된 노역 형을 마친 후, 갤리온선의 선장이 되었다. 이후 〈산티아고 호〉는 폭풍으로 파손되었다. 함대는 대서양을 건너 브라질의 동해안까지 항해했고, 아르헨티나의 푸에르토 산 훌리안으로 입항했다. 며칠 후 그들은 남미의 남단에 있는 현재의 마젤란 해협이라는 통로를 발견했고, 그 해협을 통과했다. 산 안토니오에 있는 선원들이 반란을 일으켜서 스페인으로 돌아갔다.

<빅토리아호, 복원한 엘카노의 배>

1520년 11월 28일, 세 척의 배는 다시 태평양으로 항해를 시작했고, 19명의 사병이 1521년 3월 6일 괌에 도착하기 전에 사망했다. 로타섬 인근의 충돌로 마젤란과 엘카노는 물과 식량을 보급하지 못했고, 결국 충분한 보급을 한 후에 필리핀으로 여행을 계속했다. 그리고 그곳에서 몇 주를 머물면서, 스페인 제국과 필리핀 섬 원주민들과 밀접한 교류를 했다. 그는 세부섬의 원주민들을 기독교로 개종하는 데 참여를 하여 막탄섬의 부족 간 충돌에 휘말렸다.

1521년 4월 27일, 마젤란이 막탄 전투에서 사망했고, 스페인 제국군은 패배했다. 살아남은 탐사대는 누가 마젤란의 뒤를 이을지 결정하지 못했다. 최종적으로 통합 함대의 사령관으로 선출된 이는 두아르테 바르보자와 후앙 세르랑이었다. 그러나 4일도 지나지 않아 그들 두 사람은 라자 후마본이 주최한 연회에서 모두 독살을 당한다. 뜻하지 않은 재앙에 흔들린 선교사 후앙 로페즈 데 카르발로는 함대의 지휘를 맡아서, 필리핀 군도를 통과하면서 종잡을 수 없는 항해를 한다.

마젤란 사망 후 이 여섯 달간의 굼뜬 여행을 통해, 몰루카 제도에 도착하기도 전에, 선원들은 카르발로의 미약한 지도력에 환멸을 느꼈기 때문에 엘카노의 입지는 커졌다. 빅토리아호와 트리니다드 호는 11월 6일 마침내 선교에 목적지, 몰루카 제도에 도달하였다.

이 항구에서 재보급을 받았고, 정향유와 향신료 등 귀중한 화물을 채웠다. 12월 18일, 그 배는 떠날 준비가 끝났다. 그러나 트리니다드 호는 선체가 침수되어 수리가 불가능했다. 카르발호는 다른 52명과 함께 이후에 귀환하길 희망하며 그 배와 함께 잔류하였다.

17명의 유럽인 생존자들과 240명의 탐사대와 31명의 티모르인 생존자 중 4명은 스페인을 향해 인도양과 대서양을 횡단하여 계속 서진을 했다. 그들은 결국 1522년 9월 6일에 산루카르 데 바르라메다 항구에 도착 할 수 있었다.

이탈리아의 학자 안토니오 피가페타는 마젤란과 엘카노 탐사대의 승무원이었다. 그는 탐사대의 사건에 대해 여러 개의 문서를 썼다. 피가페타에 따르면 그 항해는 약 81,449 km를 완주한 것이었다.

엘카노는 스페인의 차를레스 I세로부터 Primus circumdedisti me(라틴어로 그대는 세상을 돌아 내게로 처음 왔다.)이라는 신조가 쓰인 둥근 구 문장과 연금을 받았다.

1525년, 엘카노는 바다로 다시 돌아와서 로아이사 탐사대의 일원이 되었다. 그는 가르시아 데 로아이사와 함께 선장으로 임명되었다. 로아이사는 일곱 척을 지휘하고 있었고, 스페인 차를레스 I세 국왕을 위해 동인도를 자신들의 영토로 주장하기 위해 파견되었다. 엘카노와 로아이사 두 사람과 그리고 많은 다른 선원들이 태평양에서 영양실조로 사망했지만, 생존자들은 목적지에 도달했으며, 그들 중 소수만이 스페인으로 돌아올 수 있었다.

엘카노는 결혼을 하지는 않지만, 마리아 헤르난데즈 데르니알데와의 사이에 도밍고 엘카노라고 이름을 붙인 아들이 있었다. 그리고 그것을 유언장에 적자로 인정하였다. 1572년, 스페인 필립 2세 국왕의 50주년 항해를 기념하기 위해, 엘카노의 아들을 세습 가능한 부글라스의 백작(Marques de Buglas)이라는 칭호를 내렸다.

<마젤란과 엘카노의 항해도>

<드레벨의 반잠수정 재현 작품>

대항해 시대를 거쳐 17~18세기에 이르면 잠수함도 등장한다. 영국의 발명가이자 네덜란드 알크마르 출생인 코르넬리스 드레벨(Cornelis Jacobszoon Drebbel 1572 ~ 1633.11.7)은 1605년 영국으로 건너가 생애를 보냈다. 그는 최초의 잠수함(잠항정)을 발명하였는데 목재로 된 선체에 수피(獸皮)를 씌워서 노를 젓게 되어 있었으며, 1620~1624년에 수차례 템스강에서, 약 3 m 깊이를 잠항하는 데 성공하였다 또한 제임스 1세의 원조를 받고 부유폭탄(浮遊爆彈 :1628년 라로셸의 전투에서 사용), 황산의 경제적 제조법, 화학용로(化學用爐), 부란기용 (孵卵器用)의 온도조절기, 염색법의 개량, 산소의 발견, 등 여러 가지 업적을 남겼다.

인류 역사상 가장 뛰어난 항해가이자 탐험가의 한사람이었던 제임스 쿡(James Cook, 통상으로 `쿡 선장 Captain Cook`이란 이름으로 일반화되어있음)도 이 시기에 이름을 떨치게 되는데 그는 영국 요크셔(Yorkshire)주 미들스브로우(Middlesbrough) 근방의 작은 마을에서 출생했으며 청소년 시절에는 그 당시 영국의 타인(Tyne)지역에서 팀스(Theme) 지역까지의 해안선을 따라 운항하는 `캣츠`(Cats)라고 알려진 작은 범선에서 뱃일을 배웠다. 그 후 20대 중반인 1755년에 영국 왕립 해군(Royal Navy)에 수병으로 입대하여 부사관을 거치면서 뛰어난 기량을 발휘하여 장교로 승진하였다.

<제임스 쿡 선장 Captain James Cook, 1728~1779>

북미 북동부해역의 수로측량 및 일식 관측 등으로 명성을 얻었으며 1768년에는 엔데버 (Endeavour)호의 선장(Captain)으로 임명되었다. 1769년에 지구로부터 태양까지의 거리측정에 이용할 수 있는 보기 드문 천체 현상이 예정되어있었는데 그것은 금성이 태양 면을 지나가는 현상이었다. 왕립협회(Royal Society)는 금성의 이동 경로(자오선통과) 기록을 위해 천문학자들을 태평양으로 파견하기로 하고 해군의 협조를 요청하였다. 해군은 그들의 항해사들 중의 한 사람이 선박의 책임을 맡는다는 조건으로 동의를 하였다. 쿡 선장은 탐사대장으로 선출되었고 임무 수행 준비를 마친 엔데버호는 남태평양상의 타히티(Tahiti)로 출항하였다.

타히티에서 성공적인 금성 이동 관측 후에 왕립해군의 비밀 임무인 미지의 남쪽 대륙 탐사를 위해 남위 40° 까지 내려갔으나 육지는 발견하지 못했다. 쿡 선장은 훈령에 따라 네덜란드인 탐험가 아벨 태스만(Abel Tasman)이 앞서 발견한 남서쪽의 뉴질랜드(New Zealand)로 향하였다. 1771년에 귀국하기 전까지 쿡 선장과 그의 승무원들은 소시에테 제도(Society Islands) 발견과 함께 뉴질랜드의 해도를 작성하였고 쿡 해협(Cook Straits)을 통과하여 뉴질랜드가 두 개의 섬으로 이루어진 것을 알아내었으며 호주(Australia)의 동해안을 항해하여 호주를 영국령으로 선포하였고, 토레스 해협(Torres Straits)을 재발견하였다.

1772년에서 5년까지, 그는 1차 탐사항해의 공적에 만족하지 않고, 해군의 지원으로 1차 탐사 항해 시 발견하지 못했던 미지의 남방대륙 탐사를 위한 2차 탐사항해를 했다. 플리머스 (Plymouth) 항에서 출항한 쿡 선장 일행은 아프리카 남단의 희망봉(the Cape of Good Hope)을 지나 남극권으로 들어가 인도양을 거쳐 태평양 쪽으로 탐사항해를 하였고 남위 71° 10', 서경 106° 54' 까지 내려갔었지만, 미지의 남방대륙은 존재하지 않은 것으로 확인하였다.

쿡 선장은 2차 탐사항해 때, 그때 당시 선원들의 가장 무서운 적이었던 괴혈병(scurvy)을 양배추를 선원들에게 섭취시켜 그것을 예방해서 선원들의 희생을 최소화했고 크러 노 미터 (chronometer, 천문 및 항해용 정밀 시계)를 이용하여 경도를 정확하게 측정하였으며 대서양 해도를 작성하였다. 2차 탐사항해의 공적으로 쿡 선장은 왕립협회 정식회원이 됨과 함께 포스트 캡틴(post captain)의 지위에 오른다. 쿡 선장은 비타민 C가 승무원들의 건강을 유지 하기 위해 중요하다는 것을 이해할 만큼의 경험이 풍부한 뱃사람이었지만 레절루션(Resolution) 호의 선장으로서 그의 세 번째이자 마지막인, 대서양과 태평양을 이어주는 통로를 발견하기 위한, 북서항로 탐사항해에서는 하와이(Hawaii)에서 만난 원주민들을 제대로 다루지 못했다.

1776년 여름에 영국을 출항한 쿡 선장 선대는 희망봉을 돌아 뉴질랜드와 타히티를 거쳐 1777년 12월 24일에 태평양상에서 작은 섬을 발견하여 크리스마스(Christmas)섬이라 명명 하였고 이듬해 초에는 하와이 군도를 발견하여 샌드위치 제도(Sandwich Islands)라고 명명한 다음 북미 대륙의 태평양 연안을 따라서 서북쪽으로 연안 항해를 하여 베링해(Bering Sea)를 거쳐서 북극해(Arctic Ocean) 안쪽으로 들어갔으나 얼음에 막혀 성과를 올리지 못하고 다시 하와이로 귀환하였다.

하와이 회항 후, 원주민들과의 갈등으로 상황 판단을 잘못하여 그들의 왕을 인질로 잡았다. 그 후, 섬의 다른 곳에서 소동 중에 원주민 추장 중의 한 사람인 칼리무(Kalimu)가 쿡 선장 일행에 의해 살해되었다. 이 소식은 왕에게도 알려졌는데 마침 쿡 선장이 그를 석방하였을 참이었다. 하와이 원주민들은 쿡 선장의 의도를 불신하고 쿡 선장 일행들을 공격하였다. 어느 원주민 전사가 몰래 쿡 선장의 뒤로 가서 커다란 곤봉으로 그의 머리를 가격할 때까지 쿡 선장은 싸움터에서 멀리 떨어져 있었다. 다른 원주민 전사가 단도를 가지고 그를 공격하는데 합세했고 쿡 선장은 바닷속으로 떨어졌다. 그는 가까스로 다시 정신을 차리려 했으나 또 다른 전사가 강한 타격을 가하였고 쿡 선장은 그것을 최후로 바닷속으로 가라앉아 버렸다. 쿡 선장의 양극권을 포함한 지구상 거의 모든 바다 위를 항해한 3차에 걸친 탐사항해로 인해 태평양상 대부분 섬과 해안지대의 모습이 지도상에 옮겨져서 오늘날까지 활용되고 있으며 괴혈병 예방 및 크기로 노 미터를 이용한 정확한 경도 측정은 항해사에 길이 남을 위대한 업적으로 영국인들은 쿡 선장을 기려 그의 이름 앞에 캡틴(Captain)이라는 뱃사람 최고의 직위를 덧붙인다.

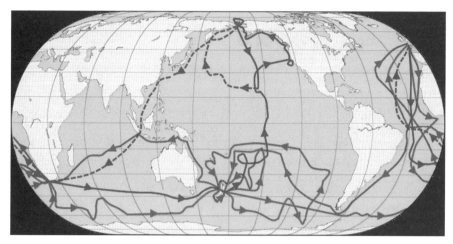

\<쿡 선장의 항해 경로. 첫 번째 항해가 붉은색, 두 번째 항해가 초록색, 세 번째 항해가 파란색.
쿡이 사망한 후 그의 선원들의 경로는 파란색 선으로 표시\>

\<카우아이섬에 있는 쿡 선장의 동상, 1778년 하와이섬에서
원주민들을 처음으로 접촉한 것을 기리기 위해 세움\>

2.3 근현대 해양항해사

18세기 후반에 일어난 산업혁명 시대는 해양과학에 엄청난 변화를 가져오게 되었다.

영국은 많은 식민지를 발판으로 삼아 18세기 후반기부터 산업혁명을 최초로 전개하였다. 그리하여 영국은 "세계의 공장"으로 불리고 세계 제일의 부국이 되었다. 영국의 기술·상업·금융에 관한 정보가 유럽 각국으로 전파되어 19세기에는 프랑스와 독일에서도 공업화가 추진되었다. 그 결과 유럽에서 철도망의 건설, 대서양 횡단 전신의 가설, 운하의 건설 등이 활발하게 전개되었다. 그러나 19세기 말에 이르러 공업 강대국 간의 균형이 파괴되고 그 대신 제국주의 열강들의 경쟁 시대가 도래하면서 영국의 경제적 패권 시대가 막을 내리게 되었다. 산업혁명은 과학과 기술을 발전시켰으며, 이 발전은 해양 활동의 수단을 발전시키는 결과도 가져왔다. 19세기 전반기에는 증기를 이용한 목조 외륜선이 등장했으며, 1832년 외륜기선이 증기기관만 사용하여 대서양을 횡단하기도 했다. 이어서 19세기 후반기에는 프로펠러 철선이 등장하였는데, 특히 1861년에 수에즈 운하가 개통됨으로써 프로펠러 철선 시대가 촉진되었다.

20세기에 접어들어 미국을 중심으로 한 새로운 강대국들이 전면에 등장하기 시작하였다. 미국은 1776년에 영국으로부터 독립한 이후 19세기 전반기까지 아메리카 대륙 내에서만 팽창 정책을 추구하였다. 그러나 18세기 후반에는 마한의 해양 전략론을 논거로 삼아 바다를 통한 대외 팽창으로 눈을 돌렸으며, 그 덕분에 미국의 사업가들은 시야를 해외 시장으로 돌릴 수 있었다. 이를 위해 극동 진출의 중간 지점으로서 하와이와 중남미의 중요성을 인식했고, 영토 확장 정책과 해군 확장정책을 동시에 추진하였다. 반면 17세기까지 강력한 강국으로 성장했던 러시아는 크림전쟁(1853~1856)과 러일전쟁(1904~1905)에서 영국과 영국의 후원을 받은 일본에 패배함으로써 해양강국으로의 도약 운동이 좌절되고 말았다. 이후 미국은 두 차례의 세계대전을 승리로 이끌면서 더욱 발전하며 초일류 선진국으로 성장하였다. 이로 인해 19세기에 들어와서 해양과학은 본격적인 발전을 시작했다.

근대 해양과학발전에 이바지한 인물로 제임스 클라크 로스 경(Sir James Clark Ross, 1800년 4월 15일 ~ 1862년 4월 3일)을 들 수 있는데 그는 영국의 해군 군인이자 탐험가, 지리학자이다

<제임스 클라크 로스 James Clark Ross 1800~1862 >

그는 런던에서 태어나 1812년에 영국 해군에 입대한다. 1818년에는 삼촌인 존 로스와 함께 북서항로 탐험을 위한 첫 항해에 나섰고, 1819년부터 1827년까지는 윌리엄 에드워드 페리가 이끄는 북극 탐험에 참여했다. 1828년에는 왕립 학회의 회원으로 선출되었다. 1829년부터 1833년에 걸쳐 다시 삼촌인 존 로스를 따라 북극 탐험에 참여하고 탐험 중이던 1831년 6월 1일에 인류 역사상 최초로 자북극에 도달했다. 1835년부터 1838년까지는 브리튼 제도에서의 첫 체계적인 지구 자기장 탐사에 종사했다. 1839년부터 1843년까지 로스는 에러버스 호와 테러 호 2대로 구성된 남극 탐험대를 이끌고 자 남극 도달을 목표로 남극 항해에 나섰다. 자 남극에 도달할 수 없었지만, 로스해, 빅토리아랜드와 로스섬에 있는 화산인 에러버스산, 테러산, 멜버른 산, 폴렛 섬을 발견하고, 이 중에서 에러버스산이 활화산임을 확인하는 등 많은 연구 결과를 얻었다. 1842년에는 왕립 지리 학회 메달을 수상하였으며, 1843년에는 영국의 국왕인 빅토리아 여왕으로부터 기사 작위를 받았다. 1848년에는 북극 탐험에 나섰다가 조난해 사망한 영국의 해군 군인인 존 프랭클린과 그의 탐험대원들의 시신을 수습하기 위해 북극으로의 항해에 나섰다. 1862년에 잉글랜드의 버킹엄셔주에 있는 자택에서 사망하였다.

다음으로 미국의 매튜 폰테인 모리(Matthew Fontaine Maury 1806 ~ 1873)를 들 수 있는데 그는 미국의 해군 장교·해양학자. 항해보고를 계통적으로 널리 모아 바람과 해류를 조사함으로써 항해의 안전과 배의 항행 거리의 단축에 공헌하였다. 해양학을 처음 개척한 사람 중의 하나다.

 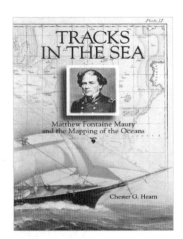

<매튜 폰테인 모리(Matthew Fontaine Maury 1806~1873)와 그의 저서>

그는 미국 버지니아주(州) 출생으로 1825년 해군에 들어가 군함을 타고 4년 동안 세계 각지를 돌아다녔다. 1839년 마차 사고로 절름발이가 되었으며, 1842년 미국 해군 수로부 (水路部)의 전신인 해도(海圖)·측기국(測器局)에 근무하였다. 그 이후로 항해보고 (航海報告)를 계통적으로 널리 모아 바람과 해류를 조사함으로써 항해의 안전과 항정(航程)의 단축에 공헌 하였다. 또 그의 주선으로 1853년에 처음으로 브뤼셀에서 국제해상기상회의 (國際海上氣象會議) 가 개최되어 일반 선박의 기상·해양의 관측 및 보고에 관한 제도의 기초가 확립되었다. 많은 저서 중에서 《풍계(風系) 및 해류도(海流圖)》《항해 안내》《북대서양 수심도(水深圖)》《바다의 물리적 지리학》 등이 유명하다. 1861년 남북전쟁이 일어나자 해군에서 퇴역하여 남군(南軍)에 참가하였다. 그 후 버지니아 육군대학의 기상학 교수 (1868~1873)로 있다가, 렉싱턴에서 사망하였다. 해양학을 처음 개척한 사람 중의 하나이며, 그의 묘비(墓碑)에는 '바다의 길을 발견한 사람'이라고 새겨져 있다. 안전한 무역로에 대한 점증하는 요구는 과학적 탐사를 유발하는 동기가 되었다. 군대창고에 가득 쌓인 항해기록 으로부터 전 세계 대양의 해도 및 항해지침(바람, 해류, 해수면 상태가 자세히 기록된)을 발간하였다. 또한, 그는 1855년 최초의 해양학 교과서로 간주하는 『The Physical Geography of the Sea(바다의 물리 지리서)』를 발간하였다. 주요저서로는 《풍계 및 해류도》《항해 안내》가 있다.

<크리스티안 고트프리트 에렌베르크
(Christian Gottfried Ehrenberg, 1795~1876)>

한편 유럽에서는 일정하지 않은 어업량에 대한 원인을 알기 위한 과학적 탐사가 진행되었다. 독일의 박물학자 크리스티안 고트프리트 에렌베르크(Christian Gottfried Ehrenberg, 1795~1876)는 해저 퇴적물이 수많은 작은 생물들의 골격으로 이루어져 있음을 발견하였는데 이러한 플랑크톤의 양적 변화가 어류의 생존 및 건강에 결정적 영향을 끼치는 사실을 발견하였다. 1820년부터 5년간 이집트 각지와 홍해(紅海) 주변을 여행하였으며, 그 결과를 《동물도감》으로 출판하였다. 세균·원생생물·조류의 분류학의 초창기 공로자의 한 사람으로 손꼽힌다.

1838년에 자신이 관찰한 것을 토대로 약 350종류의 신종을 합쳐 발행한 저서 《적충류(滴蟲類)에서 보이는 개체성에 관해서 Die Infusionsthierchen als volkommene Organismen》는 적충류를 소화계통에 따라 분류한 것이다. 50속(屬) 약 200종류의 섬모충 외에도 아메바·편모충·규조·윤충 등도 포함되어 있어, 동식물의 구별과 원생생물을 단세포로써 인식하지 못하였던 당시의 학계 사정을 알 수 있다. 후에 베를린 과학아카데미의 간사를 지냈다. 그의 주요 업적은 현미경 미생물에 관한 것으로서 그 분야의 발달에 크게 이바지했다.

그 당시 이 시대에 큰 의문은 '심해에 생물이 살고 있는가?'였다. 영국의 박물학자 에드워드 포브스(Edward Forbes, 1815-1854)는 바다에서 깊이에 따라 생물의 양이 감소하는 사실에 기초하여, 식물은 햇빛이 필요하고 동물은 식물을 먹이로써 섭취하기 때문에 햇빛이 없는 수심 600m 이하에는 생물이 존재하지 않으리라고 생각했다. 다른 학자들은 높은 수압으로 인해 심해에는 생물이 살 수 없을 것으로 추론하였다. 그러나 1800년대 말, 해저 케이블을 수리하려고 인양했을 때 다양한 종류의 심해생물이 케이블에 덮여 있음을 발견하였다.

<에드워드 포브스(Edward Forbes, 1815~1854)>

또한, 덴마크의 요한 게오르크 포르크하머(Johan Georg Forchhammer, 1794 ~ 1865)는 전 세계 해수의 염분 농도를 조사했는데 염분의 총 농도는 달라져도 이온의 비는 일정함(일정 성분비의 법칙, raw of the constant ratio)을 발견하였다. 덴마크는 현재까지 해수 분석화학의 중심지로서의 명성을 이어가고 있다.

1870년대에 들어와서 순수한 과학적 탐사만을 위한 항해가 시작되었는데, 이 중에서 가장 특기할 만한 성과를 가져온 것은 영국의 챌린저(H.M.S. Challenger)호가 1872년에서 1876년 까지 3년 반에 걸쳐 이루어낸 업적이다. 와이빌 톰슨(Wyville Thompson, 1830 ~ 1882)이 이끈 이 해양탐사선은 태평양, 인도양, 대서양, 남극 바다에서 물리, 화학, 생물학적 자료를 수집했는데, 후에 과학자들이 편집하는 데에만 19년이 걸렸고, 최종 결과는 50권의 책(총 29500쪽)에 담아냈다.

<영국의 윌리엄 프레더릭 미첼이 그린 챌린저호>

 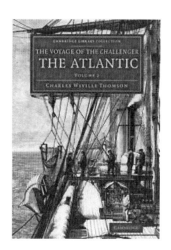

<와이빌 톰슨(Wyville Thompson 1830~1882)과 그의 저서>

그는 영국의 박물학자로서 1868년에 라이트닝 호, 1869년에 포큐파인호를 타고 심해(深海)의 생물 조사에 나서, 심해에는 무생물층(無生物層)은 없고 표층으로부터 심층(650패덤=약 1,200 m)까지에 생물이 살고 있음을 밝혀냈다.

1872년부터 1876년까지는 챌린저호의 대탐험에 과학대장으로 참여, 해양생물, 해저와 해수의 성상(性狀), 측온(測溫) 등의 본격적인 관측 조사를 했다. 그가 발견한 북위 60˚, 서경 7.5˚ 부근의 북대서양에 있는 해령(海嶺; 와이빌 톰슨 해저산맥) 은 북쪽과 남쪽의 생물상이 다른 것으로 알려져 있다. 저서에 《챌린저호 항해기》(1877)와 《심해》(1873)가 있다.

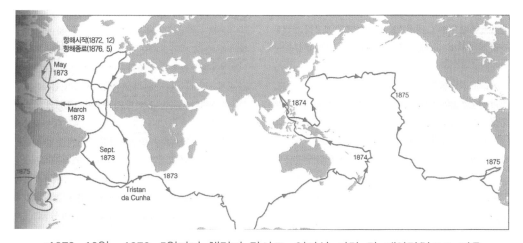

<1872. 12월 ~ 1876. 5월까지 챌린저 탐사도. 역사상 가장 긴 해양탐험으로 기록>

프리츠 하버(Fritz Haber, 1868-1934)

뷰캐넌(John Young Buchanan 1844-1925)은 영국의 해양학자로서 챌린저(Challenger)호에 의한 탐험에 물리·화학 책임자로 참가. 대서양 심해(深海)에서의 온도 및 염분 함유량을 조사 발표. 뒤에 해저 전신 부설선(船) 버카니어(Buccaneer) 호를 지휘하고 아프리카 서안의 해저 형상을 밝혔다. 채수기(採水器)·자기조류계(自記潮流計) 등을 고안하였다.

20세기에 들어와 1차 세계대전 후에는 독일의 화학자인 프리츠 하버(Fritz Haber, 1868 ~ 1934)가 해수에서 금을 찾기 위해 해수 분석기술을 연구하고 발표하면서 화학 해양학의 발전에 이바지하기도 하였다.

또한, 페터슨(Pettersson, Sven Otto 1848 ~ 1941)는 스웨덴의 화학자, 해양학자로서 스톡홀름 대학 화학 교수(1881~1908년)를 역임했다. 1887년 L. F. Nilson과 공동으로 사염화물의 나트륨 환원법에 따라 최초로 95% 순도의 금속 타이타늄을 제조하는 데 성공, 그 성질을 연구 했다. 또 희토류 원소 게르마늄에 관한 연구도 있다. 해양학 방면에서는 해수 중의 용존 가스의 정량법, 기타의 공헌이 알려져 있다.

이즐린(ㅎColumbus O'Donnell Iselin 1904-)은 미국의 해양학자로서 1939년 이래 하버드 대학교수며 우즈 홀 해양 연구소 소장을 역임. 온도·염분의 분포·해양의 순환·해류의 변동· 만류(Gulf stream)·수중음(水中音) 등에 관한 연구가 있다

<난센 Fridtjof Nansen 1861-1930>

노르웨이의 북극탐험가, 동물학자, 정치가이기도 한 난센 (Fridtjof Nansen)은 프람호(號)로 북극 탐험에 나서 북위 86° 14′ 지점에 도달했다. 국제연맹의 노르웨이 대표였고 제1차 세계대전 후 인도주의적 입장에서 포로의 본국 송환·난민 구제에 힘썼다. 1861년 10월 10일 오슬로 근교 스토레프뢴에서 출생하였으며, 크리스티아니아대학교(현 오슬로대학교)에서 동물학과 의학을 공부하였다.

1882년 바다표범 사냥 선박인 바이킹호를 타고 그린란드로 탐험을 나섰으나, 그린란드 빙하에 갇혀 그린란드에 이르지는 못했다. 돌아와서 베르겐의 자연사박물관에 근무하였다. 1888년 세계 최초로 그린란드를 횡단하였으며, 코트호프에서 월동하는 동안 에스키모의 생활을 연구하여 1890년 《그린란드의 최초 횡단》과 《에스키모의 생활》을 썼다. 1893∼1896년 프람호(號)로 북극 탐험에 나섰으며, 북위 83° 59′까지 표류하다 F. H. 요한센과 함께 배에서 내려 개 썰매와 카약을 이용하여 북위 86° 14′지점에 도달하였다. 이 지점은 당시까지 인간이 도달할 수 있는 최북방이었다. 이 탐험기록을 《극북(極北)》(1897), 《노르웨이의 북극 탐험》 (1900∼1906) 으로 남겼다.

1897년 모교의 동물학 교수, 1906∼1908년 노르웨이의 영국 주재 초대 대사 및 해양학 (海洋學) 교수를 역임하였다. 1910∼1914년 북대서양·북극해 및 시베리아의 탐험에도 참여 하였다. 1918년에는 국제연맹의 노르웨이 대표였으며, 제1차 세계대전 후 인도주의적 입장에서 시베리아에 수용된 포로의 본국 송환·난민 구제 등에 힘썼으며, 1921∼1923년 러시아 적십자 기근 구제사업의 총관리자가 되었다. 이와 같은 평화 사업에 공헌한 업적으로 1922년 노벨 평화상을 수상하였고, 1927년에는 국제연맹 군축위원회의 노르웨이 대표가 되었다. 1930년 5월 13일 사망하였다. 주요저서에 《북극해의 해양학》(1902), 《시베리아를 지나서》(1922), 《아르메니아와 근동(近東)》(1928) 등이 있다.

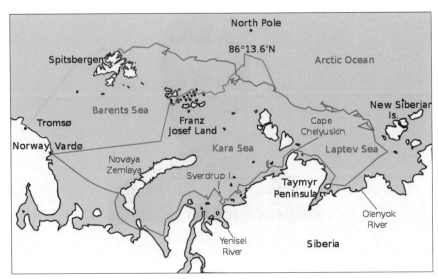

1893년~1896년 프람호의 원정

▬ 1893년 7월~9월, 바르도에서 시베리아 해안의 동쪽으로 향하는 프람호의 루트는 뉴 시베리아 제도에서 북쪽으로 돌면서 얼음으로 들어간다.

▬ 1893년 9월~1896년 8월, 뉴 시베리아 제도, 북쪽과 서쪽에서 스피츠베르겐까지 얼음 위를 표류하는 프람호(썰매로 이동)

▬ 1895년 2월~1896년 6월, 난센은 최북단인 86°13.6′N까지 탐험하고 프란츠 요제프 섬의 케이프 플로라로 후퇴

▬ 1896년 8월, 난센과 요한센이 케이프 플로라에서 바르돌로 회항

▬ 1896년 8월, 스피츠베르겐에서 트롬쇠로 가는 프람호의 항해

해양학은 백 년이 조금 넘는 짧은 역사에도 불구하고 과학사에 길이 남을 두 가지 혁명적인 발견에 이바지하였다. 우리가 사는 지구의 표면은 가만히 있는 것이 아니라 끊임없이 변화하는 곳이다. 이제 과학자들은 왜 대륙이 움직이고 바다가 열렸다 닫히며 산이 만들어지고 지진과 화산 활동이 일어나는지 어렴풋이 알게 되었다. 태양이 없어도 생물이 살 수 있다는 증거는 바닷속 깊은 곳에서 우연히 발견되었다. 지구 내부에서 나오는 에너지만으로도 살 수 있다는 것은 생명에 대한 생각을 뿌리째 바꾸어 놓았다. 바로 여기에 대륙이동설과 판구조론의 과학적 발견이 시작되었다.

17세기에 지도를 제작하던 사람들과 베이컨 같은 학자들도 아메리카, 아프리카와 유럽의 해안을 한군데 모으면 제법 잘 들어맞는다는 사실을 신기하게 느꼈다. 독일의 기상학자 베게너(Alfred Wegener; 1880-1930)는 1912년 과거에 모든 대륙이 한곳에 모여 있다가 흩어졌다고 주장하고 옛날에 있었던 초거대 대륙을 판게아 (Pangaea: '모든 대륙"이란 뜻을 지님)라고 불렀다.

<독일의 기상학자 베게너
(Alfred Wegener; 1880-1930)>

같은 생물의 화석이 여러 대륙에서 발견된다. 베게너는 대륙이 함께 모여 있을 때 한 곳에 살던 것이 대륙이 나뉘어 이동하게 되어 여러 대륙에서 발견되는 것으로 추측하였다. 남미, 아프리카, 인도, 남극과 호주 대륙의 암석층의 순서는 서로 아주 많이 닮았다. 맨 아래에는 빙하기 퇴적층, 그 위에는 해저 퇴적물, 그리고 맨 위는 용암으로 되어있다. 베게너는 대륙이 지구의 자전과 달의 인력에 의해 눈썰매처럼 미끄러지듯이 움직여 갔다고 설명하였지만 이러한 기상학자의 말을 귀담아듣는 지질학자는 없었다.

1928년에 홈스(Arthur Holmes)는 지구 내부에 갇힌 열에 의해 맨틀이 대류를 하며 이때 대륙이 움직여 갈 수 있다고 설명하였다. 하지만 대륙이동설의 증거를 찾기 위해 그린란드에서 빙하를 연구하던 베게너는 이 학설을 듣지 못하고 1930년에 사망하였다. 1870년대 챌린저호 탐험으로 해저 한복판에 산이 있는 것이 알려졌지만 이것이 전 세계 바닷속에 길이가 6만 킬로미터에 이르는 긴 산맥이란 것은 1940년대와 50년대의 해양탐사로 알려지게 되었다.

지진학자는 해저 산맥 주변에서 지진이 자주 일어나는 것에 대해 주목하기 시작했다. 1962년 지질학자 헤스(Harry Hess)는 해저 산맥에 대해 중요한 강연을 하였다. 그는 해저 산맥의 갈라진 봉우리에서 새로운 해양 지각이 화산 분출 때문에 만들어져 옆으로 확장한다고 제안하였다. 헤스는 맨틀의 대류가 해양 지각을 움직인다고 설명하였다. 한편 디츠(Robert Dietz)는 헤스와 별도로 비슷한 이론을 제시하였다. 학계에선 헤스-디츠 이론을 해저확장설이라 불렀다. 새로 분출된 용암이 식으면서 용암 안의 자성 물질이 지구의 자기장과 같은 방향으로 정렬되는데 지구의 자기장이 주기적으로 반전하였기 때문에 해저확장설을 검증하는 데 사용되었다. 바인과 그의 스승 매튜스는 지자기 조사에 가장 적극적으로 나섰고 해저 확장의 결정적인 증거가 마련되었다.

　지구의 표면적은 일정한데 해양 지각이 확장만 하면 논리에 맞지 않는다. 없어지는 곳을 탐색하던 학자들은 육지 주변이지만 아주 깊은 골짜기인 해구를 주목하게 되었다. 이 주변에서 지진과 화산 활동이 자주 일어나며 특히 깊은 곳에서 지진이 잦다는 것은 1935년에 일본의 지진학자 와다티가 보고한 바 있었다. 이제 해양 지각이 만들어지는 것과 소멸하는 것을 설명할 수 있게 되었다. 지진의 특성을 조사한 결과 지구의 표면 지각은 해양 지각과 대륙 지각으로 이루어져 있으며 지구 내부 구조로 보면 각기 얇은 판처럼 되어있다는 것이 밝혀졌다. 지구는 7개의 큰 판과 20개의 작은 판으로 이루어져 있다. 베게너의 대륙이동설은 이제는 판구조론(Plante Tectonics)이라 불리는 이론으로 설명되고 있다. 판의 경계는 위성 관측으로 더욱 명확하게 밝혀지고 있다. 판의 이동과 충돌은 산을 만들며 맨틀의 대류에 의해 지표는 상승하기도 하고 내려앉기도 한다는 것이 밝혀지고 있다. 이제 학자들은 과거 대륙의 위치를 기록을 가지고 복원하는 작업을 하고 있다. 지구의 표면은 아주 빠르게 변하고 있다. 에베레스트산은 얼마나 높을까? 8848 m가 맞는 답이라고 생각하면 틀렸다. 이 산은 지금도 조금씩 높아지고 있기 때문이다.

　인간이 바다에 나가게 된 동기는 식량을 구하기 위해서였고 기원전 5,000년 무렵에 배를 만들게 된 뒤에는 사람과 물자를 손쉽게 이동시키기 위해서였다. 이러한 목적은 사람이 깊은 바닷속으로 꼭 들어가지 않아도 되는 것이기 때문에 2백 년 전만 해도 바다가 얼마나 깊은지조차 알지 못했다. 다윈이 진화론을 내놓아 세상을 떠들썩하게 만들 때까지도 사람들은 심해에도 생물이 산다는 것을 상상도 못 했다.

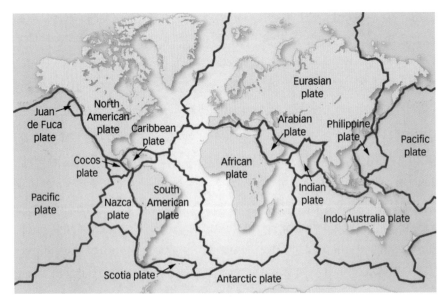

<베게너의 판구조론>

인간의 일상 활동은 깊은 바다와는 별로 관련이 깊지 않기 때문에 심해에 관한 관심은 19세기에 들어서야 점차 커지기 시작했다. 영국 생물학자 포비스가 주장한 심해 무동물설은 일부 깊은 곳에서 생물이 채집되는 일이 간혹 있었음에도 학계를 지배하고 있었다. 대서양을 횡단하는 해저 전보용 케이블이 끊어지는 사고가 생기고, 전선에 해면 등이 붙어사는 것이 확인되면서 심해생물이 산다는 것이 확인되었다. 어둡고 추운 곳인 심해에 지구상에 처음 나타났던 생물 또는 이에 가까운 원시 생물이 살지 모른다는 의견이 제시되자 진화론자와 이를 믿지 않는 학자 모두 심해생물에 관심을 끌게 되었다. 19세기 말 과학과 기술의 진보가 이루어질 때까지 어두운 바닷속은 그야말로 무지의 심해 상태로 사람의 방문을 기다리고 있었다. 결국, 이러한 것이 배경이 되어 근대 해양학을 탄생시켰다고 하는 챌린저호 탐사가 19세기 말에 이루어지게 되었다.

이 탐사로 심해에 다양한 생물이 산다는 것이 알려졌을 뿐 아니라 바닷속에서 산과 깊은 골짜기가 있다는 사실을 알게 되었다. 하지만 산맥이 있다는 사실은 훨씬 뒤에나 확인되었다. 그런데 정작 관심거리였던 진화에 대한 별다른 결과를 얻지 못해 이같이 학술적인 대규모 탐사는 이후 이루어지지 않았다.

제2차 세계대전 당시 독일의 소형잠수함이 연합군에 끼친 피해가 하도 커서 미국은 잠수함과의 교전에 필요한 전술을 개발하는데 큰 노력을 쏟아부었다. 해양학자의 도움으로 이때 개발된 음향 측심기와 이를 모태로 훗날 개발된 장비는 바다 바닥이 밋밋한 것이 아니라 역동적인 모습을 하고 있다는 것을 알려 주었다. 전쟁에서 승리한 미국을 비롯한 연합군들은 전후 커다란 경제부흥기를 맞게 되며 해양학을 가르치는 대학에 많은 지원이 대가로 돌아갔다. 당시 석유개발은 경제를 지탱하는 커다란 산업이었으며 여기서 나온 많은 이윤이 새로운 유전 개발을 위한 기초 연구에도 투자되었다. 당연히 지질학자들은 육상은 물론이고 연근해에서도 석유를 찾아 나섰다. 석유를 찾기 위해 개발된 많은 기술은 해저의 모습은 물론이고 땅속 내부 구조에 대해서도 점차 많은 정보를 알려주기 시작하였다.

기술이 진보하며 호기심 많은 사람이 깊은 바다에 직접 들어가 보기 위한 장비가 속속 개발되었다. 1960년에는 드디어 지구 표면에서 가장 깊은 곳에 유인 잠수정을 내려보내게 되었다. 잠수기술의 발달로 이제는 바닷속 아무리 깊은 곳이라도 관찰할 수 있게 되었다. 하지만 이것이 잠수기술이 성숙하였다는 것은 아니다. 현재의 기술은 돈이 많이 들고 겨우 몇 나라만 이런 기술력을 가지고 있다. 앞으로도 새로운 잠수기술 개발이 계속 이루어질 것이다.

(1) 심해잠수정 Trieste

심해의 압력에 견디며 사람을 태울 수 있는 잠수정은 전설적인 심해 박물학자 윌리엄 비비가 1930년에 공 모양의 잠수정을 타고 수심 약 500 m 해저에 다녀온 것을 기점으로 비약적인 성장을 거듭하여 1960년에는 심해잠수정 Trieste에 두 사람이 타고 마리아나 해구에서 수심 10,916 m까지 잠수하는 기록을 세웠다.

<심해잠수정 Trieste>

(2) 유인 잠수정 Alvin

1970년대에는 비록 제약이 따르지만, 독자적으로 움직일 수 있는 유인 잠수정인 Alvin이 취역하면서 심해 탐사는 새로운 전기를 맞이하게 된다. 과학자들은 Alvin을 타고 해저 산맥을 방문하여 해양 지각이 만들어지는 것을 직접 눈으로 볼 수 있었고 암석 조각을 가져올 수 있었다. 한편 이러한 연구 도중에 심해 열수공도 발견되었다. 심해 열수공에 사는 생물은 지금까지 생물 알고 있었던 방식과는 전혀 다른 방법으로도 생물이 살 수 있다는 사실을 알려 주었다. 이러한 지식은 화성의 땅속, 얼음으로 덮인 목성의 위성 Europa에도 생물이 살 수 있다고 생각할 수 있게 하였다. 1985년에 앨빈은 1912년 침몰한 타이태닉호를 찾아내었다. 할리우드에선 이런 좋은 소재를 놓칠 리가 없다. 1998년 개봉된 영화 타이태닉은 전 세계에서 수십억 달러를 벌어들였다.

<유인 잠수정 Alvin>

하지만 지구 표면의 대부분을 차지하고 있는 바다의 바닥 가운데 사람이 직접 들어가 본 곳은 아주 일부에 지나지 않는다. 아직 얼마나 놀라운 사실을 더 알게 되는지 아무도 모른다. 수억 년 전에 멸종했을 것으로 여겼던 폐어가 살아 움직이고 있으며, 암흑천지에서 화산이 폭발하는 곳이 심해이다. 심해는 아직 신비로운 베일을 살짝 벗었을 뿐 아직도 모르는 것으로 가득 차 있다.

숨을 참고 물속으로 들어가는 것은 아마 고대부터 있었을 것이다. 역사에 기록되어 있는 가장 오래된 것은 기원전 500년 그리스와 페르시아 사이의 해전사에 기록이 남아있다. 1790년에는 혜성에 이름을 남긴 에드먼드 핼리가 잠수용 벨 (bell)을 고안하여 시범을 보였다. 1837년에 독일 태생 아우구스투스 지베는 잠수용 안전모와 방수복을 연결해 잠수복을 유행시켰다. 그는 '잠수의 아버지'라는 칭호를 얻었다. 1865년에는 현재 스쿠버 장비의 전신이 고안되었다. 스쿠버 장비는 개량을 거듭하였으며 1943년 쿠스토 선장에 의해 요즘과 같이 압축공기 탱크, 레귤레이터, 마우스피스로 구성된 모델이 개발되었다. 그는 특허를 내고 아쿠아렁이라는 회사를 세웠다. 쿠스토 덕택으로 전 세계에서 많은 사람이 스투라를 이용해 바다를 즐기게 되었다.

탐사용 유인 잠수정도 개량되어 미국은 3,000미터급 앨빈, 일본과 프랑스는 6000미터급 잠수정을 보유하고 있다. 현재에는 물속에서 빠르게 움직일 수 있는 추진형 잠수정이 개발된 것으로 보이는데 군사용인지 아직 실체가 공개되고 있지 않다. 과학 탐사용으로는 심해 로봇이 개발되고 있다. 이들은 사람을 태우지 않기 때문에 더 깊이 더 위험한 곳에도 갈 수 있는 장점이 있다. 반도체와 통신 기술이 비약적인 발전을 거듭하고 있어서 미래에 심해 탐사에는 로봇이 주역이 될 전망이다.

심해유인잠수정 명칭(국가)/ 기관		최대심도	개발년도	탑승인원
앨빈(미국) / 우즈홀해양연구소 (WHOI)		4,500 m 급	1964	3 (조종사 1, 과학자 2)
신카이6500(일본) 해양연구개발기구 (JAMSTEC)		6,500 m 급	1989	3
노틸(프랑스) / 국립해양개발연구소 (IFREMER)		6,000 m 급	1984	3
미르(러시아) / 쉬르쇼프 해양연구소		6,000 m 급	1987	3
쟈오룽(중국) 중국과학부, 국기해양국		7,000 m 급	2010	3

<심해유인잠수정 개발현황>

2장 단원평가

학년도	학기	고사 분류	학과	학번	이름	평가점수
20	1학기/2학기	제2장 /익힘문제 (제출용)				

1. 서양 고대 해양항해사에 대한 설명으로 틀린 것은?

   ① 지중해 동부에 속하는 에게 해의 크레타 섬에서 발생하는 미노아 문명과 그리스의 미케네문명은 바다를 통해 이집트와 메소포타미아 문명의 영향을 받아 발생하였다.

   ② 중동에서 인류가 처음으로 항해기술을 습득한 것은 BC 2000년경 미노아인 이며 지중해, 홍해 및 인도양을 항해한 것으로 알려져 있다.

   ③ 지중해를 탐험하던 그리스인들은 운수업과 중개업을 통해 상업을 발달 시켰다.

   ④ 그리스인들은 상당히 정확한 해도(chart)를 가지고 있었지만 중세 암흑기에 전부 소실되었다.

2. 고대 폴리네시아인들은 해양항해사에 대한 설명 중 틀린 것은?

   ① 폴리네시아 인들의 막대 해도는 야자수 가지들을 코코넛 섬유로 묶어 만들었다.

   ② 이들이 사용한 막대해도의 조개껍데기는 둥글게 나타낸 것은 파도이고 막대기는 최단경로, 그리고 둥글게 매듭으로 엮은 것은 섬을 나타낸다.

   ③ 이들은 100여명을 태울 수 있는 동체가 두 개로 된 배를 만들었으며, 막대기로 만든 해도를 가지고 다녔다.

   ④ 중북부태평양의 섬들에 정착하여 적도무풍대를 지나 하와이까지 이주하기도 했다.

3. 우리나라의 고대 항해사에 내용 중 틀린 것은?

① 고조선을 계승한 발해는 압록강 하구인 서안평을 장악하여 황해 북부로 진출한 이후 꾸준히 요동진출을 시도하여 요동만 해안지역에 닿았다.

② 백제는 경기만으로 흘러드는 한강, 임진강, 예성강 등의 하계망(河系網)을 장악하면서 경기지방을 배후지로 삼았다.

③ 가야는 김해, 거제도, 고성 등을 이용하여 일찍부터 해양문화와 대외교역이 번성하였다.

④ 신라인들은 3세기부터 바다를 거쳐 중국으로 내왕하기 시작했다.

4. 중세이후 서양 고대 항해사에 대한 설명으로 틀린 것은?

① 제일 먼저 해로를 찾아 나선 나라는 비단길의 제일 끝에 있던 포르투갈이었다.

② 중세 유럽 사회에서 해상활동을 가장 활발하게 전개한 것은 그리스의 도시 국가들이었다.

③ 1522년 스페인을 떠난 마젤란의 배가 3년 만에 본국에 돌아오며 인류 최초의 세계 대양 일주가 실현되었다.

④ 동방 무역로가 페르시아에서 홍해와 이집트로 변경되었고, 선박을 보다 안전하고 저렴한 운송 수단으로 인식되었다.

5. 근현대 해양 항해사의 중요 인물에의 업적에 대한 설 명중 틀린 것은?

① 제임스 클라크 로스 경 1831년 인류 역사상 최초로 자북극에 도달했다.

② 미국의 매튜 폰테인 모리(Matthew Fontaine Maury)는 항해의 안전과 항정의 단축에 공헌하였다. 해양학을 처음 개척한 사람 중의 하나다.

③ 독일의 박물학자 크리스티안 고트프리트 에렌베르크(Christian Gottfried Ehrenberg는 해저 퇴적물이 수많은 작은 생물들의 골격으로 이루어져 있음을 발견하였다.

④ 덴마크의 요한 게오르크 포르크하머는 1800년대 말, 해저 케이블을 수리하려고 인양했을 때 다양한 종류의 심해생물이 케이블에 덮여 있음을 발견하였다.

6. 중국의 명나라 시대에 정화의 항해에 대한 설명 중 옳지 않은 것은?

① 윈난 성 출신의 이슬람교도로, 본성은 마(馬)이다.

② 제1회 항해는 1405년에 배 62척에 2만 7,800명을 태우고 출발하여 참파, 캄보디아, 타이, 자와, 수마트라, 인도네시아, 실론, 인도 서해안 등에 기항하였다.

③ 명나라는 이를 계기로 해상 활동을 활발히 하여 해왕제국을 이루었다.

④ 정화는 이 밖에도 호르무즈와 멜린디에도 원정 기지를 건설하였다.

7. 바이킹에 관한 설명 중 옳지 않은 것은?

① AD 8세기에 유럽의 북부와 남부에서 또 다른 민족들이 해상의 강자로 출현하였다.

② 바이킹은 북해와 발트 해 연안에서 8세기부터 상업 활동을 하다가 영국과 센 강 침공하고 지중해 동부 해역으로까지 진출하였다.

③ 바이킹의 활동은 북부 유럽의 생산 활동과 상업의 발전으로 이어져 결국 도시를 발달시키는 계기가 되었다.

④ 10세기 이후부터 활동이 미비하여 역사에서 사라졌다.

8. 나침반에 대한 설명으로 옳지 않은 것은?

① 14세기경 유럽 선박은 나침반을 이용한 해도를 사용한 것으로 보인다.

② 600년경에는 중동 항해사들 역시 나침반을 사용했던 것으로 보이고, 이들이 유럽에 영향력을 행사하면서 나침반 역시 건너온 것으로 보인다.

③ 중국에서 나침반을 본격적으로 사용한 것은 7세기 초 당나라 시대로 추정된다.

④ 최초의 나침반은 기원전 1세기경 사용했던 것으로 알려져 있다.

9. 포르투갈의 엔히크에 대한 설명으로 옳지 않은 것은?

① 그로 인해 15세기 중반에는 아프리카의 희망봉을 돌아 인도로 가는 무역로가 개설되었다.

② 1419년 포르투갈 서남단에 있는 사그레스 곶에 바다 탐험을 위한 기지를 세우고 항해사들을 위한 유럽 최초의 학교를 세웠다.

③ 그 자신이 직접 탐험에 나서서 포르투갈의 해상세력의 기틀을 마련할 수 있었고 나아가 식민지제국의 우위를 점할 수 있었다.

④ 포르투갈 왕 주앙 1세의 아들이다.

10. 15세기 후반부터 일어난 서유럽의 대항해 시대에 대한 설명 중 옳지 않은 것은?

① 대항해시대는 지도와 해도의 제작술을 비롯한 지리학의 발달, 나침반의 전래 등의 원인으로 일어났다.

② 기독교의 선교 열망, 대담한 선원의 출현이 이를 더욱 더 가속화 시켰다.

③ 영국·프랑스·네덜란드는 15세기부터 스페인, 포르투갈과 함께 대항해 활동을 전개하였다.

④ 16세기 전반기의 마젤란의 세계 일주를 계기로 절정에 이르렀다.

11. 콜럼버스의 신대륙 항해에 대한 설명 중 옳지 않은 것은?

① 에스파냐의 왕 페르난도 2세와 여왕 이사벨라 1세의 그에 대한 후원의 목적은 오로지 향신료였다.

② 에스파냐 정부는 서쪽의 그 신대륙에 대한 소유권을 주장했으나 포르투갈의 항의를 받았다.

③ 바하마 제도에 도착한 그는 인도에 왔다고 확신한 나머지 주민들을 '인디오'라 불렀다.

④ 1492년에 서쪽으로 항해할 때 아메리카 대륙의 존재를 전혀 몰랐다.

12. 제임스 쿡(James Cook)에 대한 설명 중 옳지 않은 것은?

① 청소년 시절에는 그 당시 영국의타인Tyne)지역에서 템즈(Theme)까지의 해안선을 따라 운항하는 `캐츠`(Cats)라고 알려진 작은 범선에서 뱃일을 배웠다.

② 그 후 20대 중반인 1755년에 영국 왕립 해군(Royal Navy)에 수병으로 입대하여 하사관을 거치면서 발군의 기량을 발휘하여 장교로 승진하였다.

③ 뉴질랜드에서 원주민들과의 전투로 사망했다.

④ 1768년에는 엔데버(Endeavour)호의 선장(Captain)으로 임명되었다.

13. 노르웨이의 북극탐험가 난센 (Fridtjof Nansen)의 설명으로 옳지 않는 것은?

① 세계에서 두 번째로 프람호(號)를 타고 북극 탐험에 나서 북위 89°14' 지점에 도달했다.

② 국제연맹의 노르웨이 대표였고 제1차 세계대전 후 인도주의적 입장에서 포로의 본국 송환·난민 구제에 힘썼다.

③ 에스키모의 생활을 연구하여 1890년 《그린란드의 최초의 횡단》과 《에스키모의 생활》을 썼다

④ 평화 사업에 공헌한 업적으로 1922년 노벨평화상을 수상하였고, 1927년에는 국제연맹 군축위원회의 노르웨이 대표가 되었다.

14. 다음 중 허황후의 도래 설화에서 허황후의 출신지에 대한 설명 가운데 잘못 된 것은?

① 불교 동점(東漸)에 대한 이야기라는 설

② 아유타국은 일본에 있던 가락국의 분국이라는 설

③ 기원전 1세기 인도 아요디아 왕국이 네팔에 건설한 식민국 아유티야 또는 아요디아에서 중국 사천성 보주(普州) 지역으로 집단 이주한 허씨족(許氏族)이 옮겨 왔다는 설

④ 낙랑 지역에서 도래한 유이민 혹은 상인이었다는 설

15. 해양학의 발전에 대한 설명으로 옳지 않은 것은?

① 독일의 기상학자 베게너 (Alfred Wegener; 1880-1930)는 1912년 과거에 모든 대륙이 한 곳에 모여 있다가 흩어졌다고 주장하고 옛날에 있었던 초거대 대륙을 판게아라고 불렀다.

② 1960년에는 심해잠수정 유인 잠수정 Alvin에 두 사람이 타고 마리아나 해구에서 수심 10,916 미터까지 잠수하는 기록을 세웠다.

③ 1870년대 챌린저호 탐험으로 해저 한복판에 산이 있는 것이 알려졌지만 이것이 전 세계 바다 속에 길이가 6만 킬로미터에 이르는 긴 산맥이란 것은 1940년대와 50년대의 해양탐사로 알려지게 되었다

④ 1928년에 홈스 (Arthur Holmes)는 지구 내부에 갇힌 열에 의해 맨틀이 대류하며 이 때 대륙이 움직여 갈 수 있다고 설명하였다.

16. AD 8세기에 유럽의 북부와 남부에서 해상의 강자로 출현하여 북해와 발트 해 연안에서 8세기부터 상업 활동을 하다가 영국과 센 강 침공하고 지중해 동부 해역으로까지 진출하한 민족은?

17. 마젤란 탐험대의 일원으로 마젤란에게 반기를 들기도 했지만 마젤란이 막탄에서 사망 후 탐험대를 이끌고 81,449 km를 완주하여 1522년 스페인 산루카르 데 바르라메다 항구에 도착해 스페인의 차를레스 1세로부터 Primus circumdedisti me(라틴어로 그대는 세상을 돌아 내게로 처음 왔다.)라는 모토가 쓰인 둥근 구 문장과 연금을 수여받은 인물은 누구인가?

18. AD48년 가야의 시조 김수로왕의 부인 허왕후가 인도 아유타에서 김해지역으로 진출한 역사적 또는 해양인문학적 의의는 무엇인지 간단히 서술하시오.

19. 1872년에서 1876년까지 3년 반에 걸쳐 챌린저(H.M.S. Challenger)호로 태평양, 인도양, 대서양, 남극바다에서 물리, 화학, 생물학적 자료를 수집하였고, 심해(深海)의 생물조사에 나서, 심해에는 무생물층(無生物層)은 없고 표층으로부터 심층까지에 생물이 살고있음을 밝혀낸 영국의 박물학자는 누구인가?

20. 18세기 후반의 일어난 산업혁명시대가 해양과학사 미친 영향에 대해 간략히 서술하시오.

학년도	학기	고사 분류	학과	학번	이름	평가점수
20	1학기/2학기	제2장 /서술형문제 (제출용)				

생각해보기

해양항해사를 학습한 후 새롭게 알게 된 것을 거론하고 그것들이 자신에게 어떤 의미가 있는지 서술하시오.

3장

선박의 이해 - 한선

　　삼면이 바다로 둘러싸인 한반도에 정착한 우리 조상들은 예로부터 해상활동을 활발히 전개하였으며, 배 만들기에 능숙한 솜씨를 가지고 있었다. 고대의 조선기술은 군선(軍船)의 건조를 통하여 발전한다고 보면 우리나라에서도 국가의 주도하에 조선기술이 발달한 것을 알 수 있고 동원된 민간 조선 기술자들에 의해 민간의 선박도 꾸준히 발전할 수 있었다. 신라의 장보고, 고려의 최무선, 조선의 이순신 장군 등이 활약한 역사와 함께 튼튼하기 그지없는 고려의 군선, 임진왜란 때 활약한 거북선 등 세계 조선사에 남을 훌륭한 배들이 등장하고 있다. 서구보다 아주 짧은 근대 조선 산업의 역사에도 불구하고 이와 같은 유구한 전통을 바탕으로 하여 오늘날 우리는 세계에서 손꼽히는 조선 강국이 될 수 있었다. 한선이란 우리나라 전통 옷을 '한복', 우리나라 전통 가옥을 '한옥'이라 하듯이, 전통 배는 '한선'이라고 할 수 있다.

3.1　우리 배의 역사

　　우리 배의 역사 시작은 우리나라 땅에 자리를 잡은 구석기시대 원시인들이 강가나 바닷가로 이동하면서 살기 시작한 때부터 원시적인 배인 통나무 토막의 배가 나타나기 시작한 것으로 추정한다. 후에 패총이 만들어지기 시작하게 되었는데 신석기시대 전 기간에 해당하는 것으로 알려졌다. 그 대표적인 유적으로 부산의 영도 동삼동 패총과 지금의 한국해양대학교가 자리 잡은 섬의 패총이 유명하다. 그 외로 범방, 수가리, 연대도, 상노대도, 오이도, 궁산, 서포항과 창원 성산동 일대 성산패총 등의 패총이 남서 해안에 분포되어 있다. 그 후로 신석기시대 사람들은 뗏목을 이용하여 강을 건너고 바다를 건너서 섬과 육지를 왕래하였다. 인간이 불을 이용하고 도구를 사용하게 되자 통나무의 속을 불로 태운 후에 돌연 장(석기 도구)으로 속을 파내어 쪽배를 만들었다. 이 무렵 뗏목(토막 배)과 통나무 쪽배(통궁이)가 병행하여 발달하게 되었다.

<떼목(토막 배)과 통나무 쪽배(통 궁이)>

거룻배처럼 노를 젓는 배를 "마상이"라고 하는데 이는 전국적으로 불리는 명칭이 다르다. 예를 들어 통나무배인 퉁궁이는 마상이를 가리키는 함경도 사투리이다.

함경도 : 퉁궁이배
함경북도 : 마선, 재비

평안도 : 매새이, 매생이, 맨생이

황해도 : 매새이

충청남도 : 매선, 매손

제주도 : 구시배, 구수배

고조선 시대부터 바다 건너 중국과 일본과의 교류에 배를 사용한 기록도 많이 남아있다. 우리 삶의 터전인 삼한 땅이 사서에 처음 등장하는 시기는 기원전 195년으로 고조선의 마지막 왕이 위만에 나라를 뺏기고 '좌우에 궁인 10여 명을 데리고 배를 타고' 이주해 온 것으로 기록되어 있다. 이들이 타고 온 배가 어떤 종류이며, 어느 정도 크기인지 그리고 어떻게 항해하였는지에 대한 일체의 유물도 문헌적 단서도 남아있지 않다. 그러나 지금까지 밝혀진 우리 선박과 항해사에 견주어 볼 때 그 배는 뗏목 형태였을 것이며, 연안을 따라 항해하였을 것으로 추측된다.

즉 이를 통해 우리의 조상들은 한반도의 동해안에서는 일본의 서해안으로, 남해안에서는 대마도를 거쳐서 일본의 규슈(九州)지방으로 통나무배나 뗏목 배를 타고 이동하였으리라는 것을 기록을 통해서 짐작할 수 있다. 옛날에 우리나라에서는 뗏목을 '떼'라고 하였는데 이 말은 뗏목의 재료인 대나무(竹)를 뜻한다고 한다. 한자로 벌(筏)은 큰 뗏목을 의미하고, 부는 작은 뗏목을 의미한다.

고조선 시대에는 뗏목 배를 기준으로 하는 준 구조선이 발명되고 차츰 발달을 거듭하여 구조선이 만들어진 다음, 지금의 한선과 같은 모양과 형태를 가진 선박이 탄생하게 되었다고 할 수 있다. 원시시대의 뗏목 배는 통나무 여러 개를 칡넝쿨로 엮어서 만들었는데 앞쪽은 통나무 끝이 약간 구부러져 올라간 모양을 한 나무를 사용하였다. 그다음 인간이 도구를 사용하게 된 후로는 통나무 몸통 옆구리에 네모 모양 구멍을 뚫고 긴 나무창을 꿰어 박아 연결하여 뗏목 배를 만들었다.

<고조선 시대에는 뗏목 배>

  초기 우리의 선조들은 뗏목 배를 타고 가까운 해안으로 나가서 그물로 고기도 잡고 바닷속의 해조도 따고 조개나 해삼, 전복 등도 잡았다.

  뗏목 배는 지금도 동해안, 남해안 등지에서 찾아볼 수 있는데, 강원도 동해안 정동진에서는 이를 '토막 배' 라하고, 제주도에서는 '테 우'이라고 한다. 바다 건너 일본의 서해안과 대마도에서도 정동진의 토막배나 제주도의 테우와 같은 뗏목 배를 찾아볼 수 있다. 그 뗏목 배는 한반도에서 건너온 것이라는 내용의 논문이 발표된 것으로 미루어보면, 즉 오랜 옛날부터 토막배를 타고 동쪽과 남쪽으로 바다를 건너서 일본으로 이동한 것을 알 수 있다.

  제주도의 테우는 자리돔잡이에 이용되었는데, 배 위에 평상이 설치되어 있고, 한가운데 돛대를 세워 돛을 매달기도 하며, 돛을 달고 섬과 섬 사이를 왕래하기도 한다. 원시시대부터 사용되어 온 뗏목 배가 차츰 발달하여 거의 같은 시대에 통나무를 반으로 쪼갠 다음 돌도끼로 속을 파낸 구유처럼 생긴 통나무배가 만들어지기 시작하였다. 이 배는 호수나 강에서 물을 건너거나 고기를 잡는 데 사용되었다.

<제주도 배 "테우">

  알다시피 우리나라의 서남 해안은 간조와 밀물 때의 변화가 심하다. 해안의 드나듦이 복잡하며 길고, 넓은 갯벌을 가지고 있다. 따라서 우리나라에서는 이러한 지리적, 지형적 조건에 가장 적응하기 쉬운 형태인 평평한 배 밑을 가진 뗏목 배가 발달하게 되었다. 배 밑이 평평한 배는 밀물 때 밀물을 타고 갯가로 들어와서 간조인 썰물 때는 그대로 갯바닥에 편하게 앉을 수 있기 때문이다. 정동진의 토막배나 제주도의 테우는 그 배의 몸체 자체가 한선의 배 밑이 된다. 이러한 모양은 다른 어느 나라에서도 찾아볼 수 없는 독특한 것이다. 우리나라 전통선박인 한선(韓船)의 배 밑은 이 평평한 바닥을 가진 뗏목 배의 만듦새와 똑같다. 뗏목

배나 쪽배는 돛대를 세워 돛을 달고 먼 곳 또는 먼 나라인 일본의 서해안, 대마도, 구주까지 항해를 할 수 있었으나, 그 이상의 발전은 하지 못했다. 그러는 그동안에 인간은 불을 발견하여 활용하게 되고 또 쇠붙이인 동, 청동, 철을 이용하여 도구를 만들게 되었다. 즉 불, 청동, 철 등을 활용하여 도구 즉 칼, 끌, 도끼, 자귀, 쇠못, 쇠띠 등을 만들고 이러한 것을 활용하여 나무를 자유자재로 얇은 판자와 각목들로 만들어 내게 되었다.

이러한 목재를 이용하여 지금까지 쓰던 뗏목 배나 쪽배 위에 각목과 판자를 더 붙여서 조립하여 배를 만들었는데 이러한 배를 앞서 말했던 준 구조선이라고 하고 더 발달한 배, 즉 완전한 선박의 구조를 갖춘 배를 구조선이라고 한다.

또한, 더 개량된 뗏목 배는 넝쿨이나 노끈으로 엮어서 만든 뗏목보다는 좀 더 발달한 것으로서 통나무의 옆구리에 네모진 구멍을 파내고 나무창인 가새를 꿰뚫어 박았다. 개량된 뗏목 배의 주재료는 오동나무를 썼다. 사용하는 중에 파손이 되거나 부식되는 것이 있으면 그것만 새것으로 갈아서 사용한다.

뗏목 배는 50년 전까지만 해도 압록강과 두만강 그리고 한강에서 볼 수 있었다. 강 상류에서 벌채한 통나무 목재를 강물의 흐름을 이용하여 하류로 운반하는 하나의 수단으로 사용되었다.

일본의 서해안인 한국의 동해 남쪽 해안과 쓰시마 섬과 규슈 그리고 오키나와에는 우리의 뗏목 배와 똑같이 생긴 '제-모꾸부네(ゼ-モクブネ)라는 배가 있다.

"한국의 동해안에서 사용하고 있는 '토목배'라고 하는 뗏목 배와 일본의 서해안, 쓰시마, 큐-슈 등에 남아있어 있는 뗏목 배의 만들어진 방법이 같고 부르는 이름도 '뗏목 배'-한국어'와 '제-모꾸부네'-일본어'가 서로 같다."라는 설이 있다. 한국어가 일어로 다음과 같이 음운변화를 한 것이다. '떼가→ 제',로 'ㅅ 이→ -으'로 / '목이→ 모꾸'로 , '배가→ 부네'로 변했다는 설이다. 참고로 배라는 우리말은 '빠이'라는 말에서 파생되었으며 통나무를 파내거나를 대나무를 이어서 만들었다는 의미를 내포하고 있다. 상고시대 이래로 한반도의 동해안, 남해안, 서해안 등지에서 이러한 뗏목과 토막 배 또는 통나무 쪽배인 퉁궁이를 타고 해류 및 계절풍을 이용하여 일본으로 항해하였다는 기록이 남아있다.

이렇듯 초기의 배는 통나무의 속을 파내거나 나무토막을 이어 붙여 제작한 통나무배에서, 배의 골격에 외판과 갑판을 붙인 구조선으로 발달했다.

<일본 뗏목>

우리나라에서 발달하여 온 통나무배의 유물로는 우선 1971년 울산시 울주군 언양면 태화강 상류의 반구대에서 발견된 청동기 시대에 그려진 바위 그림이 있다. 이 암각화에는 모두 3척의 배가 보이는데 가야 시대와 신라 시대의 배 모양 토용과 모양이 비슷하다. 배의 앞과 뒤가 높이 솟아오른 것은 스칸디나비아, 고대 이집트, 페니키아, 페르시아, 인도 등지에서 발달한 고대선과 같은 모양을 하고 있다. 특기할 만한 것은 바다에 그물 등을 쳐 놓았는데 이러한 어로 활동은 지금도 서, 남해안에서 이루어지고 있다는 점이다. 이는 단순히 통나무의 속을 파서 만든 것에서 더욱 발전한 준 구조선(準構造船)이다.

<반구대 암각화의 어로 활동과 배 모습>

이를 통해 삼국시대의 한선의 특징과 발달과정을 살펴보면 다음과 같다.

(1) 고구려

고구려는 수(隋) 나라와의 전쟁 때 병선을 이용하여 적의 수군을 격퇴하였다. 위(魏)와 연합 전선을 편 고구려는 수군 함대를 요하(遼河)에 진입시켜 공손연을 토멸하였다. 광개토대왕은 병선을 거느리고 남하하여 한강 유역을 공략하고 백제의 성을 공격하여 항복을 받았다. 멀리 탐라도(제주도)를 공략하고 고구려에 귀속시켰다. 서해를 건너 산둥반도의 등주에 이르는 해상 교통로를 개척하고 육로와 해로를 이용하여 중국과 조공 무역을 하였다. 같은 시대인 신라 배의 유물이나 기록은 다소 발견됐지만 고구려 배에 대한 기록은 거의 찾아볼 수 없는 형편이다. 따라서 중국과 신라 배를 중심으로 추측해 볼 수밖에 없다. 고구려는 3세기 이후부터 해상교역·수군 활동이 왕성했던 것으로 미루어보아 이때 바다를 다닐 수 있는 큰 배를 만들어 사용했을 것으로 보인다. 뗏목 배나 강에서 사용하는 나룻배로 대해를 항해하는 것은 불가능하기 때문이다. 사학자들은 고구려가 풍성하고 뛰어난 재질의 나무를 써서 중국의 노선(樓船)을 모방, 변형한 배를 만들어 사용했을 것으로 생각하고 있다. 중국의 누선은 배의 갑판 위에 방을 세운 것인데, 고려 이후의 배가 밑바닥이 평평한 평저선인 데다 우리 민족이 전통을 지키는 보수적인 성향인 것을 고려하면 고구려의 배도 평저선에 돛이 없고 노를 저어 가는 노선일 것으로 보고 있다.

또한, 해운선은 많은 짐과 사람을 운반하는 큰 배였을 것으로 추정되는데 이런 큰 배를 움직이기 위해서는 수십 명의 사람이 수십 개의 노를 저어야 했다. 노를 젓는 사람들은 전쟁에서 잡혀 온 노예나 최하층 계급 서민들이었다.

내륙의 수많은 강에서는 뗏목 배와 작은 목제 구조선이 이용되었다. 고구려 후기의 수도인 평양성의 대동강을 타고 다니던 배는 갈대로 엮은 지붕을 씌운 작은 누선이 많았다는 기록이 있다.

<고구려의 전기와 후기의 군선>

(2) 가야

　　가야는 가야 지방에서 출토한 통나무 쪽배인 통 궁이 모양의 토용과 같이 생긴 통나무배를 이용하여 왜국과 일찍부터 왕래를 하였다.

　　일본에서는 규슈(九州) 미야자키현(宮崎縣)의 사이도바루(西都原) 古墳에서 가야의 통나무배 모양과 닮은 배 모양의 토용인 흙으로 만든 모형이 출토된 바 있다.

<가야 시대 토막 배>

(3) 백제

　　백제는 372년에 서해를 건너 동진(東晉))과 해상을 통한 조공 무역을 시작하였으며 중국의 서해안 일대에 진출하여 영역을 넓혔다.

<백제의 견당선>

　백제는 흑산도를 지나는 해상 남로를 개척하였고, 양진(兩晋) 남북조 수(隨)당과 교역을 하였다. 왜국(倭國)과는 밀접한 관계를 맺고 왜국을 경영하며 선박을 이용하여 왕래하였다. 왜국에서는 650년에 아기(安藝)국에 명하여 백제인이 백제식 견당사선(遣唐使船)을 건조하게 하였다. 견당사선은 백제가 일본에 문물을 전해준 배로 알려져 있다. 그 후에도 계속해서 견당사선을 건조하도록 하였다.

(4) 신라

　신라의 경우 경주의 금령총에서 출토한 통나무배 모양의 제사 토기와 같은 통나무 쪽배를 이용하여 어로 활동도 하고 돛을 매어 달아 멀리 왜국으로 항해하며 왕래하기도 하였다. 통나무 쪽배의 유물로 나중에 상세히 설명할 경주 안압지에서 출토한 3쪽짜리 통나무 쪽배가 있다. 신라는 왜국과 인접한 지리적 여건으로 300년경에 신라의 사신선을 왜국에 파견하였으며 선장을 왜국에 보내서 신라식 해선을 건조하게 하였다.

　또한, 통일신라를 거치며 백제의 조선기술과 항해술을 수용하고 계승하여 당과 해상을 통한 교역을 하였다. 장보고(張保皐)는 완도에 청해진을 설치하고 대사가 되어 수군의 본거지로 삼아 해적을 소탕하고, 교관선(交關船=交易船)을 이용하여 신라와 당 그리고 일본을 잇는 삼국 간의 해상 무역을 활발히 하였으며 삼국 간 해역의 해상권을 장악하였다.

<신라 배 교관선>

이렇듯 삼국시대에는 큰 배를 만들 수 있는 기술이 이미 존재하였으며, 신라-가야의 토기를 보건대 평저선, 첨저선이 용도에 따라 다양하게 사용되었음 또한 짐작할 수 있다. 일본의 기록에는 백제선과 신라선의 도입이 언급되고 있어 이 배를 이용해 다양한 대외 활동을 펼쳤음을 짐작할 수 있다. 이렇게 다양하게 존재하던 삼국시대의 배들은 통일신라 시대에 들어서서 신라선으로 그 명칭이 통합되면서 통일신라 시대 해상활동의 기반이 된다. 특히 일본은 9세기에 신라선을 적극적으로 도입하였다는 기록이 남아있을 정도이다. 이러한 지속적인 기술흡수는 후에 일본의 고유한 배(화선和船)를 만드는 데 도움이 되었을 것으로 생각한다.

(5) 고려

통일신라 말기 혼미한 사회를 틈타서 강원과 경기 일대를 손에 넣은 궁예(弓裔)는 신라 효공왕(孝恭王) 5년(901년)에 스스로 태봉국의 왕이 되었으나, 후에 수하의 수군장이던 왕건(王建)이 궁예를 쳐서 신라 경애왕(景哀王) 2년(918년)에 고려의 왕이 되었다. 한편, 서남해의 수군 부대에서 반란을 일으킨 견훤(甄萱)은 진성왕(眞聖王) 6년(892년)에 왕으로 칭하다가 그 후 후백제의 왕이 되었다. 왕건은 수군 함대를 직접 이끌고 다섯 차례, 왕이 된 후 한 차례까지 모두 여섯 차례 (903~915년, 935년)에 걸쳐서 견훤의 나주를 공략하여 936년에 후백제를 멸하였다. 고려사(高麗史)에는 고려 왕건의 전함에 대해 다음과 같이 기술하고 있다.

<고려 시대 조운선>

태조(왕건)는 함선 100여 척을 더 관장하였는데, 그중 10여 척의 큰 배는 길이가 거의 16보(90~96자)가 된다. 배 위에 판자로 다락을 지어 세우고 방패도 일으켜 세웠으며, 말을 달릴만하다라고 했는데 이는 약간 과장된 표현으로. 보통 군량을 싣고 군사 3,000여 명을 이끌고 전라도 나주로 갔다] 라고 전해진다.

이처럼 왕건의 수군은 고려를 재통일하는 데 있어서 크게 공헌하였다. 해전과 수전에서는 수군과 전함이 중심이 되기 때문에 조선기술과 선박의 운항기술이 우수한 고려는 전투 때마다 승리를 거두게 되었다. 수군에 징집되어 전쟁에 참전하였던 전사들은 다름 아닌 해안의 어민들과 배 만드는 목수들이었다.

고려는 현종(顯宗) 2년(1011년)부터 숙종(肅宗) 2년(1097년)에 걸쳐 약 100년 동안 동해안 동북쪽에 자리 잡고 있던 여진족의 20여 차례 공격을 받았다. 현종 2년에는 여진의 함선 100여 척이 경주를 공격했는데 이에 현종 6년에는 과선(戈船) 75척을 만들어 동해안의 진명(鎭溟)에 정박시키고 여진 해적의 침구에 대비한 바 있다. 이때 만들어진 과선의 내용이 지금까지 전해지고 있다.

[고려국의 배의 몸체는 높고 크다. 배 안은 넓었으며 안을 두 겹으로 만들고 위에 누로(樓櫓)(망루)를 좌우 각 네 곳에 세웠다. 따로 떨어진 곳에 노질을 하는 노군이 5~6명이 있다. (노)를 걸지는 않았으나 한 쪽 뱃전에 각각 7~8척의 노가 있다. 이물을 철로 만든 뿔로 쌌다. 이는 적선과 충돌할 때 쓸모가 있다. 또 큰 돌을 배 안에 들여와 이 돌을 적선에 던져 적선을 때려 부순다.]

<고려의 과선>

　　고려는 진명이라는 현재의 함경도 덕원(德源))에 선병도부서(船兵都部署)를 설치하여 여진의 침략에 대비하고 여진의 함선과 해적들을 격침하고 섬멸하였다. 동남해(영남지방)에선 병도부서를 설치하여 왜구의 침구에 대비하였으며, 원흥(元興)(정평定平)진, 통천(通川)(선천宣川), 압강(鴨江) 등에도 선병도부서를 설치하였다. 현종 10년(1019년) 3월에는 여진족이 병선 50여 척으로 동해를 건너 일본의 큐슈 북쪽 해안에 도착하여 쓰시마, 이키 섬을 습격하고 다음 달에는 하카다 지방의 연해를 침략하고 귀환하는 것을 고려의 전함 1,000여 척이 도처에서 이를 공격하여 격파하였으며 포로로 잡혀있던 일본인들을 본국으로 돌려보냈다. 이와 같은 고려 초기 수군의 해상활동은 견고하고 성능이 좋은 고려의 함선에 힘입은 바가 크다고 할 수 있는데, 함선 건조에 있어서 고려는 백제와 신라 조선기술의 전통을 이어받았다고 할 수 있다.

(6) 조선

　　태종 13년(1413년)에 귀화 왜인에게 화선(和船, 일본 전통선)을 만들게 하였으며 귀선(龜船, 거북배)과 왜구의 화선으로 해전연습을 했다는 기록이 있다. 또 배 밑바닥과 뱃전에 석회를 바르거나, 솔가지로 불을 질러 불과 연기를 쐬어 숯검정으로 탄소층을 만들어 바다생물 및 세균의 침식을 막고 나무의 부식을 방지하는 등 선박의 유지·보수기술의 개선에도 노력하였다.

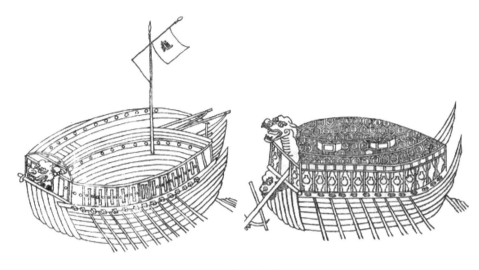

<조선의 귀선>

세종 5년(1423년)에는 왜구를 격퇴하기에 간편하면서도 유용한 소형 무장쾌속선인 비거도선인 코거룻배를 새로 개발한 바 있다. 그리고 선박을 건조한 이래로 계속해서 목정 인 나무못만을 사용해 왔으나 세종 12년(1430년)에 들어와 중국에서 철못 인 철정(鐵釘)을 사용하는 예에 따라, 시험적으로 사용하기 시작했다.

세종 13년(1431년)에는 철정을 사용한 전함을 건조하여 그 속도를 시험하였다. 목정과 철정을 혼용하고, 속도를 증가 시켰다. 그러나 문제점이 나타났다. 철을 구하기가 힘들고 철이 부식되면 선편에도 부식이 가해져서 부분적이라면 수리·수선은 할 수 있지만, 전체적으로 개수하려면 철정과 선편 부분의 부식범위가 넓어서 재활용하기가 어렵거나 불가능하여 함선의 선령 만기를 채우기가 어렵게 되었다.

이렇듯 철정 사용에 따르는 폐단이 많아서 개조를 할 수 있는 목정을 사용하는 전통 건조방식으로 돌아오게 되었다. 세조 11년(1466년)에는 전함사제조(典艦司提調) 신숙주의 건의에 따라 전쟁시에는 선상에 전쟁을 하기 위한 뱃집, 방패 등을 설치하여 병선(兵船)으로 운용하고 평시에는 뜯어내어 조운선으로 개장하여 운용하여 겸용할 수 있는 병조선을 건조하여 배치하기 시작하였다.

또한, 화선을 한강에서 운행하여 비교시험을 하였고, 중종 8년(1513년)에는 왜구를 격퇴하기 위하여 겸선 인 배의 둘레에 낫을 무수히 꽂은 배를 건조한 바 있다. 영종 19년(1743년)에는 전라좌수사 노계정(盧啓禎)이 전선(戰船)의 닻을 모두 철제(鐵製)로 개조하였다가 파직되었다. 비록 조선기술의 혁신을 가져오고 사용과 관리에 유리하다 하더라도 상부에 품의 허가를 받지 않은 제도의 임의 개선·개량은 금지했다.

3.2 한선의 종류와 특징 그리고 구조

3.2.1 한선의 종류

(1) 비봉리 통나무배

비봉리배는 경남 창녕 비봉리 패총에서 2004년에 발굴된 신석시시대의 배로서 현재 국내에서 가장 오래 된 배 유물이자 세계적으로도 오래된 배에 속하는 유물로, 중국의 과호교유적(跨湖橋遺蹟)과 같은 시기인 탄소동위원소법으로 측정한 대략 8천 년 전 신석기 시대의 배로 추정된다. 1개의 통나무를 U자형으로 깎아 만든 초기형 통나무배로 창녕 비봉리패총은 사적 제 486호 지정되어 우리나라에서 조사된 최초의 저습지유적으로, 이곳에서는 다양한 유기물들이 출토되어 학계의 비상한 관심을 끌었다. 비봉리패총에서는 2척의 배가 출토되었다. 신석기시대의 배로서 세계최초에 해당할 정도로 이른 시기의 유물이다. 비봉리패총 출토 1호 배는 본래 길이는 총 4 m정도로 추측되는 통나무배이다. 신석기시대 사람들은 이 배를 타고 생활하였을 것으로 추정된다. 비봉리패총 출토 2호 배 1호보다는 좀 더 작은 규모이며 하나의 통나무를 가지고 만든 것으로 보인다. 통나무를 U자형으로 파내어 만들었다.

<비봉리패총 출토 1호 배>

<비봉리패총 출토 2호 배>

<복원된 비봉리 통나무배>

(2) 안압지 출토 나무배

삼국시대에도 해상활동은 이어져 내려왔는데, 특히 경기만에서 벌어진 삼국간의 치열한 투쟁은 삼국의 운명을 결정짓는 주요한 요인으로 작용하였다. 처음엔 비류와 온조의 백제가 경기만에 선착하여 이곳을 지배하며 번창하였지만, 4세기가 끝날 무렵엔 고구려 광개토왕이 이끄는 5만의 수군이 교동도와 강화도를 거쳐 경기만에 상륙하자 백제의 아신왕은 이를 막지 못하고 항복하고 만다. 그 후 백제는 경기만을 포기하고 웅진으로 밀려가며 점차 힘을 잃어 결국 패망의 길을 걷게 된다. 한편 신라는 진평왕 5년에 우리의 역사 기록에 처음으로 등장하는 선박제조 관청을 설치하여 해상세력을 육성하고 경기만을 차지함으로써 독자적인 대당외교를 펼칠 수 있었다. 그 후 신라는 나당연합군을 결성하여 백제와 고구려를 차례로 멸망시켰다. 이는 바다 그리고 배가 얼마나 중요한지 역사가 극명하게 보여주는 사례다. 그 신라시대의 배가 안압지에서 발견되었다. 이 배가 발견된 곳이 경주 안압지여서 놀이배로 추정되는데, 평편한 밑판 한 개가 양측의 측판과 나무못으로 연결된 구조를 지닌 세 쪽 짜리 통나무배다. 안압지 연못바닥에서 뒤집어진 상태로 발견된 이 나무배는 통일신라시대의 배로서 이 배는 긴 나무 세 개를 길이로 잇고 배 앞쪽과 배의 뒤쪽에 가로로 비녀 형태의 참나무 막대기를 가로 질러 배 양옆 나무와 바닥이 서로 물려 있었다. 이러한 형태는 통나무배와 구조선의 중간 단계인 반구조선 이러한 선박결구법은 오랫동안 전승되면서 발전하여 우리 한선의 전형으로 자리매김하게 된다.

<복원된 안압지 배>

(3) 달리도배

달리도배는 고려시대에 황해를 항해했던 배로 1995년 목포시 충무동 달리도의 갯벌에서 발견되었다. 달리도는 영산강 하구에서 서해바다로 나가는 곳에 있는 섬이다.

이 배의 상부 구조는 없어졌으며, 배밑판 3열, 좌·우측의 외판이 모두 4단씩 남아있었다. 다른 고려시대 배에 비해 날렵한 형태가 특징이다.

<달리도 선 발굴 현장과 복원모형>

(4) 고려시대 완도선

완도선은 1984년 전남 완도군 약산면 어두리 앞바다에서 발굴되었다. 선체와 함께 청자 3만여 점, 청동제 국자와 숟가락 그리고 목제 망치와 함지 등이 함께 인양되어 당시의 청자와 선원의 생활상을 엿볼 수 있는 귀중한 문화재이다. 완도선의 발굴은 우리나라 수중고고학의 태동을 알리는 신호탄으로 그 후 많은 업적을 쌓게 된다. 청자의 제작지가 해남군 진산리로 밝혀졌으며, 연대는 대략 11세기 중·후반 경으로 추정되었다. 여러 정황으로 보아 이 배는 해남 진산리에서 청자를 싣고 고흥반도로 향하던 중 풍랑을 만나 이곳에 침몰된 것으로 보인다. 발굴된 완도선은 선박의 앞뒤 쪽인 이물과 고물은 썩어 없어졌고, 배 밑 저판과 대부분의 삼판이 남아 있다. 이 잔존부재들은 진흙 뻘에 깊게 묻혀 산소와 해충으로부터 차단되었기 때문에 천 년의 긴 세월을 이겨낼 수 있었다. 비록 상부구조는 완전히 소실 되었지만 하부구조가 대부분 남아있어 우리 한선의 구조를 밝히는 결정적 단초가 되었다.

통나무를 옆으로 이어 마치 뗏목배와 같은 평저선(平底船) 구조로 되어 있으며 첫 번째 뱃전(杉板)인 부자리(不者里)를 뱃밑 가장자리 토막(庶子) 위에 턱홈을 파서 얹어 놓고 나무못을 박았다. 그 생김새가 마치 안압지에서 출토한 통나무배의 양쪽 뱃전과 똑 같으며, 그 뱃전을 그대로 가져다 얹어 놓은 것 같다. 이것으로 미루어 보면 한선의 선형은 10-11세기 이전에 이미 정립되었다고 볼 수 있다. 완도 근해에서 발견하여 인양한 이 고려선은 해남 완도 장흥 일대의 연근해를 항해하면서 생활용 도자기와 생활용 토기 등을 무역(貿易)하던 배였다. 이러한 배를 상고선(商賈船) 또는 무역선(貿易船)이라고 한다. 이 고려선(莞島船)이 발굴됨으로써 문헌을 중심으로만 논의되어 왔던 한선의 선형이 밝혀지게 되었고, 전래되고 전승되고 있는 전통 한선에 대한 조선 공작 기법(技法, 法式)이 사실로 확인되는 등 여러 가지 의문이 풀리게 되었다. 이 고려선을 기준으로 해서 전시대와 후시대의 한선의 선형과 조선기술, 조선기법 등을 추정할 수 있게 되었다.

<완도선 모형과 발굴 유물>

(5) 장보고선 –교관선

교관선이란 신라 시대 청해진대사 장보고가 해상 무역활동의 교역을 하는 데 사용했던 배를 말한다. 그래서 교관선이라 한다.

제42대 홍덕왕은 장보고의 청을 받아들여 지금의 완도에 청해진을 설치해, 해적을 소탕하고 당나라에 살고 있는 신라인을 보호하도록 했다. 장보고는 청해진을 중심으로 신라·당·일본 3국을 상대로 한 중계무역을 독점했는데, 당에는 견당매물사를, 일본에는 회역사를 보내어 교관선을 인솔했다. 당시 일본의 많은 승려들이 이 배를 이용하여 당나라에 왕래하기도 했다. 그는 독점 중계무역에서 얻은 막대한 이익으로 경제·군사면에서 큰 세력을 가지게 되어, 신라왕실 내부의 왕위쟁탈전에도 관여하여 신무왕을 즉위시켰다. 그러나 그의 딸을 문성왕의 차비로 들이려다 신라 귀족들에게 거부당하고 결국 피살되었다. 그 뒤 신라의 활발했던 대당· 대일무역은 침체되고 해상에는 다시 해적들이 들끓게 되었다.

통일신라시대의 무역선의 특징으로는 첫째, 배의 밑은 뗏목과 같은 통나무를 옆으로 이어 평평하다. 둘째, 배의 뱃전인 삼판은 두꺼운 나무판자로 일곱 장 이상을 겹쳐서 이어 올렸다. 셋째, 배의 겻집 위에는 승객이 기거할 수 있는 선실이 마련되어 있다. 넷째, 배의 앞부분은 높은 파도를 타고 나가기 위하여 뱃전을 높게 하였다. 다섯째, 큰 돛대는 중앙의 앞쪽에 세우고 배의 앞머리에 바람을 조절하는 돛대를 세웠다는 것이다.

또한 교관선은 갑판 위에 선실이 여러 개 있는 평저구조선(平底構造船) 형식으로 돛대를 여러 개인 대략 3개 정도를 세운 선박이었던 것으로 추정된다. 이와 같은 추정은 다음과 같은 3가지 사실에 근거를 두고 있다.

첫째, 장보고의 무역선이 갑판 위에 선실을 구비한 형태인 누선형(樓船形)으로 추정되는 이유는 원양 항해선이었던 만큼 비바람 등을 막고, 함께 내왕했던 하주나 상인들을 수용하기 위해 선실을 구비했어야 했기 때문이다. 본래 누선은 중국에서 군선으로 발달한 배이다. 그런데 삼국시대 이래로 중국이 우리나라를 침략할 적마다 누선을 가지고 왔기 때문에 신라인들도 당연히 누선형의 배를 익히 알고 있었을 것이다. 그러다가 누선은 군용뿐 아니라 사신선이나 교역선 같은 배에도 점차 쓰이게 되었다.

둘째, 장보고가 활동하던 9세기는 당나라가 전성기를 지나 국운이 기울기 시작하던 무렵이다. 당시 중국의 누선은 전형적인 반저선(半底船)으로서 현재 정크선의 모체가 된 사선(沙船)을 초기 시대에 개발하여 국내에서는 조운선(漕運船)으로, 대외적으로는 원양무역선 또는 사신선 등으로 활용하고 있었다. 사선은 특히 양쯔 강 이북의 북양에 적합한 선형인데, 선저가 평탄하므로 황해 연안 등 수심이 얕은 지리적 조건과 잘 맞았기 때문이다. 당시 장보고 해상 무역 항로 또한 이러한 지리적 조건의 제약을 받을 수밖에 없었다고 볼 때, 장보고가 중국배를 그대로

<고려의 무역선 -교관선>

사용하였든 절충식 선박을 만들어 사용하였든 간에 그 구조가 평저구조선 이었을 것으로 추측된다.

셋째, 당시 문서를 보면 장보고는 탁월한 항해술을 체득하고 있었던 인물이었던 것으로 보인다. 당시의 항해술은 천문 기상 지식과 선박 조종술에 의해 좌우되었다. 특히 조종술은 돛의 구사 능력에 달려 있었고, 그것은 곧 역풍을 이용할 수 있는 능력이라고도 할 수 있다. 중국선은 일찍이 돛을 여러 개씩 달아 역풍을 잘 이용하였는데, 중국에 오랫동안 머물러 있으면서 그 곳의 문물에 밝았던 장보고가 당연히 돛을 두 개 이상 장착하여 사용하였을 것이라고 추측된다.

즉 통일신라의 무역선은 당, 신라, 일본 등 삼국의 해양과 해안을 항해할 수 있는 평저형 연안선에서 발달한 원양 해양선이라고 할 수 있다.

(6) 판옥선

1555년인 명종 10년에 새로 군선을 개발한 것이 판옥선이다. 판옥선은 구조와 기능이 혁신적으로 변모한 전투함이다. 종래의 군선에 비해 선체가 커서 노군의 수를 늘릴 수 있어 기동성이 좋아졌고, 2층으로 되어 있어 노군과 군사들이 방해하지 않고 전투에 임할 수 있었다.

판옥선은 임진왜란 중 조선 수군이 완승할 수 있는 원동력이 되었다. 즉 옥포해전·당포해전·한산해전·부산해전 등 주요 해전에 동원된 군선 중에서 3척의 거북선을 제외하고는 모두가 판옥선이었다. 그때 판옥선의 크기는 아래판 길이 50~55척, 탑승인원 130명 정도로 파격적으로 컸다. 후대로 내려오면서 크기가 점점 커져 정조 때는 저판 길이 90척, 일반 판옥선이 저판 길이 70척 정도였고 탑승인원도 160명 내외로 늘었다. 그 이후 판옥선은 전선(戰船)으로 개명되었다. 조선 전기의 군선은 조운(漕運)을 겸하는 맹선이 주류를 이루었지만, 군용으로서 제 구실을 못했다. 특히 16세기에는 삼포왜란·사량왜변·을묘왜변 등 변란이 속출했는데, 맹선으로 왜구를 제압하기 힘들었다. 그래서 새로운 형태의 군선 개발에 부심한 결과 1555년(명종 10) 새로 개발해낸 것이 판옥선이다. 판옥선은 구조와 기능 등 모든 면에서 종래의 군선과는 아주 다른 혁신적인 전투함이다. 우선 그 구조에 있어서 종전의 군선인 맹선은 갑판이 1층뿐인 평선인 데 비하여 판옥선은 2층 구조로 만든 배이다. 이러한 구조는 마치 건물의 2층과 같은 공간을 이루고 있어서 노역에 종사하는 노군들이 상·하 갑판 사이의 안전한 장소에서 마음 놓고 노를 저을 수 있고, 군인들은 윗갑판위의 높고 넓은 자리에서 노젓은 노군의 방해를 받지 않고 효과적으로 전투에 임할 수 있었다. 또한 이 구조로 인해 적이 접근하여 배에 뛰어들기 어렵게 되었다. 종래의 군선에 비하면 선체가 커서 노군의 수를 증가시킬 수 있었고, 이에 노 1자루당 5명의 노군이 배치됨에 따라 기동성이 좋아졌다.

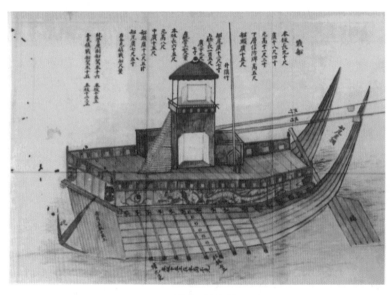

<조선의 판옥선>

(7) 거북선

거북선에 관한 최초의 기록은 〈태종실록〉으로 기록 내용으로 보아 거북선은 왜구의 격퇴를 위하여 돌격선으로 특수하게 제작된 장갑선이었음을 알 수 있다. 이런 기록을 근거로 거북선의 기원을 왜구의 침해가 가장 심했던 고려 말기로 보는 견해도 있다. 1592년(선조 25) 임진왜란 당시 이순신에 의하여 철갑선으로서의 거북선이 실용화되었다. 철갑선으로서 세계적 선구인 거북선은 임진왜란 초반의 해전에서 돌격선의 위력을 남김없이 발휘하였으나 이순신의 전몰 이후에는 거북선의 실용이 저하되고 만다. 임진왜란 후 거북선은 시대에 따라 당초의 제도를 상실하고 변모하면서 조선 말기까지 각 수영에 존재하였다. 거북선의 정식 명칭은 귀선(龜船)이다. 조선의 싸움배는 판옥선이 주축이었다. 그것은 배 위 갑판을 덮어 다시 그 위에 누각이나 다른 건조물을 세운 구조를 가진 배였다. 거북선은 조선 수군의 주력 전선인 판옥선(板屋船)의 상체 부분을 개량해서 덮개를 덮은 구조이다. 판옥선은 바닥이 평평한 선체 위에 그보다 폭이 넓은 갑판을 2층 구조로 만든 전선이다. 1층 갑판에는 한국식 노를 설치하여 격군들이 노를 젓고, 2층에는 사령부가 위치하는 '장대'를 설치하고, 갑판 둘레에는 방패를 두르고 각종 화포를 장착하였다. 1층은 노역 공간, 2층은 전투 공간이었던 셈이다. 갑판 아래서 노를 젓는 노군들을 적의 화살이나 화포로부터 직접 공격당하지 않게 지붕을 덮은 것이었는데, 적들이 아군의 배에 뛰어들어 발을 붙이지 못하게 고안된 것이었다.

거북선은 뛰어나고 독창적인 배임에는 틀림없다. 그러나 그것이 어느 날 갑자기 만들어진 것은 아니었다. 거북선은 그 이전의 조선 기술의 바탕 위에서 출현한 것으로 보아야 한다. 오랜 시간에 걸쳐 축적되어 온 선박건조 기술이 거북선의 탄생을 가능하게 했던 것이다. 통일신라 시기의 장보고의 해상 활동이나 고려 왕조의 활발한 무역 활동은 모두 훌륭한 배의 존재를 전제로 가능한 일이었다. 고려시기 조선가술의 전통이 조선왕조에 계승되어 판옥선과 거북선을 출현하게 하였던 것이다.

임진왜란 당시 거북선의 구조적 특징을 알 수 있는 기록으로 『선조수정실록(宣祖修正實錄)』의 1592년(선조 25) 5월 1일의 기사를 들 수 있다. "이에 앞서 (이)순신은 전투 장비를 크게 정비하면서 자의로 거북선을 만들었다. 이 제도는 배 위에 판목을 깔아 거북 등처럼 만들고 그 위에는 우리 군사가 겨우 통행할 수 있을 만큼 십자(十字)로 좁은 길을 내고 나머지는 모두 칼·송곳 같은 것을 줄지어 꽂았다. 그리고 앞은 용의 머리를 만들어 입은 총구명으로 활용하였으며, 뒤에는 거북의 꼬리를 만들어 꼬리 밑에 총구명을 설치하였다. 좌우에도 총구명이 각각 여섯 개가 있었으며, 군사는 모두 그 밑에 숨어 있도록 하였다. 사면으로 포를 쏠 수 있게 하였고 전후좌우로 이동하는 것이 나는 것처럼 빨랐다. 싸울 때에는 거적이나 풀로 덮어 송곳과 칼날이 드러나지 않게 하였는데, 적이 뛰어오르면 송곳과 칼에 찔리게 되고, 덮쳐 포위하면 화총(火銃)을 일제히 쏘았다. 그리하여 적선 속을 횡행(橫行)하는데도 아군은 손상을 입지 않은 채 가는 곳마다 바람에 쓸리듯 적선을 격파하였으므로 언제나 승리하였다."

여기서 확인할 수 있는 사실은 ①기존의 배[판옥선] 위에 판목을 깔아 거북등처럼 만들었다, ②군사가 통행할 수 있는 십자로를 만들고 나머지는 칼과 송곳을 줄지어 꽂았으며, 싸울 때는 거적이나 풀로 덮어 배 위에 올라타려는 적군에게 상처를 입혔다, ③배의 앞에는 용의 머리를 만들어 그 입을 대포 구멍으로 활용했으며, ④배의 뒤에는 거북의 꼬리를 만들고 그 밑에 총구멍을 설치했다, ⑤배의 좌우에 총구멍을 여섯 개씩 설치하였다, ⑥사면으로 포를 쏠 수 있게 하였다, ⑦전후좌우로 이동하는 것이 빨랐다는 점 등이다. 아군의 병력을 보호하고 적의 접근을 원천적으로 차단하면서 적진을 휘젓는 돌격선으로서의 거북선의 모습을 확인할 수 있다.

거북선의 구체적인 구조와 기능에 대해서는 아직까지 많은 논란이 있다. 철갑선인지 아닌지도 정확히 확실치 않은 견해도 있다. 이 가운데는 견해차가 뚜렷한 논의들도 적지 않다. 이러한 문제가 발생하게 된 가장 큰 원인은 물론 거북선의 실물을 확인할 수 없다는 점에 있다. 실물의 확인이 불가능한 상태에서 원형을 찾는 작업은 임진왜란 당시와 그 이후의 거북선에 대한 기록들을 토대로 더듬어 갈 수밖에 없다. 그런데 그 자료들이 단편적이고 해석도 어렵다는데 또 다른 문제점이 있다.

요약하면 거북선은 판옥선을 개조하여 만든 독창적인 형태의 전투선으로, 배 위에 지붕을 덮은 모습이 거북의 모양과 비슷하여 거북선이라 하였음. 이순신 장군이 일본의 침략을 예견하고서 임진왜란(1592~1598) 직전인 1591년에 건조하였고 선체가 튼튼하고 빠른 속도로 이동할 수 있었고 사방으로 포구를 내어 공격을 할 수 있었고 배 전체를 지붕으로 덮고 그 위에 쇠 송곳을 박아 사람이 올라탈 수 없었으며 선체는 두꺼운 목재를 사용하였고 포구를 제외한 모든 곳을 판자로 가려 배 안에서는 틈으로 밖을 볼 수 있지만, 밖에서는 안을 들여다볼 수 없었고 16개의 노와 2개의 돛을 겸용하여 사용하고, 돛대는 세웠다 뉘었다 할 수 있었다. 하지만 정확한 구조에 대해서는 사료의 부족으로 논란이 되고 있어 더 많은 연구가 필요하다.

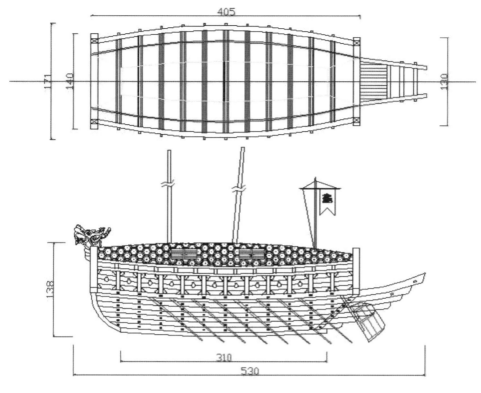

<거북선 추정 설계도>

(8) 해골선

1740년(영조 16) 전라좌수사 전운상(田雲祥)이 제작한 특수 군선. 해골은 머리뼈인 해골(骸骨)이 아니라 바다매(海鶻)라는 뜻이다. 조선 후기에 임진왜란 때의 판옥선보다 선체가 작으면서도 운용하기 편리한 중소형 군선이 출현하였는데, 해골선도 그 중의 하나이다. 임진왜란 때 많이 활용하였던 판옥선은 몸체가 크고 둔하여 풍랑을 만나면 침몰하기 쉬운 결점이 있었다. 이러한 결점을 보완하기 위하여 전운상이 《무경절요》라는 책을 참고하여 개발한 것이 해골선이다.

배의 형태는 앞이 크고 뒤가 작은 것이 마치 매와 같고, 외판 위 좌우편에 매의 두 날개 같은 부판(浮板)을 붙였기 때문에 바람을 타지 않고 행동이 매우 경쾌하고 빨랐다. 또, 그 구조가 안에서는 밖을 내다볼 수 있지만 밖에서는 안을 들여다볼 수 없기 때문에 노꾼이나 사수가 모두 몸을 숨기고 노를 저으며 활과 총을 쏠 수 있었다. 승무원은 선장 1명에 사부(射夫) 10명, 포수 10명, 타공(舵工) 1명, 능로(能櫓) 34명 등 모두 56명으로 당대의 방패선과 비슷한 크기의 중형 군선이었다.

<문서에 나타난 해골선과 복원모형>

조선의 해골선은 병선을 기본으로 선수에 새머리 모양의 구조물을 부착하고, 지붕을 덮는 개판을 부착한 군함이다. 또한 거북선처럼 돌격선으로 운용될 목적으로 만들었으나 동일 갑판에 전투 요원과 노꾼이 동시에 근무한다는 점에서 전투 효율이 그렇게 좋지는 않았을 것으로 추정된다. 1740년 최초로 제작된 후 각 수영마다 최소한 1척씩 건조하도록 방침이 하달됐으나 1817년 시점에는 단 2척만 운용됐다.

(9) 조운선-맹선

조운선은 고려, 조선시대에 전라도, 충청도, 경상도 지방에서 세금으로 걷은 곡물을 배를 통해 한양으로 운반하던 배로서 곡물 등 많은 화물을 싣기 위하여 높이가 높고 뱃전이 넓은 것이 특징이다. 고려시대 조운선은 초마선(哨馬船)이라고 불렸다. 이때부터 한 척당 무려 1,000석(섬)의 곡식을 적재할 수 있었다. 한 섬은 현대 용량단위로는 180리터, 재래식 무게단위로는 곡식마다 다른데 벼는 200 kg, 쌀은 144 kg, 보리쌀은 138 kg로 당시 조선기술 수준에 1,000석이면 상당한 양의 곡식을 수송할 수 있는 것이다. 맹선(猛船)은 조운선 중 800석 이하 급의 쌀을 수송할 수 있는 조운선을 군용으로 사용할 때의 이름이다. 승선 인원에 따라 대맹선·중맹선·소맹선으로 나뉘는데, 대맹선은 수군 80명, 중맹선은 60명, 소맹선은 30명 정원이다. 세종 시대 병조선(兵漕船)이라는 이름으로 처음 도입되었으나, 아직 관련 제도가 정비되지 않아 이때의 병조선은 지방마다 그 수준이 들쭉날쭉하고 대충 만들어 성능도 떨어졌다. 때문에 조선 조성에서는 한때 중국선이나 일본선, 유구국의 동자갑선 등 외국 선박을 사들이고 기술자를 초청하여 외국의 선박을 도입하려는 시도를 했으나 중단된다.

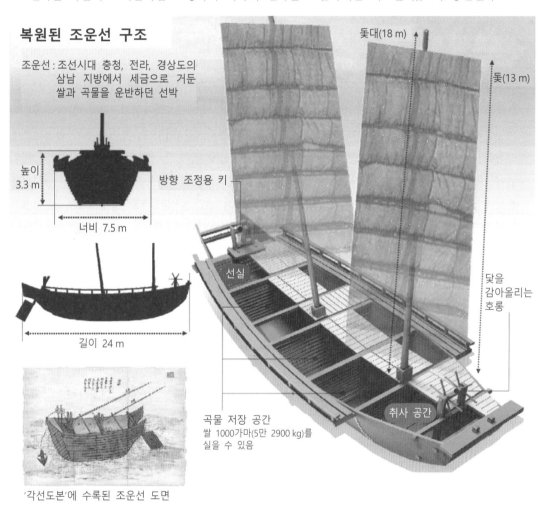

복원된 조운선 구조

조운선 : 조선시대 충청, 전라, 경상도의 삼남 지방에서 세금으로 거둔 쌀과 곡물을 운반하던 선박

높이 3.3 m

너비 7.5 m

길이 24 m

돛대(18 m)

돛(13 m)

방향 조정용 키

선실

닻을 감아올리는 호롱

곡물 저장 공간
쌀 1000가마(5만 2900 kg)를 실을 수 있음

취사 공간

'각선도본'에 수록된 조운선 도면

<복원된 조운선(맹선) 구조도>

3.2.2 한선의 구조와 특징

한국은 반도의 나라이다. 우리나라의 서남해안은 리아스식 침강 해안으로서, 해안의 드나듦이 복잡하며 편평하고 길고 넓은 갯벌로 이루어져 있으며 크고 작은 섬이 많이 있다. 하루에 두 번, 즉 6시간 10분에 한 번씩 드나드는 밀물과 썰물의 변화가 있고 그때의 조수 높이 차이는 인천지역에서 평균 8미터 이상을 기록하고 있다. 이와 같은 지리적, 지형적

조건에 가장 적합하고 이에 잘 적응하는 배는 배 밑, 즉 선저가 편평해야 하고 안정성이 있어야 하는데 우리나라에서는 뗏목과 같은 편평한 선저를 가진 평저선이 자연스럽게 발달하게 되었다. 편평하고 긴 갯벌이 펼쳐져 있어 만조 때 해안이나 부두로 들어온 배는 그대로 갯벌 바닥에 편하게 앉을 수 있으며 옆으로 넘어지는 일이 없다. 그러나 서양의 'V'형 첨저선은 갯벌에 앉으면 곧 옆으로 넘어지게 된다. 즉 한선(韓船)은 배 밑바닥이 평평한 평저선 (平底船)이나 현대 군함을 포함한 대부분의 배들은 바닥이 뾰족한 첨저선이다. 서양의 전통선박은 거의 대부분 첨저선이며, 중국의 전통선박 중에도 첨저선이 적지 않다. 일본의 전통선박인 세끼부네는 첨저선에 가까우나, 전형적인 첨저선은 아니며, 평저선에서 첨저선으로 발전해가는 과정상의 절충적인 형태라고 할 수 있다. 이에 반해 한국의 전통 선박은 거의 예외 없이 평저선이다. 평저선은 첨저선에 비하면 원시적인 구조의 배라고 할 수 있다. 평저선은 선체저항이 커서 속도가 느려지기 때문이다. 일반적으로 동일한 배수량일 경우 평저선은 첨저선에 비하여 흘수가 작아진다. 흘수가 작아지면 배가 직진할 수 있는 능력(Dirctional Stability)이 떨어진다. 이런 단점들 때문에 평저선은 연안이나 내륙 하천에서 주로 사용한다. 즉 한선은 갯벌이 넓게 펼쳐진 우리의 바다에 적합하게 적응해 바닥이 평평한 평지선으로 만든 것 등 독특한 특징을 가지고 있다.

한선의 기본 구조는 한국의 전통 배(韓船)인 한선은 먼저 두터운 배밑판인 저판을 평탄하고 깔고, 그 옆으로 삼판인 외판을 붙여 올리고, 삼판이 안쪽으로 찌그러들지 않도록 삼판 사이에 가로로 가룡목을 걸치는 구조로 되어 있다. 위에 다시 멍에인 가목을 올려, 갑판인 포판을 지탱하는 대들보의 구실을 하게한다. 배 밑은 통나무 여러 개를 옆으로 연결하여 편평하고, 뱃전은 두꺼운 널판을 물고기비늘처럼 겹쳐서 나무못으로 봉합한다. 돛대에는 한국 특유의 사각 돛을 매어 달았고, 옛날에는 짚으로 짠 거적 또는 부들풀로 짠 부들자리 즉 돗자리를 달았다. 돗자리를 돛대에 메어 달았으므로 돛이나, 돛으로 발음 했다. 또한 대나무자리를 매어 달기도 했다. 이러한 돛들을 풍석이라고 한다. 중국에서는 대나무로 엮어서 만든 돛을 리봉 이라 하고, 일본에서는 대나무로 엮어서 만든 돛을 아지로 돛이라고 말한다. 배의 뒤쪽인 선미에는 한국 특유의 기다란 노, 즉 큰 노를 걸고 8자 모양으로 젓는다. 배의 진행방향을 조종하는 치 또는 타는 배의 끝 축판의 바깥쪽 위에서 배 밑 아래쪽으로 향하여 꽂게 되어 있다. 이러한 타를 전향타라고 하는데 민간의 상선이나 어선 등에 쓰인다. 고대에는 모든 배에서 사용하였으나, 후대에 관선이나 전함에서는 현대선의 타와 같은 후향타를 사용하였다. 한선은 배의 앞쪽을 이물, 뒤쪽을 고물, 가운데를 한판, 바른쪽을 미 뒤, 왼쪽을 미 앞이라고 한다. 판옥선, 거북선, 등 거의 대부분의 한국 전통 선박들은 이 한선 기본형의 변형에 지나지 않는다. 멍에(가목)를 걸치고 갑판을 2층으로 만든 것이 바로 판옥선이고, 그 위에 지붕을 씌운 것이 바로 거북선인 것이다.

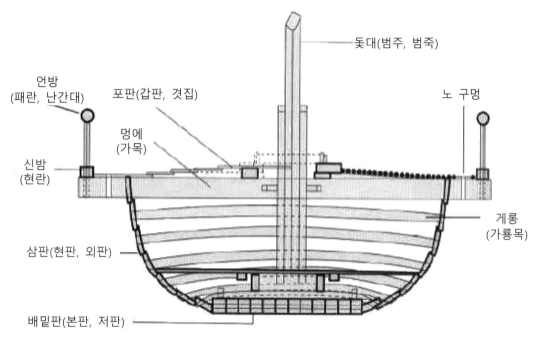

<한선의 기본 구조 -평저>

판옥선과 거북선을 포함한 한국의 전통 배(韓船)들은 대부분 비슷한 특징을 가지고 있다. 구조적인 면에서 볼 때 한선은 원시적인 특성을 많이 가지고 있다. 그러나 그러한 원시적인 특성이 반드시 한선의 약점이라고 할 수는 없다. 한국 해안의 특수한 지리적 조건하에서는 한선의 원시적 특성이 유리하게 작용하였기 때문이다.

배 길이를 폭으로 나눈 값을 장폭비(長幅比: L/B)라고 한다. 배 길이가 길고, 배 폭이 좁을수록 장폭비가 커진다. 반대로 배가 짧고, 넓적할수록 장폭비는 작아진다.

일반적으로 조선 기술이 진보하면서, 장폭비가 커지는 게 일반적인 경향이다. 다시 말해 고대 선박일수록 장폭비가 작다. 프리깃급 이상의 현대 군함의 경우 장폭비는 10 내외이다. 이렇게 큰 장폭비는 평면 형태의 이물(船首) 구조, 바닥이 평평한 평저선 선형과 함께 전체적으로 배의 속도를 느리게 만드는 요소들이라고 할 수 있다. 한선(韓船)들은 기본적으로 배의 앞쪽인 이물과 뒤쪽인 고물이 넓고 평평하다.

이로 인해 한국 전통 선박은 파도를 헤쳐 나가는 능력이 별로 좋지 않기 때문에, 어떻게 보면 서양의 전통 선박이나 현대 선박 보다는 다소 원시적인 형태라고 할 수 있다. 그러나 한국 전통 선박처럼 이물이 평평할 경우 제작이 좀 더 간편하며, 경우에 따라서는 배 앞부분을 더 튼튼하게 만들 수도 있다는 점은 장점이다.

우리나라에서 이렇게 원시적인 평저선 형태를 고집한 이유는 무엇 때문일까?

첫째는, 앞서 말한 한국 해안의 지리적 조건 때문이다. 한국의 남~서해안은 조수 간만의 차가 심한 지역이다. 첨저선 형태의 경우 배 밑바닥이 뾰족하므로 썰물 때 갯벌 위에 좌초할 위험이 크다. 이에 반해 평저선 형태의 경우 썰물 때 갯벌에 안전하게 내려앉을 수 있다.

둘째로, 바람이나 노에 의존하는 범노선(帆櫓船)의 경우, 대양이 아닌 연안지역에서는 대부분 마찰저항이 문제될 뿐, 주로 배 앞부분의 파도에 의한 속력저하 되는 조파저항은 생각만큼 그렇게 영향이 크지 않다고 한다. 마찰저항에 의한 속력손실은 감안하더라도 조파저항에 의한 속력손실은 그렇게 크지 않으므로, 전체적인 속도에선 그렇게 손해를 보지는 않는다는 것이다.

셋째로, 흘수가 작은 배는 선회성능이 좋아서 좌우 방향 전환을 쉽게 할 수 있으며, 선회 반경도 작다. 결정적으로 한국 해안처럼 좁고 섬이 많은 연안 지역 해전에서는 선회성능은 속도보다도 더 중요할 수 있다는 것이다.

우리나라 전통 목조건축에서는 철제 못을 전혀 사용하지 않고 건물은 짓는 경우가 있다. 한국의 전통 배도 마찬가지이다. 지역이나 시대에 따라 몇몇 예외가 있으나, 대다수의 한국 전통 선박은 철제 못을 사용하지 않고 목제 못만 사용하여 배를 건조한다. 반대로 일본의 전통 배는 철제 못을 사용하여 배를 건조한다.

철제 못과 목제 못은 그 나름의 장단점이 있다. 철제 못을 사용하면, 배를 처음 건조했을 때 강도가 강하다. 그러나 철제 못은 바다 위에서 일정한 시간이 흐르면 부식이 일어나서 강도가 조금씩 떨어진다. 또한, 시간이 흐를수록 철제 못과 나무 사이에 틈이 벌어져서 나무 사이의 결합 강도가 떨어지게 된다. 목제 못을 사용할 경우, 처음 배를 건조했을 때는 철제 못보다 강도가 약하지만, 철제 못에 비해서 부식이 일어나지 않는다는 장점이 있다. 또한, 철제 못과는 달리 시간이 경과해도 나무 사이에 틈이 벌어지지 않는다. 서양 목재 배의 외판 결합 방식에는 카벨 이음방식과 클링커 이음방식이 있다. 한국 전통 배의 삼판(외판) 결합 방식은 그 중간 방식으로 턱붙이 클링커 이음방식(Rabetted Clinker Joint)이다.

한선 기본 구조도에서 볼 수 있듯이 아래 위 삼판을 부분적으로 겹치면서 그 사이로 못을 넣어 고정시키는 것이 턱붙이 클링커 이음방식이다.

전남 완도 앞바다에서 인양된 고려시대(대략 11세기)의 완도선(莞島船)의 외판 결합방식도 턱붙이 클링커 이음방식이다. 중국 전통 배의 경우도 턱붙이 클링커 이음방식을 사용한 예가 적지 않다.

한국 전통 배에서 가장 기본적으로 사용되는 목재는 소나무다. 소나무를 비롯한 침엽수는 비중은 약간 낮으나 가볍고 가공하기 쉬우며 상당한 내수성(耐水性)을 갖는다. 이 때문에 배의 외부를 꾸미는데 적합한 재질을 가지고 있다.

이런 이유 때문에 한국 전통 선박의 배밑판인 저판과 외판은 거의 대부분 소나무로 되어 있다. 특히 배밑판의 경우 물이 스며드는 것을 막기 위해 송진이 많은 소나무를 주로 사용한다. 반대로 참나무류를 비롯한 활엽수는 비중이 높고 가공하기 어려우나 강도가 높다. 이 때문에 중심판(加龍木)이나 멍에(駕木)처럼 배의 구조를 지탱하기 위해 힘을 받는 부분에는 상수리나무나 졸참나무 같은 참나무 계통의 나무를 주로 사용했다. 나무못으로는 주로 단단하고 잘 썩지 않는 녹나무, 산뽕나무, 느티나무를 주로 사용했다.

즉, 기본적으로 한국 전통선박의 주된 재목은 소나무이며, 강도보강 재료로 참나무 계통인 상수리나무, 졸참나무를 사용했을 뿐이다. 일반적으로 전형적인 곧은 나무가 아니고 옹이가 있거나 구부러진 나무는 압축응력재 혹은 인장응력재라는 특별한 조직을 만든다. 이런 나무는 부러지기 쉬운 결점을 가지고 있으며, 갑작스럽게 부러지는 경우가 많다. 한국의 소나무는 평균적으로 옹이가 많고 굽어있는 경우가 많다. 이런 소나무를 사용하여 배를 만들 경우 얇게 가공하는 것은 위험하며, 두껍게 가공하여 강도를 보완할 수밖에 없다. 이런 이유 때문인지 한국 전통 배들은 매우 두꺼운 판자를 사용한다.

한편, 일본 전통 선박은 주로 삼나무(衫木)이나 전나무(檜木)로 만들어져 있다. 삼나무나 전나무는 소나무에 비하여 더욱 가볍고 가공하기 쉬운 특징을 가지고 있다. 이 때문에 삼나무나 전나무는 판자를 얇고 정밀하게 가공하는 것이 가능하다.

일본 전통 배는 이런 삼나무나 전나무의 특성을 살려서 배에 사용되는 판자가 매우 얇고 정밀한 구조로 만들어져 있다. 그러나 강도면에서 삼나무나 전나무는 소나무보다 약하다는 약점이 있다. 특히 한국에서 주로 선박 재료로 사용한 소나무 종류인 적송(赤松)은 일본의 선박재료인 삼나무나 전나무에 비해 훨씬 강한 재질을 가지고 있다. 결국 일본 전통 선박은 약한 재료를 얇게 가공한 셈이 되는 반면, 한국 전통 선박은 보다 강한 재료를 두껍게 가공한 셈이 된다.

배의 전체적인 튼튼함은 외판의 강도로만 결정되는 것이 아니고, 계룡목같은 강도보강 구조의 강도에도 영향을 받는다. 그렇다고 해도 전투용 선박의 경우 외판이 약하다는 것은 그만큼 각종 화약무기의 공격이나 충돌 시에 약점으로 작용할 수밖에 없다. 이러한, 선박용 목재의 특성 차이는 임진왜란 당시 해전의 승패에 중요한 영향을 끼쳤다.

3.3 한선의 인문학적 의미

우리나라에 있어 한선은 일찍부터 삼면이 바다인 해양국인 우리에게 큰 의미가 있다. 삼면의 바다를 벗 삼아 또는 터전으로 삼아 삶을 영위해 나가야 하는 것은 그 시대가 해결해야 나가야만 하는 중차대한 문제였다. 이 때문에 배를 이용한 어로 활동이나 이동은 필수적 이였으며 배의 발전은 필수 불가결한 것이었다. 그러므로 한선의 제조와 그 것을 발전시키는 곳은 우리 한민족의 의무였다. 배를 타고 강이나 바다를 아동하며 인간관계를 형성하고 지속됨으로써 인간의 활동의 공간은 넓어지고 나아가 이를 토대로 정치 경제 사회문화 예술이 발전하게 되었다는 것은 의심의 여지가 없다. 한선의 성장 변화의 과정은 곧 우리 민족의 성장 변화의 과정이라고 할 수 있을 만큼 배는 우리의 삶과 매우 밀착되어 있었다.

즉 바다와 강에 인접한 자연 환경을 극복하기 위하여, 또한 삶을 보다 지혜롭게 가꾸기 위하여 우리 조상들은 환경과 용도에 따른 다양한 배들을 만들었다.

우리의 조상들은 배를 타고 물과 친숙해지며 자연과 하나 되었고, 선박의 발전을 서양의 것처럼 자연을 정복의 대상이 아닌 서로 같이 가야할 동반자의 의미로 생각했다. 무조건적인 빠름이 아닌 느긋함과 순리에 적응하고 순응 하는 마음으로 배의 구조와 역할을 우리 지형과 인간의 조건에 따라 발전시켜왔다. 한선을 타고 시를 짓고 한선을 타고 식량을 나르며 한선을 타고 전쟁을 통해 나라를 구하는 일등을 통해 인간은 한층 더 정신적인 성장을 이루어 낸다. 이모든 한민족의 역사의 중심에 한선이 있다. 우리민족과 함께한 한선은 우리에게 바다와 강에 대한 무궁무진한 꿈과 잠재력을 심어 주고 개척의 힘을 주었다. 지금 21세기에도 조선강국의 힘은 여기서부터 나온 것이 아닌가 생각한다.

한선은 1910년에서 1945년까지 35년간에 걸친 일본제국주의 침략자의 식민통치와 조선민족 문화 말살정책으로 인하여 맥이 끊어져 갔고, 6·25 전쟁으로 국토의 허리가 잘리고, 강에는 '댐'이 건설되는 등 선박의 뱃길마저 없어져서 그나마 남아 있던 한선은 자취를 감추어 버리고 말았다. 지금 우리가 해안이나 강에서 흔히 볼 수 있는 배는 일본의 개량 목선과, 서양식 목선과 일본의 목선을 절충한 개량 목선들인데 이것을 우리의 전통 한선으로 잘못 알고 있다. 지금부터라도 우리의 전통 선박에 대한 올바른 지식을 가져야 할 것이다. 한선은 우리의 전통과학기술 문화유산이다. 이에 대한 조선기술과 조선공작기법을 더 깊이 연구하여 조상의 전통과학기술 문화유산을 계승하고 우리 배의 우수한 전통을 후대에 물려주어야 한다.

이에 한선의 대한 생각은 우리의 삶을 또 다른 측면에서 올바르게 성찰해 보도록 해준다.

<우리 선조의 베를 통한 풍류>

3장 단원평가

학년도	학기	고사 분류	학과	학번	이름	평가점수
20	1학기/2학기	제3장 /익힘문제 (제출용)				

1. 우리 배 "한선"에 대한 설명으로 옳지 않은 것은?

   ① 거룻배처럼 노를 젓는 배를 "마상이" 라고 하는데 이는 전국적으로 불리는 명칭이 다르다.

   ② 옛날에 우리나라에서는 뗏목을 '떼' 라고 하였는데 이 말은 뗏목의 재료인 대나무(竹)를 뜻한다고 한다.

   ③ 제주도의 재비는 자리돔 잡이에 이용되었는데, 배 위에 평상이 설치되어 있고, 한가운데 돛대를 세워 돛을 매달기도 하며, 돛을 달고 섬과 섬 사이를 왕래하기도 한다.

   ④ 우리의 바다에 적합하게 적응해 바닥이 평평한 평지선의 독특한 특징을 가지고 있다.

2. 통일신라시대의 무역선의 특징으로 옳지 않은 것은?

   ① 배의 뒷부분은 높은 파도를 타고 나가기 위하여 높게 제작하였다.

   ② 배의 곁집 위에는 승객이 기거할 수 있는 선실이 마련되어 있다.

   ③ 배의 뱃전인 삼판은 두꺼운 나무판자로 일곱 장 이상을 겹쳐서 이어 올렸다.

   ④ 배의 밑은 뗏목과 같은 통나무를 옆으로 이어 평평하다.

3. 조선의 "귀선"에 대한 설명으로 옳지 않은 것은?

① 거북선에 관한 최초의 기록은 〈태종실록〉으로 기록 내용으로 보아 거북선은 왜구의 격퇴를 위하여 돌격선으로 특수하게 제작된 장갑선이었음을 알 수 있다.

② 현재 문헌의 거북선의 설계도로 완벽히 재현해 낼 수 있다.

③ 밖에서는 안을 들여다볼 수 없었고 16개의 노와 2개의 돛을 겸용하여 사용하고, 돛대는 세웠다 뉘었다 할 수 있었다.

④ 1592년(선조 25) 임진왜란 당시 이순신에 의하여 철갑선으로서의 거북선이 실용화되었다.

4. 다음 중 조운선에 대한 설명 가운데 잘못 된 것은?

① 조운선은 곡물 등 많은 화물을 싣기 위하여 높이가 높고 뱃전이 넓은 것이 특징이다.

② 고려시대 조운선은 초마선(哨馬船)이라고 불렸다.

③ 병조선(兵漕船)은 조운선 중 800석 이하 급의 쌀을 수송할 수 있는 조운선을 군용으로 사용할 때의 이름이다.

④ 맹선(猛船)은 승선 인원에 따라 대맹선·중맹선·소맹선으로 나뉘었다.

5. 다음 중 <비봉리 통나무배>에 대한 설명 중 옳지 않는 것은?

① 비봉리배는 경남 창녕 비봉리 패총에서 2004년에 발굴된 신석시시대의 배이다.

② 현재 국내에서 가장 오래 된 배 유물이자 세계적으로도 오래된 배에 속하는 유물이다.

③ 1개의 통나무를 U자형으로 깎아 만든 초기형 통나무배이다.

④ 이곳에서는 다양한 유기물들이 출토되어 학계의 비상한 관심을 끌었다. 비봉리패총에서는 5척의 배가 출토되었다.

6. 장보고선인 교관선에 대한 설명 중 옳지 않은 것은?

① 교관선은 갑판 위에 선실이 1개 있는 평저구조선(平底構造船) 형식으로 만들어진 배이다.

② 돛대를 여러 개인 대략 3개 정도를 세운 선박이었던 것으로 추정된다.

③ 갑판 위에 선실을 구비한 형태인 누선형(樓船形)으로 추정되는 이유는 원양 항해선이었던 만큼 비바람 등을 막고, 함께 내왕했던 하주나 상인들을 수용하기 위해 선실을 구비했어야 했기 때문이다.

④ 장보고의 무역선이 갑판 위에 선실을 구비한 형태인 누선형(樓船形)으로 추정되는 이유는 원양 항해선이었던 만큼 비바람 등을 막고, 함께 내왕했던 하주나 상인들을 수용하기 위해 선실을 구비했어야 했기 때문이다.

7. 고구려시대의 한선의 특징으로 옳지 않은 것은?

① 우리 민족이 전통을 지키는 보수적인 성향인 것을 감안하면 고구려의 배도 평저선에 돛이 없고 노를 저어 가는 노선일 것으로 보고 있다.

② 해운선은 많은 짐과 사람을 운반하는 큰 배였을 것으로 추정된다.

③ 고구려 중기의 수도인 평양성의 대동강을 타고 다니던 배는 철로 엮은 지붕을 씌운 작은 누선이 많았다는 기록이 있다.

④ 내륙의 수많은 강에서는 뗏목배와 작은 목제 구조선이 이용되었다.

8. 1740년(영조 16) 전라좌수사 전운상(田雲祥)이 제작한 특수 군선으로 바다매(海鶻)라는 뜻으로 배의 형태는 앞이 크고 뒤가 작은 것이 마치 매와 같고, 병선을 기본으로 선수에 새머리 모양의 구조물을 부착하고, 지붕을 덮는 개판을 부착한 군함은?

9. 한선의 인문학적 의미를 간단히 서술하시오.

10. 우리나라의 한선이 원시적인 평저선 형태로 제작한 이유를 서술하시오.

11. 강원도 동해안 정동진에서는 이를 '토막배' 라 하고, 자리돔 잡이용으로 배 위에 평상이 설치되어 있고, 한가운데 돛대를 세워 돛을 매달기도 하며, 돛을 달고 섬과 섬 사이를 왕래하기도 한 제주도의 뗏목배는 무엇인가?

학년도	학기	고사 분류	학과	학번	이름	평가점수
20	1학기/2학기	제3장 /서술형문제 (제출용)				

생각해보기

장보고의 해양의식과 업적을 조사하고, 그것의 인문학적 의미를 구체적인 예를 들어 서술하시오.

4장

해양 문학의 이해

4.1 호메로스의 오디세이아

《오디세이아》 기원전 8세기경의 고대 그리스의 서사시로서 저자는 일반적으로 일리아스의 저자인 호메로스로 전해지고 있다. 시의 주제는 트로이 전쟁 영웅 오디세우스의 10년간에 걸친 귀향 모험담이다. 때문에 서양 문학사에서는 모험담의 원형으로 주목된다. 일리아스와 마찬가지로 시는 총 24편으로 구성되어 있으며, 6각운(Hexametre)로 작곡되었다.

이 작품은 오디세우스의 모험과 귀환을 다룬 장편 서사시로, 트로이 전쟁을 승리로 이끈 오디세우스가 고향인 이타케로 돌아오는 과정을 통해 인간의 인생을 보여 주고 있다. '오디세이아'는 '오디세우스의 노래'라는 뜻이다. 영웅 서사시로 신화적, 영웅적, 서술적인 성격을 가지며 영웅 오디세우스의 모험과 귀환을 소재로 운명을 극복해 가는 이상적인 영웅의 행적을 주제로 하고 있다. 묘사와 대화를 위주로 하여 극적인 표현을 사용하고 시간상 가장 앞선 이야기를 작품 한가운데에 배치해 놓는 구성을 취함으로써 힘 있고 장중한 어조로 이루어진 특징을 가지고 있다.

트로이 전쟁에 참여했던 오디세우스는 바다의 신 포세이돈의 저주를 받아 지중해를 표류하게 된다. 고국 이타케 섬을 떠난 지 어느덧 20년이 흘렀는데, 그는 여전히 여신 칼립소의 섬에 억류당한 상태이다. 이타케에 남겨진 오디세우스의 아내 페넬로페에게는 많은 구혼자가 나타나 그녀를 압박한다. 구혼자들은 오디세우스의 성에서 가축을 잡아먹고, 포도주를 마시며 온갖 횡포를 일삼는다. 오디세우스의 아들 텔레마코스는 이러한 구혼자들의 횡포를 고발하고, 돌아오지 않는 아버지를 찾아 길을 나선다. 한편, 오디세우스는 신들의 도움으로 칼립소의 섬을 떠나 파이아케스 섬의 알키노오스 왕의 궁전에 도착한다. 그리고 그곳에서 풍랑에 휩쓸리고, 괴물과 마녀를 만나는 등 갖은 고난을 겪으면서 자신의 부하들을 모두 잃게 된 사정을 이야기한다. 마침내 이타케로 귀환한 오디세우스는 아들과 힘을 합쳐 아내 페넬로페를 차지하려던 구혼자들을 처단하고 아내와 재회한다.

<토마스 드조르주의 "구혼자들을 죽이는 오디세이스와 텔레마코스 1812>

이 시는 지금으로부터 약 2,800여 년 전인 기원전 8세기경에 만들어진 것으로, 전체 약 1만 2,110행, 총 24권으로 이루어져 있다. 트로이 전쟁에 참가했던 영웅이 바다를 떠돌며 모험을 겪고, 집에 돌아와 아내를 괴롭히던 무리를 처단하는 것이 작품의 주된 내용이다. 이 시에서 가장 중요하게 다루는 것은 모험과 생존, 귀환의 문제이고, 그러한 모험과 귀환이 굳은 의지와 인내, 지혜를 통해 가능하다는 것을 보여 준다. 이러한 모험의 과정은 인간의 삶에 대한 비유로 보고, 인간의 인생이 어떻게 펼쳐지는가에 관해 이야기하는 작품으로 보기도 한다. 한편, 지리적인 지식, 시 속에 묘사한 생활 상태, 기타 여러 가지 내적인 증거로 미루어 보아 이 작품은 '일리아드'보다 약간 뒤늦게 나온 것으로 추측되며, 내용상 '일리아드'보다 복잡하며 기교적이다.

'오디세이(Odyssey)'의 원래 오디세우스의 모험을 그린 호메로스의 서사시 "오디세이아(Odysseia)"에서 유래한 말로, 오늘날에는 '여행, 여정, 편력' 등을 의미하는 보통 명사로 사용된다. 작가인 호메로스(Homeros, 기원전 800? ~ 750?)는 고대 그리스의 시인. 서양 역사상 최고(最古), 최대의 서사시 "일리아드"와 "오디세이아"의 저자로 추정된다. 그에 대해서 알려진 것이 거의 없으며, 호메로스의 조각상 중에 눈을 감은 것이 많아, 눈먼 음유 시인이었을 것으로 추측하는 의견이 있다.

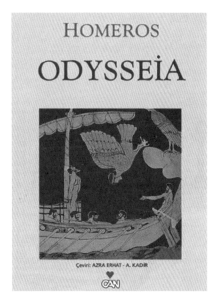

<호메로스와 오디세이아>

4.2   허먼 멜빌의 모비 딕

《모비 딕》(Moby-Dick , The Whale)은 허먼 멜빌의 장편 소설이다. 모비 딕은 소설 속 고래의 이름이다. 1820년 11월 20일 태평양 한 가운데에서 포경선 '에식스호(Essex)'가 커다란 향유고래에 받혀 침몰한 사건에서 영감을 얻어 창작되었다. 백경(白鯨)이라고도 부른다. 1851년 10월18일 런던에서 리처드 벤틀리(Richard Bentley)에 의해 《고래》(The Whale)라는 이름의 세 권짜리 책으로 처음 출판되었다. 이어서 무삭제판은 1851년 11월 14일 뉴욕에서 하퍼앤 브라더스(Harper and Brothers)에 의해 '모비 딕'(Moby-Dick)이라는 제목으로 두 권짜리로 나오게 된다. 인간과 자연의 투쟁을 다루었고, 소설 형식은 당시로서는 파격적인 것이었다.

19세기 미국의 포경업계는 큰 번영을 구가했다. 포경선 수는 전 유럽의 포경선을 다 합친 수의 세 배나 많았다. 당시 미국의 고래잡이들을 오랫동안 괴롭히던 거대하고 흉포한 고래 '모카 딕Mocha Dick'에 대한 이야기가 1849년 《니커보커 매거진》에 실렸는데, 이보다 앞선 1820년에 일등항해사 출신의 오웬 체이스는 〈포경선 에섹스 호의 놀랍고도 비참한 침몰기〉를 펴내면서 '모비 딕'이란 흉포한 고래가 서경 119도의 적도 바로 남쪽에서 에섹스 호를 침몰시켰다고 쓰기도 했다. 허먼 멜빌은 '애커시넷'호를 타고 고래잡이를 나갈 때 이 책을 읽었고 나중에 모비 딕을 쓰기 전 오웬 체이스의 아들과 만나서 정보를 얻기도 했다. 모비 딕의 모티브는 바로 이 〈포경선 에섹스 호의 놀랍고도 비참한 침몰기〉였다. 1820년 11월 20일 태평양 한가운데에서 포경선 에식스호(Essex)가 거대한 숫컷 알비노 향유고래에게 공격당해 침몰한 실제 사건을 배경으로 사나운 고래로부터 탈출한 21명의 선원이 태평양 한가운데서 식량부족으로 살아남기 위해 죽은 동료선원들의 인육을 먹는 등 비극적인 스토리에서 멜빌은 영감을 얻고 한때 고래잡이 선원이었던 작가 자신의 체험을 바탕으로 창작된 해양소설이다.

비극적인 서사시 모비 딕은 소설의 화자 이스마엘이 포경선에 올라 이 항해의 목적을 알게 되기까지를 그린 부분, 대서양에서 희망봉을 돌아 태평양까지 이어지는 항해 부분, 마지막으로 모비 딕과의 결투와 '피쿼드'호의 침몰을 그린 세 부분으로 나누어진다. 이 이야기들을 처음부터 끝까지 이끌고 가는 것은 에이허브가 아닌 화자 '이스마엘'이다. 그는 에이허브 선장이 이끄는 포경선 '피쿼드'호에 승선하여 흰 고래 '모비 딕'을 쫓는 항해를 처음부터 끝까지 지켜본다. 엄혹한 삶의 현실을 밑바닥까지 체험한 이스마엘은 침착하고 냉정하고 분석적인 태도로 우리에게 세상이라는 가면 너머의 진실을 보여준다. 그는 멜빌의 분신이나 다름없는 존재다. 파멸을 향해 내달린 '피쿼드'호에서 유일하게 살아남은 인물이 되어 동료의 죽음을 대가로 얻은 삶의 비밀을 세상에 전한다.

이스마엘의 눈에 비친 선장 에이허브는 불가지의 존재를 용납할 수 없고 또 직접 자신이 알아낼 수 있다고 자신하는 존재였다. 자신의 다리를 앗아간 모비 딕에 대한 복수의 일념에 사로잡혀 판단력이 경도된 에이허브 선장은 이스마엘을 비롯한 선원 모두에게 '모비 딕'보다 더한 두려움과 공포의 대상이었다. 선장의 분노는 우주 질서에 대한 균형 잡힌 이해를 가로막았으며, 결국은 파멸을 초래한다. 태평양에서 펼쳐진 3일간, 이스마엘은 바다와 함께 에이허브와 모비 딕의 대결을 지켜본다. 거기에는 삶의 한가운데로 쳐들어와 만사를 부질없는 것으로 만들어버리는 싸늘한 침묵(죽음), 그리고 어떠한 기록도 허락지 않는 바다의 관용 또는 무자비함이 있을 뿐이었다. 바다는 한순간에 '피쿼드'호를, 선장의 불같은 원한과 집착을 거대한 동심원의 소용돌이 속으로 끌어당겨 흔적도 없이 삼켜버린다. 작품은 과거 모비 딕에게 당해 한쪽 다리를 고래 뼈 의족으로 대체하고 고래에 대한 복수심으로 불타는 선장 에이허브가 포경선 피쿼드 호를 이끌고 모비 딕을 뒤쫓는 내용. 거대한 흰 고래 모비 딕과 에이허브 선장의 대립구도가 갖추어져 있다. 마지막 싸움에서 에이허브 선장은 모비 딕에게 던진 작살의 밧줄이 목에 감기는 바람에 끌려가고, 성난 모비 딕은 피쿼드 호를 들이받아 박살내며, 화자이자 주인공 이스마엘을 제외한 전원이 전멸한다.

<허먼 멜빌과 모비 딕의 한 장면>

　　모비 딕에 대해서는 실존주의적, 현상학적, 신비평적, 마르크스주의적, (신)역사주의적, 해체주의적 비평 등의 다양한 해석이 있어 왔다. 그 다양함에도 불구하고 이 작품에 대한 해석은 대체로 이스마엘(Ishmael)을 중심으로 보는 시각과 에이헵(Ahab)을 중심으로 보는 시각으로 양분되어 왔다. 에이헵이 모비 딕이라는 흰 고래를 추적하는 이야기는 작품의 1/3 정도밖에 차지하지 않으며 나머지는 (3인칭 전지적 작가의 서술과 희곡적 장면을 제외하면) 1인칭 화자인 이스마엘의 사색과 진술로 이루어져 있는바 이스마엘을 중심으로 해석하려는 시도가 있는 것은 당연하다. 그러나 이는 단순히 이스마엘의 사색이 차지하는 분량 때문만은 아니다. 이런 관점의 근거는 몇 가지로 나누어볼 수 있다. 첫째로 등장인물로서의 이스마엘이, 모비 딕 추적이라는 복적을 위해 선원들을 이용하는 독단적이고 독재적인 에이헵에 대한 대안으로 제시된다는 것이다. 예컨대 이스마엘은 에이헵과 달리 자신의 관점을 타자에게 강요하기보다는 퀴퀙(Queequeg) 같은 야만인과 우정을 나누고 그의 미신적 종교행위에 동참할 만큼 타자에 대해 개방적인 태도를 보인다. 또한 선원들로부터 철저히 고립되어 있는 에이헵과 달리 이스마엘은 향유고래의 기름을 짜면서 동료선원의 손을 기름덩어리와 혼동해 주무르는 장면에서처럼 동료인간과 화합하는 인간적 면모를 보인다.

4.3   해양시인 김성식

김성식(金盛式.1942.5.15.-2002.3.19.)은 시인이자 소설가이며 선장이기도 하다. 함경남도 이원 출생으로 서울 선린상업고등학교를 거쳐 한국해양대학교 항해과(航海科)를 졸업하였고, 1962년 월간 [소설계]에 해양단편소설 〈남지나해(南支那海)〉를 발표하며 문학 활동을 시작하였다. 시인으로는 1971년 [조선일보] 신춘문예에 시 〈청진항〉이 당선되며 본격적으로 등단하였다. 이후 주로 [현대시학]에 시와 산문을 발표하였다. 탈문학회 회원으로 활동한 바 있다. 미국 LASCO해운 선장, 한국 범양상선 외항선 선장이기도 하였으며, 33년이라는 세월을 바다와 호흡한 경험을 바탕으로 바다를 소재로 한 200여 편의 해양시를 남겼다. 구모룡, 김경복, 옥태권이 〈해양시인 김성식 선장〉(전망.2006)이라는 단행본에서 그의 해양시와 그 해양문학사적 의의에 대해 자세하게 다룬 바 있으며, 전집으로 〈해양시인 김성식시전집〉(한국해양문학가협회 선장시인 김성식 추모사업회.2007)이 출간되었다. 2004년 한국해양대학교 교정에 김성식 시비가 건립되었으며, 2005년 은탑산업훈장이 추서되었다. 묘는 부산광역시 영도구 동삼1동 522 한마음선원에 있다.

<시인 김성식>

김성식의 작품 세계의 본령은 바다이며, 바다 위의 일상과 바다 그 자체, 또는 하선했던 세계 여러 나라에서의 체험이 모여 그의 시 세계를 이루고 있다.

첫 시집 〈청진항〉(1977)에서 강렬하게 표출된 미지의 세계에 대한 낭만적 동경 의식, 그리고 일상의 안온함을 포기할 만큼 매력적인 공간으로 표상되는 바다 이미지 등이 이후의 시에서도 지속적으로 나타나며 그의 시 세계의 특징을 이루고 있다. 이러한 경향의 대표적인 시로 〈청진항〉, 〈겨울·항해일지〉 등을 꼽을 수 있다.

본격적인 한국 해양시의 효시로 김성식의 〈출항 Ⅱ〉을 들 수 있다. 김성식의 시를 두고 '본격적인 해양시의 효시'라 자리매김한 이는 전봉건이다. 해양시가 근대적 표상으로 바다가 형상화된 것이라는 관점에서 볼 때 말할 것도 없이 한국 해양시의 효시는 최남선의 〈해(海)에게서 소년(少年)에게〉이다. 이 시에서 바다는 육지의 끝에 있는 물의 영역을 뜻하는 것이 아니며 내륙의 시점에서 보이는 완상 대상도 아니다. 이는 '근대적인 국민, 국가의 표상시스템에 투영되어 발견된 풍경'이다. 이처럼 근대적 표상공간으로 발견된 바다 풍경은 김기림 등의 모더니스트들의 시에서 근대적 세계를 나타내는 기표로 동원된다. 가령 김기림의 〈파랑 항구〉는 항구를 매개로 근대세계의 지리학을 말하고 있다.

하지만 이들은 근대 지정 지리학으로 바다 혹은 해양을 인식하고 있을 뿐이다. 전봉건은 해양 체험의 관점에서 김성식의 시를 본격적인 해양시의 효시라 규정하였다. 말할 것도 없이 해양시의 중심은 해양 체험을 형상화한 시에 있다. 김성식의 시적 원천은 근대해양이다. 그런데 근대세계로서의 해양과 시적 대상으로서의 해양은 상호 긴장관계를 형성한다. 해양은 오디세우스의 모험에서 보았듯이 근대의 목표에 도달하게 하는 토대인 동시에 그것을 가로막는 장애가 된다. 이러한 이중성은 곧 시와 근대의 이중성에 상응한다. 김성식의 해양시도 이러한 이중성에서 산출된다. 그는 그의 시쓰기를 일러 "바다보다 큰 허무 속에 잠겨 있는 절망을 길어 올리는 것"이라 하였다. 첫 시집 〈청진항〉에 가장 먼저 실려 있는 시는 〈출항(出港)〉 연작 2편이다. 편집 의도에 따라 배치되었을 것이라 추측되는 이들의 주된 내용은 아침 이미지와 바다 이미지에 기댄 출항의 건강함이다. 이러한 건강함은 미지세계에 대한 동경과 기대에서 유발된다. 만일 삶의 현실적 조건에 의해 피할 수 없게 된 출항이라면 비애와 원망이 주조를 이룰 것이다. 그러나 이들 시의 출항에서 삶의 곤고함은 전혀 보이지 않는다. 오히려 밖으로 펼쳐진 세계를 향한 갈망이 강렬하다.

<출항(出港) Ⅱ>

앵커를 올려라 닻을 감아
五六島 너머 水平線을
불끈 들어 일어서는
太陽쪽으로
윈드라스 레바를 힘껏 눌러 눌러
무거운 닻줄 감아
떠나자 船首를 돌려 떠나

거리의 창문마다 무늬진 햇살
골목길 개구쟁이 입술에서
묻어 나온 알사탕의 꿈
아내의 행주치마에 젖어 있던
짭짤한 생활을 뒤에 두고
거침없이 소리치며 흔들리는
물결 따라
여기
솟아오른 시뻘건 불덩어리를
선창 가득 실어
에메랄드 삶아 뿌려 논
카리브
전설이 녹아 소금이 된
地中海
달이 흘린 눈물로
파르르 떨고 있는
赤道를 향해

청동빛 팔뚝을 걷어

꿈틀대는 푸른 힘줄을

햇빛에 구워 또 구워

힘의 大洋을 힘을 내세워

펄펄 살아 뛰는

바다를 잡으러

풀무질 쳐 뜨거워진

가슴의 근육

狂風에 내 맡기러

메인 마스트에 소리치던

出港旗가 부풀기 전에

닻을 감아라 앵커를 올려

물살 헤쳐

돋아나는 太陽을 향해

윈드라스 레바를

힘차게 잡아

잡아 당겨라

이처럼 이 시에서 보이는 출항은 낭만적이다. 지금 이곳의 현실보다 미지의 세계에 대한 의식의 지향이 강렬하다. 달리 아침의 낭만주의라고 할 수 있을 이러한 의식지향은 안과 밖의 이분법에서 밖에 가치를 부여하는 시점을 보인다. 그래서 현실의 인연과 생활을 '거침없이' 뒤로 돌릴 수 있는 것이다. 이 시에서 바다는 시적 화자의 일상과 생활의 안온함을 포기하게 하는 견인력을 지녔다. 그러나 시적 화자가 이러한 바다의 힘에 이끌려 가는 것은 아니다.

한편으로 이끌리면서 다른 한편으로 그것을 잡겠다는 의지가 있다. 이 시에서 이러한 의지의 원천은 다만 미지 세계 혹은 대양이 이끄는 힘으로 표현된다. 이를 좀더 구체화하면 시적 화자가 삶의 본래 터전보다 바깥의 세계에 가치를 두는 상상적 지리학을 지녔다고 할 수 있다.

<부산 한국해양대학교 김성식 겨울바다 시비>

4장 단원평가

학년도	학기	고사 분류	학과	학번	이름	평가점수
20	1학기/2학기	제4장 /익힘문제 (제출용)				

1. 호메로스의 오디세이아에 대한 설명으로 틀린 것은?

① 기원전 8세기경의 고대 그리스의 서사시로서 저자는 일반적으로 일리아스의 저자인 호메로스로 전해지고 있다.

② 총 30편으로 구성되어 있으며, 10각운(Hexametre)로 작곡되었다.

③ 오디세이(Odyssey)'의 원래 오디세우스의 모험을 그린 호메로스의 서사시 "오디세이아(Odysseia)"에서 유래하였다.

④ 트로이 전쟁에 참가했던 영웅이 바다를 떠돌며 모험을 겪고, 집에 돌아와 아내를 괴롭히던 무리를 처단하는 것이 작품의 주된 내용이다.

2. 허먼 멜빌의 모비 딕의 설명으로 옳지 않는 것은?

① 모비 딕은 소설 속 주인공 이즈마엘의 별명이다.

② 《고래》(The Whale)라는 이름의 세 권짜리 책으로 처음 출판되었다.

③ 한때 고래잡이 선원이었던 작가 자신의 체험을 바탕으로 창작된 해양소설이다.

④ 1820년 11월 20일 태평양 한 가운데에서 포경선 '에식스호(Essex)'가 커다란 향유고래에 받혀 침몰한 사건에서 영감을 얻어 창작되었다.

3. 해양시인 김성식의 생애와 작품세계에 대한 설명 중 옳지 않는 것은?

① 시인이자 소설가이며 선장이기도 하다.

② 시인으로는 1971년 [조선일보] 신춘문예에 시 <청진항>이 당선되며 본격적으로 등단하였다.

③ 김성식의 작품 세계의 본령은 바다이며, 바다 위의 일상과 바다 그 자체, 또는 하선했던 세계 여러 나라에서의 체험이 모여 그의 시 세계를 이루고 있다.

④ 김성식의 <겨울·항해일지>를 한국 해양시의 효시로 평가 하고 있다.

4. 교재에 소개 된 해양문학에 대한 설명 중 옳지 않은 것은?

① 해양시인 김성식의 첫 시집 <청진항>(1977)에서 강렬하게 표출된 미지의 세계에 대한 낭만적 동경 의식을 나타낸다.

② 오디세이아는 대화 없이 자세한 설명을 통한 극적인 표현을 사용하고 시간상 가장 뒤에 있는 이야기를 작품 제일 앞에 배치해 놓는 구성을 취함으로써 힘 있고 장중한 어조로 이루어진 특징을 가지고 있다.

③ <모비 딕>에 대해서는 실존주의적, 현상학적, 신비평적, 마르크스주의적, (신)역사주의적, 해체주의적 비평 등의 다양한 해석이 있어 왔다.

④ 비극적인 서사시 <모비 딕>은 소설의 화자 이스마엘이 포경선에 올라 이 항해의 목적을 알게 되기까지를 그린 부분, 대서양에서 희망봉을 돌아 태평양까지 이어지는 항해 부분, 마지막으로 모비 딕과의 결투와 '피쿼드'호의 침몰을 그린 세 부분으로 나누어진다.

5. 호메로스의 오디세이아에 내용에 대한 설명 중 옳지 않은 것은?

① 트로이 전쟁에 참여했던 오디세우스는 바다의 신 포세이돈의 도움으로 지중해를 거쳐 이타케로 돌아온다.

② 오디세우스의 아내 페넬로페에게는 많은 구혼자가 나타나 그녀를 압박한다.

③ 구혼자들은 오디세우스의 성에서 가축을 잡아먹고, 포도주를 마시며 온갖 횡포를 일삼는다.

④ 이타케로 귀환한 오디세우스는 아들과 힘을 합쳐 아내 페넬로페를 차지하려던 구혼자들을 처단하고 아내와 재회한다.

6. 호메로스와 그의 작품 오디세이아의 의의와 특징에 대한 설명 중 옳지 않은 것은?

① 작가인 호메로스(Homeros)는 고대 그리스의 시인. 서양 역사상 최고(最古), 최대의 서사시 "일리아드"와 "오디세이아"의 저자로 추정된다.

② 그에 대해서 알려진 것이 거의 없으며, 호메로스의 조각상 중에 눈을 감은 것이 많아, 눈먼 음유 시인이었을 것으로 추측하는 의견이 있다.

③ 모험의 과정은 인간의 삶에 대한 비유로 보고, 인간의 인생이 어떻게 펼쳐지는가에 관해 이야기하는 작품으로 보기도 한다.

④ 오늘날에는 '나태, 게으름, 유희' 등을 의미하는 보통 명사로 사용된다.

7. 허먼 멜빌의 모비 딕에 내용에 대한 설명으로 옳지 않은 것은?

① 선원들로부터 철저히 고립되어 있는 에이헵과 달리 이스마엘은 향유고래의 기름을 짜면서 동료선원의 손을 기름덩어리와 혼동해 주무르는 장면에서처럼 동료인간과 화합하는 인간적 면모를 보인다.

② 마지막 싸움에서 에이허브 선장은 모비 딕에게 던진 작살의 밧줄이 목에 감기는 바람에 끌려가고, 성난 모비 딕은 피쿼드 호를 들이받아 박살내며, 선장과 에이헵. 주인공 이스마엘을 제외한 전원이 전멸한다.

③ 등장인물로서의 이스마엘이, 모비 딕 추격이라는 목적을 위해 선원들을 이용하는 독단적이고 독재적인 에이헵에 대한 대안으로 제시된다는 것이다.

④ 이스마엘은 에이헵과 달리 자신의 관점을 타자에게 강요하기보다는 퀘퀵(Queequeg) 같은 야만인과 우정을 나누고 그의 미신적 종교행위에 동참할 만큼 타자에 대해 개방적인 태도를 보인다.

8. 김성식의 첫 시집 <청진항>(1977)에 대한 설명 중 옳은 것은?

① 그의 작품은 삶의 무기력을 탈출하려는데 바다를 그 대상으로 잡고 있다.

② 바다를 강인한 투쟁과 경쟁의 공간으로 표상되는 이미지가 있다.

③ 모험의 과정은 통해 바다를 극복하고 정복하려는 시적의미가 보인다.

④ 강렬하게 표출된 미지의 세계에 대한 낭만적 동경 의식이 나타난다.

9. 1820년에 일등항해사 출신의 오웬 체이가 '모비 딕'이란 흉포한 고래가 서경 119도의 적도 바로 남쪽에서 에섹스 호를 침몰시킨 내용을 바탕으로 창작한 소설로 허먼 멜빌은 '애커시넷'호를 타고 고래잡이를 나갈 때 이 책을 읽었고 나중에 모비 딕을 쓰기 전 오웬 체이스의 아들과 만나서 정보를 얻기도 했던 모비 딕의 모티브인 소설의 제목은?

10. 호메로스의 오디세이아의 인문학적, 문학적, 특징과 의의를 간략히 서술하시오.

학년도	학기	고사 분류	학과	학번	이름	평가점수
20	1학기/2학기	제4장/서술형문제(제출용)				

생각해보기

책에 소개된 우리나라 해양문학 작가 외에 다른 작가를 찾아 그의 해양 문학적 업적을 조사하시오.

5장

해양철학

5.1 철학적 바다 담론(해양담론)과 바다 인식

우리가 바다를 볼 때, 그 표면을 눈으로 확인해 볼 수 있다 하더라도 바다의 표면 아래 그 깊이를 우리는 짐작할 수조차도 없다. 바다 속에는 얼마나 많은 어떤 종류의 생물이 살고 있는지, 언제부터 바다가 존재해 왔는지, 또한 바다가 간직하고 있는 인류의 역사는 무엇인지 등 우리는 바다의 대부분을 알지 못한다. 또한 바다는 태양이 떠오르는 곳이며 태양이 지기도 하는 곳이다. 이것을 통해 바다는 신화에서 종종 생명의 탄생과 죽음을 상징하는 이미지로 나타난다. 인간은 그러한 바다를 의지한 채 삶을 꾸려나가고 있다. 따라서 바다는 인간의 삶과 매우 밀접한 관계에 있지만 탄생과 죽음을 관장하는 두려움의 대상이기도 하다. 그러나 철학자들의 눈에는 철학적 사유의 공간으로서 바다인 것이다.

(1) 생명 창조의 원초적 활동으로서의 바다

바다 쪽에서 육지로 바람이 불어오면서 밀물이 들어오고 짙은 회색의 바다가 은빛 물결을 일으키며 밀려오다가 방파제 위로 파도의 흰 포말을 날리는 장면을 연상해보자. 우리는 이러한 바닷가 장면을 바닷가에서 쉽게 관찰할 수 있다. 우리는 그 장면을 일상적이고 평범하게 생각할 수 있지만 그렇지 않다. 일상적이고 평범해 보이는 모습이지만 바람과 밀물은 태초부터 불어 왔고 밀려왔으며 앞으로도 계속 그것은 영원히 반복 될 것이다. 여기서 바람이 일고 밀물과 썰물이 일어나는 광경은 단순해 보이지만 생명창조의 원초적 활동이라는 것이다. 바람은 그리스어로 프노이마 Pneuma이다. 프노이마는 그리스어에서 단지 바람이라는 의미만 가지고 있었지만 기독교의 영향으로 생명을 잉태시키는 영(靈)의 개념도 갖게 되었다. 그래서 분석심리학에서는 바람을 생명 창조의 상징으로 보고 있다. 또한 바다라는 말은 라틴어 'mare'에서 비롯되었다. 발음상 'mar'는 인간이 태어나서 처음 본 세상을 표현한 말이다. 그래서 바다 mare는 온 세상을 상징하기도 한다. 따라서 바람이 불고 밀물과 썰물이 일어나는 현상은 바람에 의해 온 세상에 생명을 잉태시키는 행위, 즉 생명창조의 상징적 행위라고 볼 수 있다. 이러한 바다의 활동은 만물을 탄생시키거나 소멸시키는 위대한 자연 활동의근간이며 이를 통해 바다 전체 뿐 만 아니라 자연의 평형이 유지된다. 그래서 바다는 영원한 생명력을 지닌 존재이기도 하다.

(2) 영원성과 다양함 그리고 비밀스러움의 은유로서의 바다

고대 철학자 엠페도클레스는 세계가 만들어진 이유가 소용돌이 때문이라고 생각했다. 그는 소용돌이 속에서 사랑의 원리를 통해 분리되어 있던 원소들이 결합하여 최초의 천체가 형성되었고, 그 소용돌이가 계속되면서 나중에는 분리가 이루어져 천궁과 공기와 영기 등이 나누어졌다고 믿었다. 이러한 주장은 일상적 관찰에 근거를 두고 있다는 것이다. 마치 종자들을 체로 칠 때 체를 빙빙 돌려서 콩을 각각의 종류대로 분류하는 것이나, 바닷가의 돌들이 파도의 소용돌이 때문에 비슷한 모양의 돌끼리 나누어지는 것을 보고 소용돌이에 대한 믿음에 토대를 둔 우주 형성이론을 떠올렸던 것이다.

바닷가에서 관찰되는 여러 종류의 돌은 인간의 의식을 표현하기 시작한 먼 옛날부터 형태가 극도로 세련된 20세기 미술에 이르기까지 심리적으로 중요한 의미를 지니고 있는 것 중 하나다. 원시시대부터 돌(자연석)을 정신이나 신의 거처로 믿어 왔고, 종교적인 숭배의 대상으로 삼기도 했다. 그래서 오랜 옛날부터 인간은 돌을 인간과 하느님의 중개자로 여긴다든지, 돌의 배열을 통해 고도로 세련된 정신을 표현하고, 어떤 바위를 보고 영혼이나 정신이라고 느끼기도 했다. 돌은 인간의 의식으로는 완전히 이해할 수 없는 영원성, 비밀스러움, 견고함 등을 지닌 상징물이기 때문이다.

이렇게 바다는 태곳적부터 바람과 어우러져 일어나는 밀물과 썰물이라는 활동을 통해 다양한 자신의 모습을 내보이면서 수많은 생명을 탄생시켜 왔고 소멸시키기도 했다. 그래서 바다는 우리가 알 수 없는 수많은 사연을 간직하고 있는 비밀스런 공간이기도 하다.

(3) 생존의 필수조건으로서의 바다

바다는 언제부터 인지는 몰라도 우리 인간에게 충분한 식량과 일자리를 제공해 왔고, 삶을 일구어 나갈 수 있는 힘과 기술을 발전시키는 바탕이 되었다. 그것은 바다가 우리 인간이 문명세계를 이루고 향유할 수 있는 근원이기도 하다는 점을 설명한다. 바다 위에 수많은 배를 띄우고 인간은 삶을 영위하고 문명을 만들어 나가면서 바다를 지배하는 듯하지만, 인간의 문명을 바다 속에 잠재우고 있는 모습을 보여주는 등 오히려 인간을 지배하고 있는 모습이다. 인간의 방자하고 오만함에 대한 경고는 밀물과 썰물 그리고 변화무쌍한 바람 때문에 오히려 바다는 인간의 입장에서 볼 때 부드러우면서 잔인하고, 죽음이고 곧 삶이기도 하다.

인간의 문명은 바다의 식물과 동물들을 폐사시키고 있으며, 그로 인해 해안가는 썩어가고 있다. 하지만 바다는 인간이 만들어 놓은 문명의 잔재들, 즉 방파제(콘크리트 벽)와 화장실, 식당, 건물 등 구조물들을 한 순간에 정리해 버리기도 한다.

바다가 암초에 부딪쳐 하늘로 치솟는 모습은 누구도 제어할 수 없을 만큼 강력하다. 그때 바다에서 일어난 흰 거품들은 낙진처럼 해안가로 바람타고 날아든다. 해안가로 세차게 불어오는 소금기 머금은 바닷바람은 바닷가에 서 있는 사람에게 분노의 메시지와 함께 새로운 생명을 불어 넣어 주려는 모습이다. 마치 바다를 새롭게 인식하여 이 세상의 빛과 소금이 될 새로운 생명을 창조하려는 창조주의 의지를 보는 듯하다. 이렇게 바다는 우리 인간에 의해 황폐화되고 업신여김을 당하더라도 우리 인간에게 결코 굴복하지 않는다. 바다에 대한 인간의 도전이 계속된다 해도 바다는 순식간에 그것을 파괴하고 없애 버릴 수 있다. 바다는 늘 그 모습 그대로 균형을 유지하며 바다 본연을 모습을 지키고 ·있다. 인간은 삶을 유지하기 위해 바다를 필요로 하겠지만 바다는 우리 인간의 도움을 전혀 필요로 하지 않는다고 경고하는 모습이다. 바다는 나름의 자율성을 지니고 있는 독자적인 세계이기 때문이다.

결론적으로 바다는 태곳적부터 밀물과 썰물을 반복하면서 생성과 파괴를 반복해 왔다. 이것을 우리는 영원한 생명창조의 행위로 관찰했다. 인간은 그러한 바다의 내밀한 움직임과 능력을 짐작조차 할 수 없기 때문에 인간에게 바다는 더욱 매혹적 일 수 있다. 이렇게 바다는 인간에게 유혹적일 수 있지만 단 한 번도 인간의 욕망에 의해 지배를 받지 않는 존재라고 표현했듯이 바다는 독립적이고 자율적인 세계를 구축하고 있는 또 다른 세계다.

19세기 독일 철학자 헤겔은 그의 "역사철학 강의"에서 세계사의 지리적 기초를 세 가지 유형으로 구분하여 논의했다. 첫째가 넓은 황무지와 초원으로 이루어진 고원지대며, 두 번째가 하천이 관류하고 관개가 편리한 평야지대며, 세 번째가 해안과 직접적인 관계를 갖는 연안 지대이다. 그의 설명에 따르면 문명의 발전은 고원지대에서 하천지대로, 그리고 다시 연안 지대로 옮겨간다.

고원지대에 사는 유목민들은 좀 더 나은 문명사회를 창조하지 못했다. 왜냐하면 자연 환경이 너무나 열악했기 때문이다.

인류의 4대 문명 발생지는 모두 하천지대이다. 하천이 주는 풍요로움 덕분에 농경생활을 통해 이들 지역에는 정착지인 도시가 만들어지고 좀 더 나은 문명사회가 건설된다. 그렇지만 사람들은 토지에 얽매이고 강력한 주종관계의 정치체제에 구속되어, 문명을 지속적으로 발전 시키지 못했다.

지중해를 중심으로 하는 연안지대에서 세계사적으로 찬란한 문명이 탄생했다는 헤겔의 주장은 기본적으로 서구 중심주의적 사고의 반영이지만, 해양 문명의 특성을 대륙문명과 비교한 부분에서는 수긍이 가는 측면이 있다. 바다는 무한과 무궁의 관념을 불러일으킨다. 동시에 바다는 자유로운 사상과 열린 사고를 가능하게 한다. 바다는 먼 곳을 연결시키므로, 상업과 해운이 발전한다. 이와 함께 바다는 폭풍과 맞서는 용기와 그것을 헤쳐나가는 현실적인 현명함으로 요구한다.

바다는 생명의 공간이며 또한 생명의 탄생과 유지를 가능하게 하는 공간이다. 인류의 출현 이전부터 바다는 생명의 원천이었으며, 이를 통해 삶의 자양분을 획득하였다. 한편 바다는 소통과 교류를 통해 새로운 삶의 방식들이 재창조되는 공간이기도 하다. 바다는 단순히 특정 지역에 거주하는 사람들의 삶을 가능하게 해주는 것뿐만 아니라. 각 지역의 삶의 방식, 곧 문화가 섞이게 함으로써 새로운 문화 창조의 기반을 마련해주기도 한다는 것이다. 앞에서도 언급했듯이 유사 이래 인류의 문화적 소통의 적지 않은 부분이 바닷길을 통해 이루어졌다. 인류는 바다를 통한 만남에서 타자의 문화와 정체성을 확인하고 습득할 수 있었으며, 서로 다른 '시공간과 인간의 삶의 관계'에 대해 성찰할 수 있었고, 이를 문화라는 이름으로 규정할 수 있었다.

해양에 대한 철학적 성찰을 목적으로 하는 '해양철학'의 연구 대상은 '해양을 배경으로 이루어지는 인간의 각종 사유와 활동'이라고 할 수 있다. 그러나 해양과 관련된 연구는 주로 자연과학에서 그 역할을 담당했으며, 그러한 과정 속에서 해양은 자연적 법칙과 질서가 존재하는 공간으로 인식된 측면이 강한 것이다. 그와 반대로 바다를 배경으로 하는 인간의 삶에 주목한 연구에 관심이 늘어나면서 바다에 대한 인식의 지평이 자연과학 안에만 머무는 부분적 확실성뿐만 아니라 전체적 연관성을 중요하게 여기는 철학적 관심도 요청되고 있다. 따라서 철학이라는 학문이 인간의 삶을 총체적으로 인식하려는 학문이라면, 인간의 다양한 삶이 끊이지 않고 존재했던 해양이라는 공간 또한 결코 간과해서는 안 될 중요한 철학적 영역인 것이다.

5.1.1 탈레스가 바라본 바다

탈레스를 비롯한 밀레토스 철학자들의 공통된 관심은 '존재의 궁극적 원리'인 아르케(arche: 근원(根原) 및 시원(始原)을 의미하는 말로, 고대 이오니아(Ionia)의 자연철학자들은 만물의 근원이나 세계의 원질(原質)이라는 의미로 이 말을 사용하였다. 라틴어의 principium에 해당되는 말이다.)이다. 탈레스는 물을, 아낙시만드로스는 무한 정자를, 아낙시메네스는 공기를 각각 그 아르케로 삼고 있다.

<바다의 철학자 탈레스 BC 624 ~ BC 545?>

우리는 이들 철학자들의 주장 속에는 철학적인 세계이해의 모습을 볼 수 없을까? 먼저 최초의 철학자라는 명예를 거머쥔 탈레스의 철학적 사유를 살펴보기로 하자. 우리의 문제와 관련된 그의 주요한 단편은 다음과 같다.

    "… 탈레스는 그런 철학의 창시자로서 [근원을] 물이라고 말하는데 (그 때문에 그는 땅이 물위에 있다는 견해를 내세웠다). 아마도 모든 것의 자양분이 축축하다는 것 과, 열 자체가 물에서 생긴다는 것, 그리고 이것에 의해 [모든 것이] 생존한다는 것(모든 것이 그것에서 생겨나는 바의 그것이 모든 것의 근원이다)을 보고서 이런 생각을 가졌을 것이다. 바로 이런 이유 뿐 아니라, 모든 씨앗은 축축한 본성(physis hygra)을 갖는다는 이유 때문에 그런 생각을 가졌던 것 같다. 물은 축축한 것들에 대해서 그런 본성의 근원이다."(형이상학 Ⅰ. 3. 983b6)

탈레스는 신은 세계(kosmos)의 지성(nous)이며, 우주(to pan)는 살아 있는 동시에 신령 (daimōn)으로 충만한데, 그것을 움직이게 하는 신적인 힘은 원소로서의 습기를 꿰뚫고 나아간다고 말했다.

"어떤 이들은 그것[혼]이 우주 안에 섞여 있다고도 말하는데, 아마도 그 때문에 탈레스 역시 모든 것은 신들로 충만하다고 생각했던 것 같다."(혼에 관하여 I. 5. 411a7)18)

우리는 위의 단편에 나타난 탈레스의 주장을 다음과 같이 요약할 수 있을 것이다. 즉 만물의 아르케는 물이며, 만물은 살아있어서 영혼을 가지고 있으며, 만물은 신들로 가득 차 있다는 것이다. 아리스토텔레스에 따르면 탈레스가 아르케를 물이라고 주장한 까닭은 모든 음식물이 수분을 함유하고 있으며, 열 역시 수분으로부터 나오며, 정자 역시 그 본성상 수분을 포함하고 있어서 생성되는 모든 것이 자신의 존재를 물에 의존하고 있는 것으로 추정되기 때문이라고 한다. 또한 그 때문에 그는 땅이 물위에 있다는 견해를 내세웠다고 한다.

호메로스는 신들의 아버지인 오케아노스(Oceanos)와 신들의 어머니인 테튀스(Tethys)가 대지의 끝에 있다고 말한다. 이것은 오케아노스가 가장 오래된 신이라는 것을 천명하는 것이다. 우리는 이것을 플라톤과 아리스토텔레스를 통하여 다시 한 번 확인 할 수 있다. 플라톤은 한편으로 호메로스를 인용하면서 오케아노스는 신들의 아버지이고 테튀스는 신들의 어머니라고 말하고 있으며, 다른 편으로는 오르페우스를 인용하면서 오케아노스와 테튀스의 부모는 게(Ge)와 우라노스(Ouranos)이며, 그의 자식들은 크로노스(Chronos)와 레아(Rea) 등이라고 전한다. 아리스토텔레스는 최초로 신들에 관하여 대해 말한 초기 학자들은 오케아노스와 테튀스를 생성의 부모라고 불렀다고 하며, 물이 가장 오래된 것으로 가장 존경을 받는 까닭에 신들이 스튁스(Styx)라 불렸던 강에 맹세하였다고 한다. 탈레스가 물을 아르케로 주장하는 데에는 물을 가장 오래된 것으로 보는 이러한 신화적 세계해석이 바탕에 깔려 있다고 우리는 미루어 짐작 할 수 있을 것이다.

만물은 자기 속에 영혼을 가지고 있기 때문에 살아 있으며 생성하고 성장할 수 있다. 영혼은 자율적인 활동의 원리이다. 사물은 살아있는 동시에 신적인 것이다. 그리스 신화 가운데서 사물과 떨어져 사물의 외부에 존재하던 신들은 이제 탈레스에 이르러 사물 속으로 들어오게 된다. 바꾸어 말해서 초월적인 신이 내재적인 신으로 바뀌게 된 것이다. 이렇게 볼 때 '만물은 살아있고 신들로 가득 차 있다'는 탈레스의 명제는 신화와 철학의 연속성을 잘 나타내 보여 주는 것으로 이러한 탈레스의 물활론적 세계관은 자연의 힘들을 곧 신이라고 보는 헤시오도스의 미토스적 사고방식과 무관한 것이라고 말하기 어려울 것이다. 하지만 우리가 탈레스를 철학의 창시자로 보는 것은 자연과 우주에 대한 기존의 미토스적인 설명방식을 단순히 수용하지 않고 원인을 통해 자연과 우주를 설명하려는 합리적 사고방식에 있다. 다시 말해서 탈레스의 철학 체계에서 우리는 원시적인 물활론의 잔재를 볼 수 있지만 신화로부터 과학과 철학에로의 전이를 똑똑히 볼 수 있는 까닭에 우리는 탈레스를 철학의 시조로 인정하는 것이다.

또한 바다에서 항해자는 자신의 길을 만들어가야만 한다. 하나로 이어진 물줄기를 따라 이미 정해져 있는 길을 가면 되는 강과는 달리 바다는 사방으로 트여있는 한 없이 넓은 공간이다. 아무런 구분과 만들어진 형태가 없는 바다는 아무리 잔잔하더라도 무질서와 혼돈으로 가득한 곳이다. 사방을 둘러보아도 정해진 것이 없이 오직 물만이 가득한 바다의 한 가운데서 인간은 두려움을 느끼게 된다. 철학에는 이러한 바다의 환경 속에서 길을 찾는 그리스인들의 모습이 담겨져 있다. 고대 그리스의 철학자 헤라클레이토스가 남긴 말 중에 이와 관련된 명언이 있다.

"지혜는 유일한 것이다. 그것은 바다에서 모든 뱃길의 방향을 가리키는 정신을 의미하는 것이다."

안정된 육지를 떠나 바다로 나아간다는 것은 일종의 '상식을 깨는 행위'라 할 수 있다. 그리스어로 '상식'을 '독사(doxa)'라고 하며 '어기다, 반하다'는 '파라(para)'라고 합니다. 즉 최초의 항해자는 '패러독스', '역설'을 시도한 것이다. 그러나 이 역설은 수단을 가지고 있다. 하늘을 통해 얻은 천문학적 지식을 바탕으로 논리적, 체계적, 단계적으로 그들은 바다를 향해 나아갔던 것이다. 그런데 바다를 항해 할 수 있는 지식을 바다가 아닌 하늘에서 찾았다는 것 역시 하나의 '역설'이라 할 수 있다. 패러독스 역시 철학을 이해하는 데 있어 매우 중요한 개념이다.

이 외에도 바다에서 생활하기 위해서는 바다와 하늘을 함께 보아야 한다. 이러한 환경은 그리스인들에게 이 세상을 전체적으로 바라볼 수 있는 시각이 생겨나게 하였다. 다른 분과학문과는 달리 철학은 종합학문으로서 보편성을 추구한다. 그리하여 그리스 역사의 초기부터 있었던 전체에 대한 지식을 철저하게 탐구하는 자세는 보편성을 추구하는 철학이 나타나게 한 계기로 작용하였다.

철학에 대하여 설명 할 때면 빠지지 않고 등장하는 철학의 '정의(定義)'가 있다. 바로 '지혜에 대한 사랑'이라는 말이다. '철학(Philosophy)'이라는 말은 그리스어로 'Philosophia'(필로소피아)에서 유래하였는데, 이 말의 어원은 사랑을 뜻하는 'Philia(필리아)'와 지혜를 뜻하는 'Sophia(소피아)'가 합쳐진 것이다. 그래서 철학을 다른 말로는 '애지(愛知)'의 학문이라고도 부른다. 즉 '지혜를 사랑하는 학문'이라는 것이다.

고대 그리스 철학의 발생에 있어서 역시 자연환경과 인간 생활 사이의 관계를 이해하는 일은 매우 중요하다. 그리스는 철학이 발생하기에 아주 적합한 자연환경을 가지고 있었다.

철학사를 연구하는 학자들 사이에서는 만약 외계인들이 지구를 바라본다면 그 외계인들이 인류 문명의 역사를 알지 못하였어도 철학이 그리스에서 시작되었을 것으로 추측할 수 있을 것이라는 가설이 있다. 왜냐하면 그리스는 문화가 처음 시작되었던 다른 여러 지역들과는 달리 그곳만의 독특한 자연환경을 가지고 있기 때문이다.

문명이 발달하기 위해서는 큰 강이 필요하였지만, 인간의 정신이 한 발자국 더 나아가기 위해서는 바다가 필요하였다. 바다에서 생활한다는 것은 모험정신과 더불어 항해술을 위한 천문학 지식이 필요하다. 이것은 땅 위의 제한된 지역에서 발달한 다른 문명과는 달리 사고의 전환이 필요한 일이었고 특별한 수단이 요구된다.

항해술은 단계적인 실험의 과정을 통해서 발달되어야 한다. 대양을 항해하는 일에 곧바로 나서는 것은 매우 위험하고 어려운 일이기 때문이다. 그런데 거대한 호수와 같은 지중해는 다른 대양들에 비해 상대적으로 고요한 바다다. 그리스인들은 잔잔한 지중해를 바탕으로 자신들의 항해 기술을 체계적으로 발전시킬 수 있었다. 특히 지중해 중에서도 에게 해는 크고 작은 수많은 섬들과 해협, 만들로 이루어져 있었기 때문에 특히 항해술을 발달하기에 아주 적합한 환경이었다.

바다에 나서면 주위로 펼쳐진 것은 언제나 끝없는 물 밖에 없다. 언제나 아무것도 보이지 않는 이 망망한 바다 한 가운데서 그리스의 항해자들은 항로를 설정하기 위해서 하늘을 관측해야만 하였다. 이 상황을 조금 추상적으로 표현하면, 항해자들은 아무것도 없는 바다의 '비가시적인 상황' 속에서 자신들의 길을 찾기 위하여 별이 빛나는 하늘을 바라보며 '비가시적인 상황이 가시성을 가지도록'하였다고 할 수 있다. 다시 말해 '비가시적인 것'들을 설명하기 위해 '가시적인 것'을 동원한 것이다.

'비가시성'과 '가시성' 사이의 관계를 파악하는 일은 과학과 철학을 이해하는 데 있어 매우 중요하다. 일상생활에서의 비가시적인 것에 대한 관심은 이 두 학문을 발달하게 하였기 때문이다. 그리스 시대 당시의 과학은 이 세계의 원리와 구성 요소들에 대한 철학적 사색이었던 것이다. 바로 바다라는 비가시적 상황 속에서 그것을 가시적인 이론으로 설명하려 하였던 그리스인들의 특징들로부터 철학이 나타나게 된 것이다.

탈레스(BC624- BC546)
그리스 최초 철학자이자 과학자.
"만물은 물이다"고 주장했다.

책 속의 책 – 더 읽어보기

우리가 탈레스를 최초의 철학자로 주목하는 이유?

우리는 앞에서 '철학'으로 번역하는 philosophia의 문자적 의미는 '지혜를 사랑하는 것'이다라고 말했다. 여기서 지혜의 원초적인 의미는 좋은 선택을 할 수 있는 능력이다. 철학 성립 이전의 사람들은 좋은 선택을 하기 위해 신탁을 하곤 했다. 그러나 철학이 성립하면서 사람들은 신을 배제하고 스스로 좋은 선택을 할 수 있는 방안을 모색할 수밖에 없는 상황에 처하게 되었다. 이러한 상황에서 초기의 철학자들은 지식을 얻는 것이 곧 좋은 선택을 할 수 있는 조건이라고 생각했다. 따라서 처음부터 철학은 지식을 얻는 일이라는 의미를 갖게 되었다.

인류의 문화사에서 철학의 시작을 "미토스에서 로고스로!"라는 모토로 표현하는 경우가 많은데, 이 말을 다른 식으로도 해석할 수 있지만 "미토스 식의 말하기 방식에서 로고스 식의 말하기 방식으로!"라는 의미로 해석하는 것도 가능하다. 이는 그리스어 미토스 (mythos)와 로고스(logos)의 원초적인 의미가 '말[하기]'이라는 데서 착안한 것이다.

미토스와 로고스의 원초적인 의미는 모두 '말[하기]'이지만, 그 성격은 확연히 구별된다. 미토스는 '서사에 쓰이는 말'이고, 로고스는 '논증에 쓰이는 말'이다. 여기서 '서사(敍事, narrative)'는 "현실 또는 허구의 사건들이나 상황들을 시간의 경과에 따라 연속해서 표현하는 것"이고, '논증(論證, argument)'은 "하나의 판단이 참이라는 것을 논리적으로 증명하는 것"이다. 예컨대 서사는 "옛날, 호랑이 담배 피우던 시절, 한 마을에 갑돌이와 갑순이가 살았는데, 어느 날 갑순이가 다른 마을의 총각과 결혼하여 시집으로 갔다."와 같이 통상적으로 '이야기'라고 하는 것이다. 반면, 논증은 "나는 언젠가 죽을 것이다. 왜냐하면 나는 사람인데, 사람은 반드시 죽을 수밖에 없는 존재이기 때문이다."와 같이 "나는 언젠가 죽을 것이다."라는 판단이 참이라는 것을 그 논리적으로 증명하는 것이다.

여기에서 나타나듯이 미토스는 그것이 참인지 거짓인지 물을 필요도 없고 정당화할 필요도 없는 말이고, 로고스는 그것이 참임을 정당화할 필요가 있는 말이다. 예컨대 "옛날, 호랑이 담배 피우던 시절 …"이라는 말에 대해 우리는 누구도 그것이 참말인지 거짓말인지를 묻지 않는다. 반면, "나는 언젠가 죽을 것이다.", "나는 사람이다.", "사람은 누구나 죽을 수밖에 없는 존재이다." 등과 같은 말에 대해서는 누구라도 그것이 참인지 거짓인지, 그리고 참이라면 왜 참이고 거짓이라면 왜 거짓인지 질문할 수 있는 것이다.

이 둘 중에서 철학 활동에 적합한 말은 당연히 로고스이다. 이 때문에 유럽에서 형성된 학문 명칭에 로고스가 붙는 경우도 많다. 인간(anthropos)에 대해 논하기(logos)를 뜻하는 anthropology(인류학), 사회(societas)에 대해 논하기를 뜻하는 sociology(사회학), 마음(psychē)에 대해 논하기를 뜻하는 psychology(심리학), 생명(bios)에 대해 논하기를 뜻하는 biology(생물학) 등등 무수하다.

이처럼 미토스는 '서사 용 말'이고 로고스는 '철학 용 말'이지만, 그 의미가 확장되어 어느 순간부터 전자는 '서사'를 뜻하고 후자는 '철학'을 뜻하게 되었다. 다만 고대에는 모든 서사에 신들이 주요 행위자로 등장하기 때문에 우리나라에서는 미토스를 주로 '신화(神話)'로 번역한다. 그러나 미토스는 전설, 민담, 소설, 역사 등 모든 이야기를 통칭하는 용어이다.

기원전 6세기 전후 고대 그리스 문화권의 여러 도시들에는 사람들로부터 '현자(賢者, sophos, wise man)'라고 불리는 7명의 사람들이 있었다. 밀레토스의 탈레스(Thales), 린도스의 클레오불로스(Kleoboulos), 아테네의 솔론(Solon), 스파르타의 킬론(Chilon), 레스보스의 피타코스(Pittakos), 프리에네의 비아스(Bias), 코린트의 페리안드로스(Periandros) 등이 그들이다. 이들이 현자라는 칭호를 받게 된 데에는 다음과 같은 전설이 있다.

"이오니아 지방에 한 청년이 있었는데, 어느 날 이 청년은 어부에게서 그물에 걸린 모든 물고기를 사겠다고 하고 돈을 지불했다. 그런데 그 그물 속에 세 발 달린 황금 솥 (Tripus)이 걸려있었다. 그러자 청년과 어부는 이 황금 솥의 소유권을 다투다가 급기야 델포이의 아폴론 신전에 가서 신탁에 묻기로 했다. 내려진 신탁은 '가장 지혜로운 자에게 주라!'라는 것이었다. 그래서 그들은 이 황금 솥을 당대에 가장 지혜롭다고 칭해지는 탈레스에게로 가져갔다. 그러나 탈레스는 자신보다 더 지혜롭다고 생각되는 다른 사람에게 그것을 주었다. 이 솥을 받는 그 사람은 그것을 또 다른 사람에게 보냈다. 이렇게 황금 솥은 여러 사람들을 돌고 돌아 아테네의 솔론에게 주어졌는데, 솔론은 '가장 지혜로운 자 는 신이다.'라고 말하면서 다시 아폴론 신전으로 보냈다."

이 이야기에서 탈레스부터 솔론까지 황금 솥을 받았던 7명의 사람들을 가리켜 '헬라스 의 7현'이라고 한다. 그 당시 그리스문화권에는 이와 같이 현자로 알려진 사람들이 여럿 있었음에도 불구하고 유독 밀레토스의 탈레스만 학자 또는 철학자(philosophos, philosophist)로 여겨지는데, 그 이유는 무엇일까? 말하자면 똑같이 지혜(sophia)를 추구 하는 사람이라는 뜻을 내포하고 있음에도 불구하고 후세의 사람들이 '현자'라고 부르는 사람과 '학자=철학자'라고 부르는 사람의 차이는 무엇일까?

우선 현자들은 사람들의 일상적인 삶에서 기억하고 되새길만한 말들을 남겼다. 그것들 은 "너무 지나치지 말라."(솔론), "너 자신을 알라."(킬론), "모든 일에 올바른 기준을 가 지는 것이 최상이다."(클레오불로스) 등과 같이 오늘날에도 그 가치를 부정하기 어려운 금언들이다. 말 그대로 시대와 문화를 초월하는 심오한 지혜의 표현들이라고 할 수 있다.

그럼에도 불구하고 탈레스를 제외한 사람들은 왜 학자 또는 철학자가 아닌가? 앞에서 본 몇 가지 예에서 보듯이 현자들이 남긴 말들은 사람들이 살아가면서 실천할 경우 이익 을 얻을 수 있는 행동규범을 담고 있는 명령문들이다. 이러한 표현방식을 통해 현자들은 자신의 말이 진리이므로 그 진위를 따지려 하지 말고 무조건 진리로 믿고 따르라고 '선 포'한다. 이러한 점에서 현자들의 말은 그 진리성을 정당화할 필요가 없는 일종의 미토스 라고 할 수 있다. 이와 같이 현자들은 자신의 말을 학자 또는 철학자와 같이 로고스의 형식으로 표현하는 것이 아니라 미토스의 형식으로 표현하기 때문에 학자 또는 철학자라 고 하기에는 적합하지 않은 것이다.

반면, 탈레스는 로고스의 형식으로 자신의 생각을 펼쳤기 때문에 학자 또는 철학자로 인정받을 수 있었다. 탈레스의 저술들이 소실되어버려 직접 확인할 수는 없지만 그 이후에 활동한 아리스토텔레스가 전하는 바에 따르면, 그는 "만물의 아르케(archē)는 물이다."는 말을 논증했다고 한다. 아리스토텔레스의 『형이상학』 983b에 수록되어 있는 관련 내용을 참조하여 그 논증을 재구성해본다.

물은 만물의 아르케이다. 왜냐하면 땅은 물 위에 떠 있고, 모든 생물은 축축한 양분으로써 생명을 유지하기 때문이다. 만물의 씨앗은 축축한 성질을 갖는데, 물은 모든 축축한 것들의 아르케이다.

만물의 아르케가 물이라는 주장에 대한 텔레스의 논증은 다소 불완전하다. 그리고 무엇보다도 오늘날의 물리화학적 지식에 입각하여 본다면 그 논거들이 거짓이기도 하다. 그럼에도 불구하고 탈레스를 지성사에서 최초의 학자 또는 철학자로 간주하는 것은 그가 다름 아닌 로고스의 형식으로 말했다는 사실 때문이라고 할 수 있다.

5.1.2 니체가 바라본 바다

'모든 사람을 위한, 그러면서도 그 누구를 위한 것도 아닌 책'이라는 부제를 가진 니체의 "차라투스트라는 이렇게 말했다"(1883-1885)는 니체 스스로에게 의미가 있는 책이다. 하지만 사람들은 마치 성경이나 불경을 알고 있듯이 알고는 있어도 섣불리 읽기를 주저하기 십상이다.

이 책은 크게 4부로 나뉘어져 있고 이 각각에 20개 정도의 독립된 스토리가 있고, 앞에 10개 단락으로 된 긴 머리말이 있다. "이제 나는 차라투스트라의 내력을 이야기하겠다. 이 책의 근본 사상인 영원회귀 사유라는 그 도달될 수 있는 긍정 형식은 – 1881년 8월의 것이다 : 그것은 '인간과 시간의 6천 피트 저편'이라고 서명된 채 종이 한 장에 휘갈겨졌다."(이 사람을 보라) 이것은 니체 스스로가 "차라투스트라는 이렇게 말했다"를 저술한 배경을 설명한다. 실제 니체는 스위스의 실바프라나 호수를 산책하고 있었는데, 그 근처에 피라미드 모습으로 우뚝 솟아오른 거대한 바위를 보고, 마치 번개에 맞은 듯이 이 책을 번뜩이는 영감을 받으며 서술하기 시작했다고 말했다.

<니체와 차라투스트라는 이렇게 말했다"초판>

이 책의 등장인물이자 주인공은 물론 단연 차라투스트라이다. 차라투스트라는 조로아스터라는 이름으로도 불리는 고대 중동 지역에서 불을 숭배하던 한 종교의 신을 가리킨다. 니체는 이 신이 스스로 세상에 내려와 예언하고 사람들에게 가르침을 내리는 과정을 통해 자신의 철학 을 이야기하고자 했다.

'신은 죽었다'로 시작되는 차라투스트라의 선언을 통해 권력에의 의지, 초인, 영원회귀 등의 니체 핵심개념 들이 여러 가지 우화와 비유로 드러난다. 그 내용을 간략하게나마 아래에 소개하고자 한다.

첫째, "신은 죽었다"는 무엇을 의미하는가? 이 신은 분명 유럽인들이 믿고 있는 기독교의 신이기도 하고, 형이상학적 진리의 이름을 지닌 표상이기도 하다. 이 신은 이제 니체가 살았던 19세기 말, 서양 문명의 위기에 더 이상 의미의 지표가 되지 못한다. 아니 새로운 가치 창조를 위해서도 니체는 이러한 낡은 가치의 표상의 중심에 있는 신에게 사형 선고를 내린 것이다.

　"신은 올곧은 것 모두를 왜곡하고, 서 있는 것 모두를 비틀거리게 만드는 일종의 이념이다. 무슨 이야기냐고?… 유일자, 완전자, 부동자, 충족자 그리고 불멸자에 대한 이러한 가르침 모두를 나는 악이라고 부르며 인간 적대적이라고 부른다."
([차라투스트라], 행복한 섬에서, 141-142쪽)

둘째, 영원회귀란 무엇을 뜻하는가? 간단히 말하면 삶은 계속 반복해서 살아져야 한다는 뜻이다.

> *"네가 지금 살고 있고, 살아 왔던 이 삶을 너는 다시 한 번 살아야만 하고, 또 무수히 반복해서 살아야만 할 것이다 : 거기에 새로운 것이란 없으며, 모든 고통, 모든 쾌락, 모든 사상과 탄식, 네 삶에서 이루 말할 수 없이 크고 작은 모든 것들이 네가 다시 찾아 올 것이다."(이 사람을 보라)*

현대를 살아가는 우리의 삶은 흔히 다람쥐쳇바퀴 도는 삶이라 비유되고 비록 그날이 그날인 시큰둥한 날들의 연속이라 할지라도 그 삶을 긍정하고 받아들이는 용기와 지혜가 필요하다는 것을 역설한다.

넷째, 위버멘쉬(Übermersch: 초인으로 번역된 독일어를 현재는 음역을 하여 그대로 사용)는 누구인가? 예전에는 초인이라 번역되던 개념이 '인간을 초월한다, 넘어선다.'라는 의미를 갖기 쉬워 오해의 소지가 있어 독일어 위버멘쉬를 소리 나는 그대로 번역하고 있다. "차라투스트는 이렇게 말했다" 제1부에서 '세 변화에 대하여'를 보면 "나 이제 너희에게 정신의 세 변화에 대해 이야기하련다. 정신이 어떻게 낙타가 되고, 낙타가 사자가 되며, 사자가 마침내 어린아이가 되는가를" 보면, 위버멘쉬가 되기 위해 우리는 어린 아이가 될 것을 권고한다. 또한 위버멘쉬는 새로운 가치의 창조자이다. 이는 낡은 형이상학적 가치와 도덕을 과감히 버리고 새로운 가치를 만들어가고자 하는 강한 의지를 가졌기 때문이다.

<위버멘쉬: 바다를 바라보는 초인>

니체는 우리의 창조 의지를 억누르는 신이 일종의 억측임을 강조하고, 신에 앞서 위버멘쉬를 창조해 낼 것을 말한다. 간혹 니체를 망치를 든 철학자로 부르는 경우가 있다. 기존 가치, 우상에 대해 신랄하게 비판하고 이 우상 파괴를 서슴지 않는 사람이 바로 니체이기 때문이다. 마지막으로 위버멘쉬는 삶을 사랑하는 자이다. 니체는 이 책에서 생명과 삶의 소중함을 끊임없이 역설한다. 삶을 사랑한다는 것은 삶을 아름답게 재창조하는 것을 말한다. 니체는 삶에 대한 사랑을 '운명애'(amor fati)라고 불렀다. 운명을 사랑한다는 것은 운명을 아름답게 창조하는 것이다.

그렇다면 위버멘쉬가 되는 것의 의미와 방법은 앞에서도 언급했듯이 어린 아이가 되어야만 된다. 니체에게는 어린 아이의 삶 속에서 새로운 가치의 창조를 보았다. 우리를 속박하는 규범적 삶이 얼마나 무상한가를 안다면, 놀이를 즐길 줄 알고 규범에 목매지 않는 삶은 마치 주사위 놀이를 하는 어린아이를 연상시킨다. 삶에는 어떤 규약과 도덕이 있는 필연성이 없다고 니체는 역설한다. 이제 차라투스트라는 선언한다. "신은 죽었노라"고. 그리고 또 차라투스트라는 군중을 향해 이렇게 말한다. "나 너희에게 위버멘쉬를 가르치노라. 사람은 극복되어야 할 그 무엇이다. 너희는 사람을 극복하기 위해 무엇을 했는가?"(차라투스트라는 이렇게 말했다 인용)

니체의 바다는 최후의 요새 없이 새로운 육지들, 즉 사유영역들을 찾아내고, 탐색하고자 하는 열망적으로 발견하려는 사유운동에 대한 긍정이고, 동시에 이 바다는 사유자체의 토대로서 육지에로 바다의 운동방식의 전파이다.

"실로, 사람은 더러운 강물과 같다. 몸을 더럽히지 않고 더러운 강물을 모두 받아들이려면 사람은 먼저 바다가 되어야 하리라. 보라, 나 너희들에게 위버멘쉬를 가르치노라. 이 위버멘쉬는 바로 너희들의 크나큰 경멸이 그 속에 가라앉아 몰락 할 수 있는 그런 바다다."

"이 높디높은 산들은 어디에서 오는 것일까? 나 일찍이 물어본 바 있다. 그 때 나는 그들이 바다에서 솟아올랐다는 것을 알게 되었다. 그 증거가 산에 있는 돌과 산정의 암벽에 기록되어 있지 않은가. 더없이 깊은 심연으로부터 더없이 높은 것이 그의 높이까지 올라왔음이 틀림없으렷다."

니체는 끊임없이 철학을 바다로 은유하고, 소크라테스 이후 철학자들이 영원한 것만을 추구하여 안주하고 있다고 비판한다. 니체는 멈추어 안주하는 것은 진리가 아니라고 말한다. 그는 바다처럼 무한한 변화만이 있을 뿐이라고 말한다.

"정신의 바다를 항해하는 사상가에게서 난파는 피할 수 없거나, 내재적이다."

"나는 내일 생겨야 할 일을 오늘 알고 있다. 나는 난파했다: 나는 잘 항해했다."

니체에게서 정신의 바다를 잘 항해했다는 징표는 난파당했다는 것이다. 영원성에 머물러 있다는 것은 항해할 바다가 여전히 남아있는데도 불구하고 정신의 바다를 더 이상 항해하지 않았다는 징표이다.

새로운 바다로

저기로 - , 가도 싶다. 나는.

나를 믿고 내가 젓는 노를 믿으며.

가슴을 연 바다는 넓고.

그 푸르름 속으로

내 제노아의 배는 물살을 가른다.

삼라만상은 더더욱 새로운 윤기를 더하고

정오가 우주 공간에, 시간 위에 잠든다.

오직 네 눈동자만이,

두려웁도록 나를 용서하누나,

끝없는 영원이여!

니체는 진리가 없음을 창조의 기회로 긍정한다. 그에게 해석뿐인 이 세계는 주관주의도 객관주의도 아닌 창조로 가득 찬 세계다. 길이 하나 뿐인 것도 길이 없어지는 것도 아니라 천 개의 길이 과잉 상태로 분포되어 있고 니체는 이 과잉을 즐기라고 단언한다. 니체의 철학은 위험하다, 그러나 즐겁다. 중국 전국시대의 시인 굴원(屈原)은 땅 위에 서 있는 것보다 바다 위에 서 있는 것이 더 안전하다고 말했다. 이는 바다 위에 있으면 늘 위험을 의식하기에 조심하게 되는 반면 땅 위에서는 자신이 안전하다고 믿어 위험에 처하기 때문이다. 니체를 읽는 것은 흔들리는 바다 위에 서 있는 것과 같다. 언제 자신의 믿음과 신앙을 깨부수는 그의 비웃음 소리가 닥쳐올지 모르기 때문이다. 그러므로 니체를 읽을 땐 각오를 해야 한다. 그러나 니체의 파도로부터 멀리 떨어져 서양철학의 전통적 기반 위에 안전히 서는 순간, 그 믿음과 신봉으로 마음이 안정될지는 몰라도 이 믿음은 결국 위험을 불러올 것이다. 인류의 재앙들이 왜 탄생했는가! 인간의 오만과 독단, 이성에 대한 신적 신봉! 그리고 스스로의 능력에 대한 자만, 그것이 인류의 재앙을 초래하지 않았는가? 니체의 바다 위에 서서 그의 망치질을 받아라, 그럼으로써 기반이 단단하지 못한 믿음들을 박살내라, 그러면 스스로 단단해질 것이고 스스로 창조할 힘을 갖게 될 것이다. 이 힘에의 의지! 그것이 니체 읽기의 궁극이다.

　니체에게서 자기와의 만남, 즉 자기화의 문제는 또 하나의 비유적인 언어로 설명된다. 노자도 자연의 최고의 지혜를 상징할 때 물, 계곡, 강, 바다 등의 비유를 사용하고 있듯이, 우리는 니체의 저작에서 물, 샘물, 분수, 강, 호수, 바다 등 물과 연관된 풍부한 상징들을 만날 수 있다. 니체가 사용하는 물과 연관된 상징어는 과연 무엇을 의미하는 것일까? 융에 의하면 "물은 가장 잘 알려진 무의식의 상징"이자 "물은 심리학적으로 무의식화된 정신"을 의미한다.(융, 원형과 무의식, 125) 그에 따르면 "물은 지상적인 것, 만질 수 있는 것이며, 충동이 지배하는 육체의 액체, 혈액이자 피비린내 나는 성질, 동물의 냄새이며 열정이 가득 찬 육체성이다."(위의 책, 126) 니체 역시 우리 몸의 4분의 3 정도가 물로 구성되어 있다"(KSA 9, 524)고 말하면서, 우리의 물질적 육체의 주요한 구성 요소인 물을 생명을 나타내는 비유, 그리고 더 나아가 심리적 세계를 대표하는 상징으로 사용한다.

　사실 물을 심리적 내면세계와 연관해 연상적으로 설명하는 것은 플라톤이나 칸트가 하고 있듯이 서양 철학에서 공통적으로 나타난다. 플라톤은 인간의 몸을 "끊임없이 흐르는 밀물과 썰물의 강 흐름"에 비유하며, 이와 연관해 지각의 문제, 사랑의 열정, 두려움이나 분노의 문제 등을 언급했다. 칸트 역시 "情動은 댐을 무너뜨리는 물과 같이 작용한다. 정열은 자신의 하상을 점점 더 깊이 파묻는 강의 흐름처럼 작용한다."라고 말하며, 정동을 이성에 의해 통제해야만 한다고 주장한다. "인간의 정열은 순수 실천이성에는 암과 같이 치명적인 손상을 입히며, 여러 가지 면에서 치유될 수 없다"고 말하는 칸트와 달리, 니체는 그러나 몸과 정동은 흐르는 강물처럼 위험하고 파괴적이 될 수 있을지언정 영혼 안에 생명성이 있어야 한다면 이것들은 보존될 필요가 있는 엄청난 심리적 에너지의 근원이라고 본다. 이러한 의미에서 바다는 니체의 텍스트에서 종종 심리적 생명의 광대함의 이미지로 사용된다. 니체는 인간이, 더러운 강물을 받아들이면서 동시에 스스로 더러움을 정화하여 생명이 살아 움직이는 바다가 되어야 한다고 말한다.

"참으로, 사람은 더러운 강물과 같다. 더럽혀지지 않은 채 더러운 강물을 모두 받아들이려면 인간은 먼저 바다가 되어야 한다.

보라, 나는 너희에게 위버멘쉬를 가르친다. 이 위버멘쉬가 바로 너희의 크나큰 경멸이 가라앉아 몰락할 수 있는 그런 바다다."(KSA 4, 15)

"내 마음속에는 하나의 호수, 조용히 숨어 자족하는 호수가 있다. 이 호수의 물을 내 사랑의 물이 낮은 곳으로, 저 바다로 밀어낸다."(KSA4. 106)

이것은 인간이 인간 사회의 현실성이나 세속성을 받아들이면서 동시에 자기 안에서 이를 승화시키고 이를 통해 다른 인간들을 생명 있게 만드는 사랑의 엄청난 심리적 에너지를 가져야 한다는 것을 의미한다. 이것은 곧 자기 안의 에로스의 자연스러운 흐름 덕분에 분리되고 틀에 갇힌 자아가 전체적인 의식 자각의 지평으로 확장될 수 있다는 것을 말한다. 모든 강물을 받아들이는 바다가 된다는 것이나 호수에서 바다로 흘러간다는 것은 작은 자아의 세계를 떤 인간의 보편적인 삶의 원형이 담겨 있는 집단 무의식의 세계로 진입한다는 것을 의미한다. 이것은 인간의 원형을 자기 안에서 발견하는 자신의 전체 인격의 실현 과정인 것이다. 융에 따르면, 니체의 바다란 전체 인격이 실현되는 개성화의 과정이자 생명의 실현 과정이다. 인간의 보편적인 삶을 체화하고 이를 수용하는 바다 같은 인간의 내면적 에너지는 생명이나 사랑으로 발현된다. 니체가 "생명은 기쁨이 솟아오르는 샘"(KSA 4, 124)이며, "영혼 또한 솟아오르는 샘"(KSA 4, 136)이고, "나의 영혼 역시 사랑하는 자의 노래"(KSA 4, 16, 18 52)와 같다고 말하는 것은 전체 인격을 실현한 자에게는 바다 같은 생명의 에너지와 사랑이 넘쳐흐르기 때문이다.

차라투스트라가 말하는 위버멘쉬는 누구인가? 앞에서 언급한 거처럼 차라투스트라는 초인을 위버멘쉬를 첫째 스스로를 극복해 나가는 존재, 둘째, 대지의 뜻, 셋째 바다와 같은 존재라고 부른다. 그렇다면 바다와 같은 존재라는 것은 무슨 뜻인가?

니체에게 고인 물은 거품이 이는 오염된 물이다. 이와 달리 바다는 끊임없이 움직이고 활동하는 힘이다. 힘을 통해 바다는 오염된 물들을 정화하며 항상 순수한 물로 머문다. 이와 마찬가지로 위버멘쉬는 오염된 인간을 받아들이고 정화할 수 있는 순수한 존재이다. 또한 바다는 모든 강물이 흘러드는 종착지인 동시에 모든 생명체를 잉태한 원천, 근원이기도 하다. 이런 의미에서 니체의 바다는 모든 강물을 받아들이는 모성적 바다이다.

"바다는 모든 인간에게 모성적 상징 가운데 크고 변하지 않는 것의 하나이다."(가스통 바슐라르, 꿈과 물, 이가림 옮김, 문예출판사, 1993, 164쪽 재인용)

이 인용문에 의하면 차라투스트라가 말하는 위버멘쉬안에는 남성적 이미지뿐 아니라 여성적 이미지도 포함되어 있음을 알 수 있다. 초인은 남성성과 여성성을 포함하는 전인적인 이미지인 것이다. 이 점은 '천개나 되는 젖가슴을 갖고 있는 바다의 갈망'(KSA 4, 149, 차라, 206쪽)이라는 표현에서도 확인할 수 있다. 그리고 바다가 갖는 이미지는 넓음과 깊음이다. 바다는 항해자들이 꿈꾸는 먼 나라와 연결된 곳이며 영웅들의 모험이 시도되는 장소이다. 바다는 모험을 강행하는 자들에게만 허락되는 곳이며 아직 알려지지 않은 세계를 품고 있는 존재이다.

이와 같이 차라투스트라의 바다는 위험이 있는 곳이며, 그 위험을 즐기고 극복할 수 있는 사람들을 위한 장소이다. 바다가 위험한 것은 그것이 심연의 깊이를 간직하고 있기 때문이다. 그러나 바다의 깊이는 모험을 즐기는 탐험가들에게는 그들 용기의 높이를 반영한다.

　　"나는 나의 운명을 안다. 그는 이윽고 슬픈 듯이 말했다. 좋다! 나는 이미 각오하고 있다. 방금 나의 마지막 고독이 시작된 것이다. 아, 발아래 펼쳐져 있는 검고 슬픔에 찬 바다여! 아, 무겁고 음울한 짜증스러움이여! 아, 숙명이여 그리고 바다여! 나는 너희에게 내려가야 한다."(KSA 4, 195, 차라, 251쪽)

태양이 새로 오르기 위해 대지 아래로 내려가야 하듯이, 차라투스트라의 바다는 위버멘쉬가 되기 위해 겪어야 할 심연의 바다, 즉 몰락의 바다이기도 하다. 그러나 태양의 뜨고 짐이 하나이듯이, 바다의 깊이는 곧바로 바다의 높이이기도 하다.

　　"이 높디높은 산들은 어디에서 오는 것일까? 나는 일찍이 이렇게 물은 바 있다. 그때 나는 그들이 바다에서 솟아올랐다는 것을 알게 되었다."(KSA 4, 195, 차라, 252쪽)

차라투스트라의 바다는 대지 아래 있는 바다가 아니라 하늘의 바다이며, 태양을 머금은 바다이다. 그 바다는 초인이 배를 타고 항해하게 될 하늘의 바다인 것이다. 이렇게 차라투스트라의 시학은 물에서 대지로, 대지에서 불로, 불에서 공기로 높아지는 수직 지향성의 시학이다.

이렇게 차라투스트라의 바다는 '하늘', '대지'의 은유와 연결된다. 차라투스트라의 바다는 대지로부터 흘러온 강물들이 모이는 곳이고, 태양의 뜨거움으로 가벼워져 하늘을 향하다가 다시 무거워져 대지를 향하는, 거대한 원운동을 하는 곳, 즉 영원히 회귀하는 바다인 것이다.

이 모든 것을 종합하면 차라투스트라가 위버멘쉬를 바다와 같은 존재라고 표현한 것 안에는, 위버멘쉬는 경멸스러움이란 오염을 정화하는 자, 모든 것을 받아들이는 모성적 근원, 자신 안에 심연적 깊이를 지니는 자, 위험성을 무릅쓰고 모험을 강행하는 자, 심연적 깊이를 하늘의 높이로 끌어올리는 자라는 의미가 들어 있는 것이다.

"무덤의 노래"(차라투스트라는 이렇게 말했다 2부)에서 차라투스트라는 자신의 젊은 시절이 묻혀 있는 무덤을 향해 바다를 건넌다. 이때 등장하는 '바다'는 '이름 높은 현자에 대하여'에서 차라투스트라가 헤쳐 나가야 할 도전의 무대라는 의미를 지닌다.

> "너희는 사나운 바람 앞에 움추린, 잔뜩 부풀어 오른 돛을 달고는 떨면서 바다 위를 지나가는 돛배를 본 적이 있는가? 나의 지혜는 그 돛배처럼 정신의 광포함 앞에 떨며 바다를 가르면서 간다. 나의 사나운 지혜는!"(KSA 4. 134-135. 차라, 171쪽)

이 때 바다는 차라투스트라가 극복해야 할 위험한 곳이다. 이 위험한 바다는 마치 오디세우스를 유혹한 세이렌의 노래가 있는 바다와 같다. 세이렌의 바다는 오디세우스가 자신의 고향인 이타가에 도착하기 위해 필히 거쳐야 할 실험 무대이다. 이와 같이 위험한 바다는 모험가와 서로 대립 쌍을 이룬다. 이런 바다의 모습은 '환영과 수수께끼에 대하여'와 '뜻에 거슬리는 행복에 대하여'에서는 다음과 같이 묘사된다.

> "그때까지 나는 미지의 바다 위를 떠돌 것이다. (...) 결전의 시간은 아직 오지 않았다. 아니면 지금 오고 있는 중인가? 참으로 나를 에워싼 바다와 생이 음험한 아름다움을 띠고 나를 바라보고 있구나!"(KSA 4, 206. 차라, 266쪽)

이 바다는 심연과 같이 깊고 어두운 바다이다. 그리고 높은 산정에 이르기 위해 반드시 거쳐야 할 길이기에, 이 깊은 바다는 차라투스트라에게는 피할 수 없는 숙명의 바다이기도 하다. 바다가 자신이 해결해야 할 삶의 수수께끼라면, 차라투스트라는 바다로부터 도망쳐서는 안 된다. 오히려 그는 바다의 심연의 깊이를 산 정상의 높이로 끌어올려야 한다. 바다는 하늘의 청정한 공기로 변한다. 이러한 모습은 "때 묻지 않은 삶에 대하여'에서 다음과 같이 묘사된다.

"바다는 태양의 갈증이 자신에게 입맞춤하고 자신을 마셔 버리기를 소망한다. 그리하여 대기가 되어 높이 오르고 빛이 흐르는 길이 되며 빛 자체가 되기를 소망한다!"(KSA 4, 159. 차라, 206쪽)

그런데 '무덤의 노래'에서 묘사되는 바다는 이러한 바다와는 또 다른 의미를 지닌다. 여기서 바다는 차라투스트라의 젊은 날과 현재를 구분하는 공간을 뜻한다. 바다를 사이에 두고 차라투스트라는 현재로부터 자신의 젊은 시절, 즉 과거로 돌아간다. 이렇게 바다는 두 장소를 구분하는 공간적 의미뿐 아니라 차라투스트라의 과거와 현재 사이를 구분하는 시간적 의미도 지닌다. 이때 과거라는 시간과 무덤이라는 공간이 상응한다. 이와 같이 '무덤의 노래'에서 바다는 삶과 죽음을 가르는 사이-공간, 사이-시간이란 의미를 지닌다. 이 점은 다음의 묘사에서도 확인할 수 있다.

"저기 무덤의 섬이, 적막한 섬이 있다. 저기 내 젊은 시절이 묻혀 있는 무덤들도 있다. 그곳으로 나는 늘 푸른 생명의 화환을 가져가리라. 마음으로 이렇게 다짐하면서 나는 바다를 건너갔다."(KSA 4, 142. 차라, 181쪽)

여기서 바다는 생명과 죽음을 구분한다. 니체가 묘사하는 바다는 바다를 사이에 두고 있는 생명과 죽음의 공간과 과거와 현재의 시간이라는 기존의 형이상학이 주장해 왔던 단절된 두 공간과 두 시간을 뜻하지 않는다. 기존의 형이상학에 의하면 생명과 죽음은 안과 밖이라는 상반된 공간과 시간에 속한다. 이와 달리 '무덤의 노래'에서 차라투스트라는 죽음을 생명 속에서 기억하고 회상하면서, 또 다른 생명의 존재방식으로 전환한다.

"오, 내 젊은 시절의 환상과 환영이여! 오, 사랑스러운 눈길이여, 성스러운 순간들이여! 어찌 너희는 그리고 일찍 죽어 갔는가! 죽어 간 나의 벗을 떠올리듯이 나는 오늘 너희를 떠올린다."(KSA 4, 142. 차라. 181쪽)

그런데 지나간 젊은 시절을 되살리는 것은 쉬운 일이 아니다. 그러나 차라투스트라는 자신의 과거의 존재로부터 단절된 것은 아니다. 오히려 과거와 현재, 그리고 미래는 차라투스트라의 존재 안에서 순환하고, 거대한 원운동을 일으키며, 그의 존재는 끊임없이 회귀하는 나선형 소용돌이 안에 빠져 있다.

이러한 순환을 통해 차라투스트라는 그의 신성한 과거 존재와 다시 만난다. 그의 존재의 안과 밖은 단절되지 않으며, 뫼비우스의 띠처럼 서로 순환한다. 그의 존재의 안과 밖은 서로 내밀하게 연결된 계기들인 것이다.

생명과 무덤의 섬 사이에 놓인 바다는 차라투스트라가 자신의 모든 짐을 던져 버릴 수 있는 장소이다. 이 점을 니체는 다음과 같이 묘사한다.

> "네 가장 무거운 것을 심연에 던지라! (...) 네 가장 무거운 것을 바다에 던져 버리라! 바다가 여기 있다. 너 바다에 뛰어들라!"

이 시에서 니체는 우리의 모든 무게와 모든 회오와 모든 원한을, 과거를 향해 있는 마음 속 모든 것을 던져 버리라고 말한다. 이와 같이 적에 대한 망각을 통해 차라투스트라는 분열된 자신의 존재를 극복하고 '위버멘쉬'에의 길을 향할 수 있는 것이다.

> "너 바다에 뛰어들라고 명령한 것은, 거기 망각 속에서 죽음을 찾기 위해서가 아니라 네 마음 속에 잊지 않고 남아 있는 모든 것을, 이 모든 육신적이며 대지적 존재, 이 모든 인식의 잿더미, 이 모든 결과의 집적, 인간 존재와 다름없는 이 모든 탐욕스런 수확을 죽이기 위해서이다. 바로 그럴 때 너에게 위버멘쉬의 표지를 부여할 결정적 역전이 실현되며, 너는 공기와 같이 자유로운 하늘을 향해 수직적으로 위로 떠오를 것이다."

이러한 시도는 자신의 과거, 현재, 미래 사이의 간격을 극복할 때, 그리고 자신의 적들의 공격으로부터 자유로워졌을 때 비로소 완성될 수 있는 것이다. 이렇게 '사이-존재'(인간)로서 자신의 양극단을 화해시킬 때 비로소 자신을 극복하고 자신만의 고유한 존재로 살아가게 되는 것이다. 차라투스트라가 바다를 건너서 가려고 하는 곳은 그의 젊은 시절의 무덤이 놓여 있는 섬이다.

<위버멘쉬, 그것은 신이 죽은 시대에 인간이 스스로 새로운 창조인 바다를
향해 발을 내딛는 것을 의미한다>

5장 단원평가

학년도	학기	고사 분류	학과	학번	이름	평가점수
20	1학기/2학기	제5장 /익힘문제 (제출용)				

1. 탈레스가 바라본 바다의 관한 설명 중 옳지 않은 것은?

① 탈레스를 비롯한 밀레토스 철학자들의 공통된 관심은 '존재의 궁극적 원리'인 지성 (nous)이였다.

② 탈레스는 그런 철학의 창시자로서 물질의 근원을 물이라고 말했다.

③ 만물은 살아있어서 영혼을 가지고 있으며, 만물은 신들로 가득 차 있다는 것이다.

④ 탈레스는 신은 세계(kosmos)의 지성(nous)이며, 우주(to pan)는 살아 있는 동시에 신령(daimōn)으로 충만한데, 그것을 움직이게 하는 신적인 힘은 원소로서의 습기를 꿰뚫고 나아간다고 말했다

2. 니체가 바라본 바다의 의미에 대한 설명 중 옳지 않은 것은?

① 니체의 바다는 최후의 요새 없이 새로운 육지들, 즉 사유영역들을 찾아내고, 탐색하고자 하는 열망이다.

② 사유운동에 대한 긍정이고, 동시에 바다는 사유자체의 토대로서 육지에로 바다의 운동방식의 전파이다.

③ 정신의 바다를 항해하는 사상가에게서 난파는 피할 수 없거나, 내재적이다.

④ 물은 축축한 것들에 대해서 그런 본성의 근원이다.

3. 니체가 말하는 바다를 바라보는 초인인 "위버멘쉬"에 관한 설명 중 옳지 않은 것은?

① 위버멘쉬는 삶을 사랑하는 자

② 오염된 인간을 받아들이고 정화할 수 있는 순수한 존재

③ 위험성을 생각해 안주하고 머무르는 존재

④ 낡은 형이상학적 가치와 도덕을 과감히 버리고 새로운 가치를 만들어가고자 하는 강한 의지를 가진 자

4. 니체의 "차라투스트라는 이렇게 말했다."에서의 해양적 의미가 아닌 것은?

① 바다는 모든 인간에게 모성적 상징 가운데 크고 변하지 않는 것의 하나이다.

② 차라투스트라의 바다는 편안하고 안전한 곳이며, 그 안전함 안에서 안주하고 쉬는 곳이다

③ 바다가 갖는 이미지는 넓음과 깊음이다. 바다는 항해자들이 꿈꾸는 먼 나라와 연결된 곳이며 영웅들의 모험이 시도되는 장소이다.

④ 거대한 원운동을 하는 곳, 즉 영원히 회귀하는 바다로 설명한다.

5. 철학적 바다 담론(해양담론)과 바다 인식의 대한 설명 중 옳지 않는 것은?

① 바다라는 말은 라틴어 'mare'에서 비롯되었다. 발음상 'mar'는 인간이 태어나서 처음 본 세상을 표현한 말이다.

② 바다는 시공간과 현실에 반영에 있어 한정적이고 제한된 공간이다.

③ 바다는 인간의 삶과 매우 밀접한 관계에 있지만 탄생과 죽음을 관장하는 두려움의 대상이기도 하다.

④ 인간은 삶을 유지하기 위해 바다를 필요로 하겠지만 바다는 우리 인간의 도움을 전혀 필요로 하지 않는다고 경고하는 모습이다.

6. 우리가 탈레스를 최초의 철학자로 주목하는 이유는 무엇인가?

① 로고스의 형식으로 자신의 생각을 펼쳤기 때문에 학자 또는 철학자로 인정받을 수 있었다.

② 삶을 긍정하고 받아들이는 용기와 지혜가 필요하다는 것을 역설하였기 때문이다

③ 기존 가치, 우상에 대해 신랄하게 비판하고 이 우상 파괴를 서슴지 않았기 때문이다.

④ 생명과 삶의 소중함을 끊임없이 역설하기 때문이다.

7. 탈레스가 바다를 보는 관점에 대한 설명 중 옳지 않은 것은?

① 안정된 육지를 떠나 바다로 나아간다는 것은 일종의 '상식을 깨는 행위'라 할 수 있다

② 모든 것의 자양분이 축축하다는 것 과, 열 자체가 물에서 생긴다는 것, 그리고 이것에 의해 모든 것이 생존한다는 것이며 모든 것이 그것에서 생겨나는 바의 그것이 모든 것의 근원이다

③ 아무런 구분과 만들어진 형태가 없는 바다는 아무리 잔잔하더라도 무질서와 혼돈으로 가득한 곳이다.

④ 바다로 나가면 '비가시성'과 '가시성' 의 차이가 전혀 없이 모든 것을 볼 수 있다.

8. 니체가 말하는 바다의 담론에 대한 설명 중 옳지 않은 것은?

① 바다는 대지 아래 있는 바다가 아니라 하늘의 바다이며, 태양을 머금은 바다이다.

② 바다는 초인이 배를 타고 항해하게 될 하늘의 바다인 것이다.

③ 물에서 대지로, 대지에서 불로, 불에서 공기로 높아지는 수직 지향성의 시학이다.

④ 바다는 '하늘', '대지와 구분하여 각자 다른 에너지로 움직인다.

9. 다음 중 밀레토스 철학자들의 아르케(arche)가 잘못 연결된 것은?

① 탈레스 -물

② 아낙시만드로스 - 무한정자(아페이론 Apeiron: 무한자-규정할 수 없는 것)

③ 아낙시메네스 - 공기

④ 아리스토텔레스 - 4원소설

10. 다음 중 호메로스가 말한 신들의 어머니는?

① 오케아노스(Oceanos)

② 테튀스(Tethys)

③ 우라노스(Ouranos)

④ 크로노스(Chronos)

11. 다음 중 니체가 "차라투스트라는 이렇게 말했다"를 저술한 배경을 적은 책은?

① 도덕의 계보

② 이 사람을 보라

③ 힘에의 의지

④ 우상의 황혼

12. 다음 중 니체가 위버멘쉬가 되기 위해 권고하는 대상은 무엇인가?

① 낙타

② 사자

③ 어린 아이

④ 코끼리

13. 탈레스를 비롯한 밀레토스 철학자들의 공통된 관심은 '존재의 궁극적 원리'를 의미하는 말로, 고대 이오니아(Ionia)의 자연철학자들은 만물의 근원이나 세계의 원질(原質)을 이르는 용어는?

14. 니체의 차라투스트라가 바다와 같은 존재라고 표현한 것으로 경멸스러움이란 오염을 정화하는 자, 모든 것을 받아들이는 모성적 근원, 자신 안에 심연적 깊이를 지니는 자, 위험성을 무릅 쓰고 모험을 강행하는 자, 심연적 깊이를 하늘의 높이로 끌어올리는 자 라고 설명하는 존재는 누구인가?

15. '철학(Philosophy)'의 의미를 간단히 서술하시오.

16. 빈 칸에 들어갈 알맞은 단어를 쓰시오.

(   )로 시작되는 차라투스트라의 선언을 통해 권력에의 의지, 초인, 영원회귀 등의 니체 핵심개념 들이 여러 가지 우화와 비유로 드러난다.

학년도	학기	고사 분류	학과	학번	이름	평가점수
20	1학기/2학기	제5장 /서술형문제 (제출용)				

생각해보기

니체의 위버멘쉬와 바다라는 은유가 무엇을 의미하는지 구체적인 예를 들어 설명하시오.

6장

해양과 생물

6.1　바다 생물의 다양성

'바다' 하면 가장 먼저 떠오르는 것은 아마 물고기일 것이다. 바다를 자유롭게 누비는 물고기는 바다에서 호흡하며 나고 자라 한 순간도 바다를 떠나서는 살수 없다. 특히, 삼면이 바다인 우리나라는 다양한 물고기를 물속뿐 아니라 식탁에서도 자주 만난다. 날것으로 회를 떠서 먹기도 하고, 찜과 조림, 구이 등의 재료가 되는 물고기는 우리의 눈과 입을 사로잡으며 삼시세끼를 풍요롭게 해준다.

물고기 또는 어류(魚類)는 척추동물아문에 속하는 동물의 하나이다. 또한 척추동물 중에서 네발동물은 제외된다. 대체적으로 물속에 살며 아가미로 호흡하며 지느러미로 움직이고 몸 표면이 비늘로 덮여 있으며 냉혈동물로 주위 온도에 영향을 받는다.

또한 물고기는 지구상의 여러 수생 환경에서 분포하며, 그 서식지는 열대지방에서 극권, 내륙의 담수 지역에서 해수 지역, 또한 해양의 표층에서 깊은 바다에까지 이르는 등 다양하다. 어류 전체의 종수는 25,000-31,000종정도이며, 이는 척추동물 전체의 과반수에 해당한다. 대한민국에서는 생선이라고 불리기도 하는데 이는 보통 음식으로 분류된 이름이다. 상업적이고 자급자족을 하는 어부들은 생선을 야생에서 직접 잡든지, 아니면 호수나 바다의 우리에서 길러낸다. 오락으로 낚시광들에게 많이 잡히며, 물고기 애호가들은 잡아서 키우기도 한다. 여러 세기에 걸쳐 물고기는 문화적인 역할도 담당해 왔다. 신이나 종교적 기호로서 추앙 받기도 하였고 예술, 책, 영화의 주제로도 쓰였다.

물고기라는 용어는 정확하게 말하면 사지동물이 아니면서 두개골이 있고, 평생에 걸쳐서 아가미가 있고, 만약 다리가 있다면 지느러미의 형상을 하고 있는 모든 생명체들을 호칭한다. 조류나 포유류와는 달리 어류는 단 하나의 분기군으로 이루어지지 않고, 측계통군으로 이루어진 계통군으로 이루어져 있다. 여기에는 먹장어, 칠성장어, 상어 및 가오리, 조기어류, 실러캔스, 폐어가 포함된다.

전형적인 물고기들은 변온 냉혈동물이다. 이들은 빠르게 헤엄쳐 나가기 위한 유선형의 몸체를 지녔으며, 아가미를 통해 물에서 산소를 추출해 내든지, 대기의 산소를 이용하기 위한 부수적인 호흡기관을 사용한다. 또한 이들은 두 쌍의 지느러미를 지니고 있고, 한두 개(드물게는 세 개도 있다)의 등지느러미, 뒷지느러미, 꼬리지느러미가 있으며, 턱이 있고 보통 비늘로 덮인 피부가 있으며 알을 낳는다.

<다양한 바다생물>

물고기는 다양한 크기로 존재한다. 물고기마다 유선형의 정도와 수영능력의 효율은 각기 다른데, 참치, 연어 그리고 전갱이는 자신의 몸길이의 10배에서 20배까지도 초당 수영이 가능한 반면, 뱀장어나 가오리등과 같이 초당 자신의 몸길이의 반 정도도 못가는 종류들도 있다. 수많은 민물고기류는 물에서처럼 다양한 구조들을 이용하여 공기에서부터도 산소를 추출해 내는데, 폐어들은 사지동물들의 그것과 비슷한 한 쌍의 허파를 지니고 있고, 구라미들은 코리도라스등의 메기들에서 많이 보이는, 내장기관이나 장을 이용한 산소 추출 과정과 비슷한 작용을 해 주는 미로기관이라 불리는 구조를 지니고 있다. 몸체의 형태와 그 지느러미들의 배열은 매우 다양한데, 해마, 복어, 아구 또는 심해어인 풍선장어에서 보이는 전혀 물고기 같지 않은 형태들도 포함하고 있다. 이러한 상황과 비슷하게 "피부의 표면"도, 벗겨진 것처럼 보이는 것도 있고, 판금모양으로 분류되는(보통의 상어와 가오리)것들, 코스모이드(cosmoid)로 분류되는 것들(멸종된 폐어와 실러캔스에서 볼 수 있음), 경린어로 분류되는 것들(다양한 멸종어류에서 보이지만 가아와 폴립테루스에서는 아직도 발견된다), 원린어로 분류되는 것들, 즐린류로 분류되는 것들 등의 많은 종류의 다양한 비늘로 덮인 것들이 있다. 육지에서 대부분 살아가는 물고기들도 있다. 말뚝망둥어들은 개펄에서 먹이도 먹고, 다른 망둥어들과 교류를 하다가 동굴에 숨기 위해 물속으로 들어간다. 물고기들의 크기는 16 미터에 육박하는 거대한 고래상어에서부터, 8 밀리미터밖에 안 되는 작은 스타우트 인펀트피쉬에 이르기까지 다양하다. 조개, 오징어, 불가사리, 가재, 해파리와 같이 미국에서 보통 물고기(fish)라 부르는 많은 종류의 수생동물들은 사실 위의 기준으로 분류하면 "물고기"가 아니다. 과거에는 생물학자들조차 제대로 된 구분을 하지 못했었다. 16세기의 자연

역사학자들은 수생 무척추동물들은 물론, 바다표범, 고래, 양서류, 악어, 거기다가 하마까지도 물고기로 분류했었다. 어떤 문헌들에서는 수산양식을 위한 것들에서 더욱 특별하게, 다른 동물들과 구분하기 위해 진정한 물고기들을 "지느러미 물고기(fin fish)"라고 부른다.

모든 물고기는 물속에서 서식한다. 수중에 포함되어 있는 염분의 환경에 따라, 바다 및 염분이 포함된 호수 등에서 생활하는 해수어와 강, 냇가와 습지 등의 민물 지역에서 생활하는 담수어로 편의상 나눈다. 물론 바닷물과 민물이 만나 섞이는 강의 어귀 등의 지역에서 생활하는 물고기나, 바닷물과 민물 어디서든 생활할 수 있는 물고기도 있어, 바닷물에 사는 물고기와 민물에 사는 물고기를 엄밀하게 나누지는 않는다.

그 밖에, 수심 200미터 이하의 심해 지역에서 생식하는 심해어나, 지하수 등지에서 살아가는 물고기도 있다. 한편 물고기는 대부분 아가미로 호흡하지만, 예외적으로 허파, 피부 등으로 호흡하며, 갯벌이나 습지와 같은 지역에서 생활하는 물고기도 있다. (예: 망둥이) 그러나 이러한 물고기도 육지에 있는 시간이 긴 경우에도 피부가 건조해지는 경우 살아가지 못하며, 번식이나 치어 등의 생활환경은 물속인 경우가 대부분이다.

물고기의 지느러미는 다양한 기능을 하는데, 가슴지느러미는 물고기의 좌우 균형을 잡으며, 배지느러미는 알을 옮기는 등의 기능을 한다. 뒷지느러미는 몸의 흔들림을 방지하고 전진운동을 도우며, 꼬리지느러미는 추진력을 낸다. 등지느러미는 몸을 지지하고 전진운동을 도우며, 극조와 연조로 나눌 수 있다. 옆줄(측선)은 물의 온도, 흐름, 수압, 진동을 감지한다.

<바다의 저서생물>

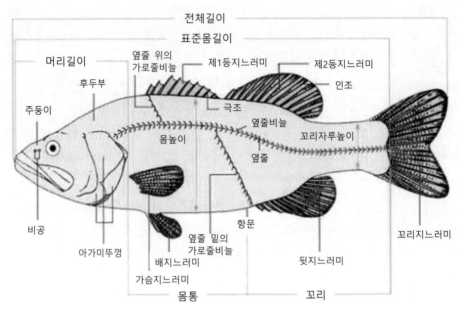

<바닷물고기 기본 구조>

(1) 호흡기관

대부분의 어류는 인두의 양 옆에 달려있는 아가미를 이용해서 기체를 교환한다. 아가미는 필라멘트라 불리는 실 같은 구조를 지닌다. 각각의 필라멘트는 산소와 이산화탄소를 교환하기 위한 넓은 면적을 제공하는 모세혈관의 망상조직을 지니고 있다. 어류는 산소가 풍부한 물을 입을 통해서 빨아들여, 아가미를 통해 내뱉음으로써 기체를 교환한다. 어떤 어류는 물과는 반대 방향으로 모세관을 흐르는 혈액이 역흐름교환을 만들어 내면서 흐른다. 아가미는 인두 양 옆의 열리는 부분을 이용해서 산소가 없어진 물을 뱉어낸다. 상어나 칠성장어류는 여러 개의 아가미 입구를 가진다. 하지만 대부분의 어류는 양옆에 한 쌍의 아가미입구가 있다. 이 입구는 삭개(operculum)로 불리는 단단한 뼈 아래 숨어 있다.

어린 비처허파고기는 아가미가 바깥에 달려 있다. 이는 양서류의 유충에서도 볼 수 있는 매우 원초적인 형태이다. 많은 어류는 다양한 절차를 이용해서 공기를 들이마실 수 있다. 뱀장어과어류는 피부를 통해 산소를 빨아들인다고 알려져 있다. 전기뱀장어의 움푹 파인 볼의 기관은 공기를 흡입하는 기관이라 여겨진다. 로리카리아과, 칼리크티스과, 그리고 스콜로 플레이시드과의 메기들은 소화관을 통해 산소를 빨아들인다. 폐어와 폴립테루스들은 네발동물들과 비슷한 한 쌍의 폐를 갖고 있다. 이들은 신선한 공기를 입으로 들이마시고, 아가미로 뱉어내기 위해 떠올라야만 한다. 가아와 보우핀은 똑같은 작용을 하도록 혈관이 발달된 부레를 갖고 있다. 미꾸라지, 울프피쉬, 그리고 많은 메기들은 공기를 내장에 통과시킴으로써 숨을 쉰다. 망둥어들은 피부로 산소를 빨아들이는데, 이는 개구리와 비슷하다. 꽤 많은 어류가 숨 쉬는 부속기관이라 불리는 기관들을 지니도록 진화했다. 구라미와 베타 같은 물고기들은 아가미 위에 이 기능을 수행하는 하나의 미로기관을 지니고 있다. 다른 몇몇 어류는 미로기관과 형태와 기능에서 비교되는 구조들을 갖는다. 가장 많이 알려진 것은 가물치, 그리고 공기호흡메기과에 속하는 메기들이다.

공기를 호흡하는 것은 원래 계절마다 물의 수위가 달라짐으로써 그 물에 녹아 있는 산소량 또한 계절별로 줄어드는 늪지대에 서식하는 어류들을 위한 적응이다. 진흙보다 약간 더 젖어있다고 여겨질 만한 물에서는, 공기 호흡이 가능한 물고기들은 훨씬 오래 생존하는 반면, 파치나 시클리드와 같은 순전히 용해된 산소에만 의존하는 물고기들은 쉽게 질식사한다. 가장 극한의 상황에서 몇몇 종의 폐어들은 습기가 많은 굴 안에서 다시 물이 돌아올 때까지 여름잠(aestivation)라 불리는 상태에 들어감으로써 몇 주에 걸쳐 물 없이 생존할 수 있다.

어류는 "불가피한 공기 호흡어"와 "임의적인 공기호흡어"로 분류할 수 있다. 아프리카 폐어 같은 불가피한 공기호흡어는 주기적으로 공기를 호흡해야"만"하고 그렇지 못할 경우 질식사한다. 플레코 같은 임의적인 공기 호흡어들은 그들이 원할 때만 호흡하고, 그 밖에는 아가미를 이용해 산소를 호흡한다. 대부분의 공기호흡어들은 지상에서 서는데 사용되는 에너지 비용이나, 지상의 포식동물에게 노출되는데 따른 체력적 비용을 피하는 "임의적인 공기호흡어" 들이다.

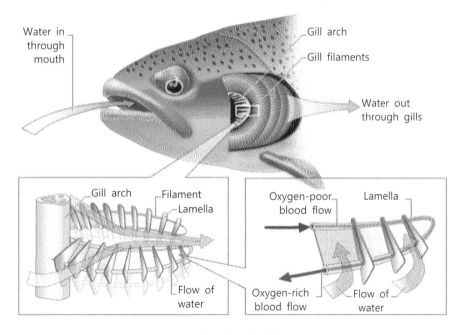

<어류의 호흡기관>

(2) 순환기관

어류는 폐쇄순환회로를 지니고 있다. 심장은 하나의 경로를 통해 신체에 혈액을 공급한다. 대부분의 어류에서 심장은 두 개의 방과 입구, 출구의 4개의 부분으로 이루어져 있다. 첫 번째 부분은 얇은 벽을 지닌 주머니인 정맥동이다. 이것은 어류의 두 번째 부분인, 거대한 근육으로 이루어진 방인 심방으로 들어가기 전에 정맥으로부터 혈액을 모은다. 심방은 결방으로써 혈액을 일방 통행시키는 역할과 세번째 부분인 심실로 보내는 역할을 수행한다. 심실은 또 다른 근육으로 이루어진 방인데, 첫 번째 부분부터 네 번째 부분인 동맥구로 혈액을 뿜어준다. 동맥구는 큰 관인데 이를 통해 심장 바깥으로 나간다. 동맥구는 산소를 얻기 위해 혈액이 아가미로 흐르는 대동맥으로 연결된다.

어류의 순환

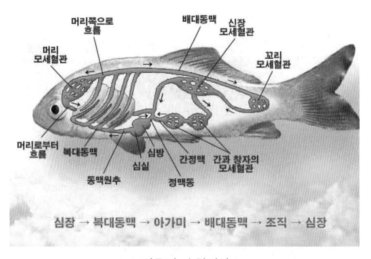

<어류의 순환기관>

(3) 소화기관, 배설기관

어류의 턱뼈는 식물에서부터 다른 기관들까지 다양한 종류의 음식을 섭취할 수 있게 해준다. 어류는 음식을 입으로 섭취하고, 식도로 부셔서 내려 보낸다. 내장에서 음식은 더욱 소화되어 많은 어류에서 손가락 모양의 유문수라 불리는 주머니 안에서 분비되는 소화효소에 의해 영양분으로 흡수된다. 간이나 췌장 같은 기관들은 음식이 소화기관을 따라 이동하는 과정에서 소화효소와 다양한 화학물질들을 더한다. 장에서는 소화의 과정과 영양분의 흡수를 끝낸다.

다른 많은 해양 동물들처럼 대부분의 어류는 질소 폐기물들을 암모니아의 형태로 배출한다. 어떤 폐기물들은 아가미를 통해 확산된다. 혈액의 폐기물들은 신장에서 걸러진다.

해수어들은 삼투(osmosis)로 인해 물을 잃게 되는 경향이 있다. 따라서 이들의 신장은 물을 다시 신체로 되돌려준다. 반대의 작용이 민물고기에서 일어난다. 이들은 삼투압으로 인해 물을 흡수하게 된다. 이들의 신장은 배설을 위해 묽은 소변을 만든다. 어떤 어류는 민물, 즉 담수에서 해수로 이동할 수 있도록 특별히 적응된 신장을 지닌다.

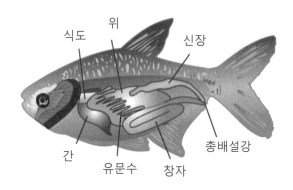

<어류의 소화, 배설기관>

(4) 비늘

어류의 비늘은 피부를 이루는 중배엽(mesoderm)에서 기원한다. 보통 이빨과 비슷한 구조를 지녔다고 본다. 비늘에는 식물의 나이테와 같은 원 모양의 테두리가 있는데, 이 테두리가 곧 나이라는 설이 있다.

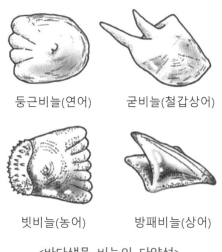

둥근비늘(연어)   굳비늘(철갑상어)

빗비늘(농어)   방패비늘(상어)

<바다생물 비늘의 다양성>

(5) 중앙신경기관

어류는 다른 척추동물과 몸크기와의 상대적 비율로 비교해볼때, 전형적으로 작은 뇌를 지닌다. 이는 다른 비슷한 크기의 조류나 포유류의 뇌의 용적의 1/15정도에 불과하다. 그러나 어떤 어류는 상대적으로 큰 뇌를 지니는데, 엘레펀트 피쉬나 상어들이 그러하다. 이들의 뇌는 거의 조류나 주머니쥐의 몸 크기 당 뇌 용적과 비슷하다.

어류의 뇌는 몇 개의 영역으로 나뉜다. 앞쪽이 한 쌍의 구조를 지니고, 두개의 후신경으로부터 신호를 받고 처리하는, 뇌의 후엽이다. 먹장어, 상어 그리고 메기등의 사냥을 위해 냄새를 주로 사용하는 물고기들에게서 이 후엽은 매우 크다. 이 후엽은 고등 척추동물에서의 대뇌와 같은 구조적 위상을 지닌, 두개의 둥글게 말린 중뇌로 이어진다. 어류에서 종내는 대개 후각에 관계된다. 이 두개의 구조가 "전뇌"를 구성한다.

중뇌는 두개의 시엽을 포함하고 있다. 무지개송어나 시클리드와 같은 시각에 의존하여 사냥하는 종들에서는 이 시엽이 상당히 크다.

후뇌는 특히 수영과 균형에 관여하는 부분이다. 소뇌는 하나의 둥글게 말린 구조체이며 일반적으로 뇌에서 가장 큰 부분이다. 엘레펀트 피시의 소뇌가 거대하고 명백하게 그들의 전기감각에 관여하고 있는 반면, 막장어와 칠성장어는 비교적 작은 소뇌를 가졌다.

뇌간은 뇌의 끝부분이다. 몇몇 근육과 신체기관을 관리하는 것은 물론, 적어도 경골어류에서는 이 뇌간이 호흡과 삼투조절을 관리한다.

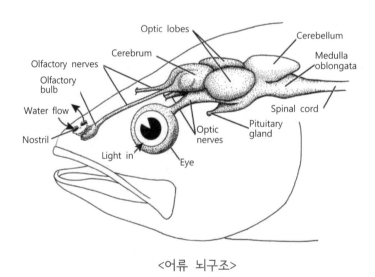

<어류 뇌구조>

(6) 감각 기관

대부분의 어류는 매우 발달된 감각 기관을 지닌다. 거의 모든 낮에 활동하는 물고기들은 인간에 필적하거나 더 좋은 시각을 지닌다. 또한 많은 물고기들은 특기할 만큼 맛과 냄새에 반응하는 화학수용기관을 지닌다. 그러나 귀를 갖고는 있어도, 많은 물고기들은 소리를 잘 듣지는 못한다. 대부분의 물고기들은 미세한 물의 흐름과 진동을 감지하고, 옆의 물고기와 먹이의 움직임을 느끼는 측선기관(lateral line system)을 형성하는 감각 수용기를 지닌다. 메기나 상어와 같은 물고기들은 낮은 수준의 전류를 감지하는 기관을 가진다. 전기뱀장어 같은 다른 어류는 전류 자체를 생산하는 것이 가능하다. 물고기들은 경계표를 이용해 방향을 잡으며, 아마도 여러 개의 경계표나 상징들을 기반으로 한 심리적 지도를 사용하는 것으로 추정된다.

윌리엄 타볼가에 의해 수행된 실험들은 물고기가 고통을 느끼고 공포에 반응한다는 증거를 보여준다. 예를 들면, 타볼가의 실험에서 복어는 전기적으로 충격을 받을 때나, 계속된 실험 후에는 전기봉의 모습을 보기만 해도 꿀꿀거리는 소리를 냈다.

2003년 에든버러 대학의 스코틀랜드의 과학자들과 로즐린 협회는 무지개송어의 탐구 행동들은 종종 다른 동물들 간의 관계에서 생겨나는 고통과 연관된다고 결론 내렸다. 입술 안에 투여된 벌침에 있는 독과아세트산은 물고기로 하여금 몸을 뒤흔들게 하고, 그들의 입술을 수조 벽과 바닥 주변에 문지르게 하는 결과를 낳았다. 뉴런은 인간의 뉴런반응양식과 비슷하게 반응한다.

와이오밍 대학의 제임스 D. 로즈 교수는 위의 실험이 물고기가 "인지적 자각, 특히 우리 인간과 의미가 있을 만큼 비슷하다고 판단할 수 있는 자각"을 갖고 있다는 증거를 제공하지 않았기에 그 연구에 오류가 있다고 주장했다. 로즈교수는 "어류의 뇌는 인간에게 있어서의 "자각"이 없다고 볼만큼 인간의 뇌와는 너무 많이 다르기 때문에, 인간의 그것과 비슷해 보이는 고통에 대한 반응도 사실은 다른 이유를 가졌다"라고 논쟁한다. 그러나 동물학자인 템플 그랜딘은 어류는 "다른 종(영어:species)들은 같은 기능을 수행하기 위해 다른 뇌의 구조와 시스템들을 사용할 수 있기 때문에, 대뇌의 신피질이 없이도 어류는 여전히 자각을 갖는다." 라고 논쟁한다.

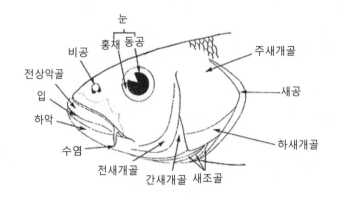

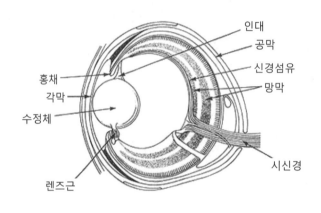

<어류 감각기관>

(7) 근육기관

대부분의 어류는 대안적 방법인 등뼈 양옆에 위치하는 쌍으로 존재하는 근육들을 수축함으로써 움직인다. 이러한 근육의 수축은 몸을 따라 내려가는 S자 모양의 곡선들을 형성한다. 각각의 곡선이 꼬리지느러미에 닿으면서, 뒤로 향하는 힘이 물에 작용한다. 그리고 꼬리지느러미와 함께 물고기는 앞으로 나아간다. 어류의 지느러미들은 비행기의 보조익처럼 작용한다. 또한 이들은 꼬리의 표면적을 넓힘으로써 속도를 증가시켜준다. 유선형의 몸체는 물에서부터 오는 마찰의 양을 줄여준다. 몸체를 구성하는 조직들이 물보다 밀도가 높기에 어류들은 그 차이를 보상해내지 못하는 한 가라앉을 수밖에 없다. 많은 경골어류들은 기체의 조절을 통해 그들의 부력을 조절해주는 부레라는 내부기관을 지닌다.

부레의 모양

수평일 때

뜰 때

가라앉을 때

부레를 크게
부풀리면 물에 뜨고,
작게 하면 가라앉는다.

<어류의 부레>

(8) 항온성

대부분의 어류가 거의 수생, 변온동물임에도 불구하고, 두 가지 상황 모두에 예외가 존재한다.

몇몇 분류군에 속하는 어류들은 장기간에 걸친 기간 동안 물 바깥에서도 살 수 있다. 망둥어 같은 수륙양용물고기(Amphibious fish)들은 며칠간 육지에서 살면서 이동도 할 수 있다.

또한 특정한 종의 어류는 높은 체온을 유지한다. 온혈 경골어류(영어:teleost, bony fish 라고도 불림)들은 모두 고등어아목에 속하고, 새치들과 참치들, 한 종류의 원시적인 고등어를 포함한다. 짧은 지느러미 청상아리, 긴 지느러미 청상아리, 백상아리, 악상어, 연어상어등의 악상어과의 모든 상어들도 온혈이다. 또한 환도상어과(Alopiidae)의 종들도 온혈임을 나타내는 증거가 발견된다. 내부열(endothermy)의 온도는 눈과 뇌만을 따뜻하게 만드는 새치들로부터 체온을 주변의 수온보다 20도 정도 높게 유지하는 참치(참다랑어)와 악상어까지 각기 다르다. "거대온혈항목을 참조하라." 온혈은 대사적으로는 높은 비용이 들어감에도, 향상된 근육의 힘, 중앙신경계의 빠른 속도, 그리고 고효율의 소화 등의 이점을 제공한다고 여겨진다.

(9) 생식기관

어류의 생식기관에는 정소와 난소가 있다. 대부분의 종에서 이와 같은 생식소들은 부분적으로나 완전하게 융합될 수 있는 비슷한 크기의 대응되는 한 쌍으로 되어있다. 생식의 성공률을 높이기 위한 이차기관들이 있는 종도 있다.

정원세포(spermatogonia)의 분배라는 관점에서 보면, 경골어류의 정소는 두 가지 종류로 나뉜다. 첫 번째는 정세관 seminiferous tubule)의 모든 부분에서 정원세포가 발생하는 가장 흔한 케이스이고, 두 번째는 아테리노몰프 물고기에 보이는 이러한 구조들의 말단에서만 국한되어 정소가 발생하는 케이스이다. 물고기들은 포낭안에서 정세관의 안쪽면을 향해 생식세포를 놓아주는 상태에 따라 포낭형 혹은 반 포낭형의 정자발생(spermatogenesis)을 나타낼 수 있다.

물고기의 난소(ovary)는 세 가지의 종류로 나눌 수 있다. 이들은 짐오베리안, 이차짐오베리안 혹은 시스트오베리안이 그것들이다. 첫 번째 분류에서는 난모세포(oocyte)들은 체강(coelom)의 공동으로 직접적으로 방출된 후, 구멍으로 들어가 수란관(oviduct)을 지난 후 제거된다. 이차 짐오베리안 형태의 난소는 난자(ova)를, 그것들이 직접적으로 수란관(oviduct)으로 가는 체강 (:coelom)안에 흘린다. 세번째 부류에서는 난모세포(영어:oocyte)들은 수란관(oviduct)을 통해 외부로 이동된다. 짐오베리는 폐어, 철갑상어, 그리고 보우핀등에서 발견되는 원시적 형태이다. 시스트오베리는 난소 안쪽 벽이 수란관과 연결된 경골어류의 특징 중의 하나이다. 이차 짐오베리는 연어과와 약간의 다른 경골어류에서 발견된다.

경골어류에서의 난조세포(Oogonia)의 발전은 군에 따라 다르다. 또한 난자발생의 역학을 결정하는 것은 성숙분열(maturation)과 수태(fertilization)의 과정의 이해를 가능케 한다. 핵, 난형질 (ooplasm), 그리고 감싸는 층들의 변화는 난모세포(oocyte)의 성숙분열(maturation) 과정을 특징 짓는다.

배란후의 여포들은 난모세포의 방출에 뒤이어 형성된 구조이다. 이들은 내분비기능이 없고, 넓고 불규칙한 내부공간을 가지며, 여포세포들의 세포사멸을 포함하는 과정에서 빠르게 재 흡수된다. 여포의 폐쇄과정(follicular atresia)이라고 불리는 퇴화 과정은 낳지 않은 난황형성 난모세포를 재 흡수한다. 이 과정은 또한 빈번하지는 않지만 다른 발전단계의 난모세포 안에서 발생할 수도 있다.

어떤 물고기들은 정소와 난소를 모두 가진 자웅동체이다. 이는 크게 그들의 생활환상에서 다른 상태에서만 발생하거나, 동시에 정소와 난소 두 가지 모두 갖고 있는 종류로 나뉜다.

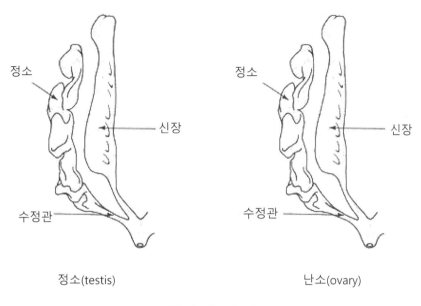

정소(testis)   난소(ovary)

<어류의 정소와 난소>

(10) 번식방법

　모든 알려진 어류의 97% 이상은 난생이다. 즉, 난자가 모체의 바깥에서 생성된다. 난생의 어류의 예에는 연어, 금붕어, 시클리드, 참치 그리고 뱀장어 등이 포함된다. 이러한 종들의 대부분에서 암컷과 수컷은 그들의 생식세포들을 주변의 물에 흩뿌리면서, 모체의 바깥에서 수정을 한다. 그러나 몇몇 난생 어류는, 수컷이 정자를 암컷의 성기의 입구에 전달하기 위해 특정한 삽입기관을 이용하여 내부 수정의 형태를 나타내기도 한다. 이와 같은 수정을 하는 종으로는 뿔상어와 같은 난생 상어들과, 홍어와 같은 난생 가오리가 유명하다. 이러한 예들에서 수컷들은 클레스퍼라고 알려져 있는 변형된 한 쌍의 배지느러미를 갖고 있다.

　해양 어류들은 종종 트인 물의 기둥(water column)속으로 방출되는 많은 수의 난자들을 생산할 수 있다. 난자들은 평균 1mm의 직경을 지닌다.

　새롭게 부화한 어린 난생 어류는 유생(larva)이라고 불린다. 이 유생들은 보통 불완전한 형태이며, 영양공급을 위해 큰 난황난(yolk sac)을 지니고 초생(juvenile)이나 성체 표본들과는 매우 다른 외양을 지닌다. 난생 어류의 유생의 시기는 몇 주 정도로 상대적으로 짧고, 유생은 빨리 자라나 초생이 되기 위해 외양과 구조를 바꾼다(이 과정을 변태(metamorphosis)라고 한다.) 이 변화의 기간 동안 유생들은 그들의 영양 공급원을 얻는 과정을 난황난에서 동물성플랑크톤의 사냥으로 바꾸어야만 한다. 이러한 과정은 전형적으로 동물성 플랑크톤의 밀도나 유생들의 배고픔 등에 따라 달라진다.

난 태생 어류에게서 난자는 내부의 수정 후에 모체 안에서 개발된다. 그러나 모체로부터 영양은 난황의 크기에 따라 조금만 받거나 아예 못 받는다. 각각의 태아는 그들만의 난자 안에서 자라난다. 난 태생에 속하는 과(family)에 해당하는 예로는 구피, 전자리상어 그리고 실러캔스 등이 있다.

어떤 어류 종들은 태생(viviparous)이다. 이러한 종들에서는 모체가 난황과 태아로의 영양공급을 유지한다. 전형적으로 태생어류들은 포유류에게서 보이는, 모체의 혈액을 배아의 혈액과 연결해주는, 태반(placenta)과 비슷한 구조를 갖는 기관을 갖고 있다. 태생어류의 예로는 망성어(surf-perches), 구데아과, 그리고 레몬상어가 있다. 어떤 태생 어류들은 난식(oophagy)이라는 행태를 보이는데, 이는 자라나는 배아가 모체가 생산한 다른 난자들을 먹는 것을 뜻한다. 이러한 사실은 청상아리와 악상어와 같은 상어들 중에서 처음으로 관찰되었지만, 학공치 중의 하나인 노멀햄푸스 에브라드티와 같은 몇몇 경골어류에서 역시 알려져 있다. 가장 큰 태아가 약하거나 작은 형제, 자매들을 먹어버리는 카니발리즘은 태생의 더욱 희한한 상태이다. 이러한 행동 또한 보통 그레이 너스 샤크와 같은 상어 중에서 대부분 발견되는데, 노멀햄푸스 에브라드티에서도 발견된 바 있다. 사육가들은 난 태생과 태생 어류를 보통 태생어(livebearer)라고 언급한다.

6.2 바다생물백과 사전 자산어보

자산어보(玆山魚譜)는 조선시대 영조-순조 당시 학자인 정약전이 1801년(순조 원년) 천주교 박해사건인 신유박해 때 전라도 흑산도에 유배되어 1814년(순조 14년)까지 생활하면서 이 지역의 해상 생물에 대해서 분석하여 편찬한 해양생물학 서적이다.

<흑산도 정약전 유배지>

<국립해양박물관의 소장된 자산어보>

<자산어보와 정약전>

　총 3권으로 이뤄져 있으며 원본은 없고 필사본만 남아있다. 정약전이 직접 집필한 원본은 행방이 묘연하다. 그래서 자산어보가 완전히 실전되었다고 여기는 사람도 있다.

　그는 흑산도 근해의 각종 어류와 수중 식물을 인류(鱗類 : 비늘이 있음)와 무린류(無鱗類 : 비늘이 없음), 개류(介類 : 딱딱한 껍질을 가짐), 잡류(雜類 : 물고기가 아니지만, 물에 사는 생물)로 분류하여 총 155종의 생물을 설명했다. 그중 잡류는 해충(海蟲 : 바다 벌레), 해금(海禽 : 바닷새), 해수(海獸 : 바다짐승), 해초(海草 : 바다풀)로 다시 나뉜다. 이러한 분류 방식은 당시까지 동양 최고의 박물지인 이시진의 《본초강목》과 비교했을 때, 새로운 생물군을 찾아내고 좀 더 구체적으로 나누었다는 점에서 우수했다.

　자산어보에는 여러 해양 동식물들의 이름, 모양, 크기, 습성, 맛, 쓰임새, 분포 등을 자세히 기록했다. 수록된 생물 가운데는 무엇을 말하는 것인지 확실치 않은 것도 있으며 무린류 가운데에는 인어(人魚)가 나오기도 한다.

　자산어보에는 '청안'(晴案) 이라는 말이 자주 나오는데, 이는 '청안이란 단어의 뒷부분에 나오는 내용은 정약용의 제자인 이청이 내용을 보충하였다'라는 의미이다. 그런데 이것이 이청이 스스로 후대에 보충하여 쓴 것인지 아니면 정약전이 정약용의 제자인 이청으로부터 내용을 전해 받은 다음 쓴 것인지는 확실하지 않다.

일부에서는 '자산어보'가 아니라 '현산어보'로 불려야 한다는 주장이 있으나 하지만 이에 대한 반박도 있다.

과학사학자 신동원은 조선 후기의 대표적으로 쓰인 옥편들인 《강희자전》과 《규장전운》에서는 자(玆)가 '현'으로 읽히는 용례가 없으며, '현산어보'라는 주장의 주된 근거가 되는 동생 정약용의 자산에 대한 언급은 단지 자(玆)가 검다(黑)는 의미를 보여주기 위함이라고 설명한다. 만약 본래 음과 다른 음으로 쓰였다면 별도의 뜻풀이를 해야 했지만, 정약용과 정약전의 글에서는 그런 언급이 전혀 나타나지 않고 있다.

또한, 자산어보의 '자산(玆山)'이 흑산도라는 주장에 대해서, 흑산도의 의미도 갖지만 실은 정약전의 호인 자산에서 딴 것이라고 주장한다. 만약 흑산도만을 뜻했다면, 그의 또 다른 저서인 《자산역간(玆山易諫)》은 '흑산도의 역간'이라는 뜻이 되므로 맞지 않다는 것이다.

책명을 '자산어보'라고 명명한 데 대하여 정약전은 자서의 서두에서 말하기를, '자(玆)'는 흑이라는 뜻도 지니고 있으므로 자산은 곧 흑산과 같은 말이나, 흑산이라는 이름은 음침하고 어두워 두려운 데다가 가족에게 편지를 보낼 때마다 흑산 대신에 자산이라고 일컬었기 때문에 자산이라는 말을 제명에 사용하게 되었다고 해명하고 있다. 이어서 그는 이 책을 쓰게 된 경위를 대략 다음과 같이 말하고 있다.

"흑산도 해중에는 어족이 극히 많으나 이름이 알려진 것은 적어 박물자(博物者)가 마땅히 살펴야 할 바이다. 내가 섬사람들을 널리 심방하였다. 어보를 만들기 위해서였다. 그러나 사람들이 제각기 다른 말을 하기 때문에 이를 좇을 수가 없었다. 섬 안에 장덕순(張德順, 일명 창대)이라는 사람이 있는데, 두문사객(杜門謝客)하고 고서를 탐독하나 집안이 가난하여 서적이 많지 않은 탓으로 식견이 넓지 못하였다. 그러나 성품이 차분하고 정밀하여 초목과 조어(鳥魚)를 이목에 접하는 대로 모두 세찰(細察)하고 침사(沈思)하여 그 성리(性理)를 터득하고 있었으므로 그의 말은 믿을 만하였다. 그리하여 나는 드디어 그를 맞아들여 연구하고 서차(序次)를 강구하여 책을 완성하였는데, 이름 지어 『자산어보』라고 하였다. 곁들여 해금(海禽)과 해채(海菜)도 다루어 후인의 고험(考驗)에 도움이 되게 하였다."

『자산어보』는 제1권 인류(鱗類), 제2권 무인류(無鱗類) 및 개류(介類), 제3권 잡류(雜類)로 되어있다. 각 항목의 명칭만 소개하면 다음과 같다.

① 인류: 석수어(石首魚)·치어(鯔魚)·노어(鱸魚)·강항어(强項魚)·시어(鰣魚)·벽문어(碧紋魚)·청어(靑魚)·사어(鯊魚)·검어(黔魚)·접어(鰈魚)·소구어(小口魚)·도어(魛魚)·망어·청익어(靑翼魚)·비어(飛魚)·이어(耳魚)·전어(箭魚)·편어(扁魚)·추어(錘魚)·대두어(大頭魚).

② 무인류: 분어(鱝魚)·해만려(海鰻鱺)·해점어(海鮎魚)·돈어(魨魚)·오적어(烏賊魚)·장어(章魚)·해돈어(海豚魚)·인어(人魚)·사방어(四方魚)·우어(牛魚)·회잔어(鱠殘魚)·침어(鱵魚)·천족섬(千足蟾)·해타(海鮀)·경어(鯨魚)·해하(海蝦)·해삼(海參)·굴명충(屈明蟲)·음충(淫蟲).

③ 개류: 해구(海龜)·해(蟹)·복(鰒)·합(蛤)·감(蚶)·정(蟶)·담채(淡菜)·호(蠔)·나(螺)·율구합(栗毬蛤)·구배충(龜背蟲)·풍엽어(楓葉魚).

④ 잡류: 해충(海蟲)·해금(海禽)·해수(海獸)·해초(海草).

이상과 같이, 인류 20항목, 무인류 19항목, 개류 12항목, 잡류 4항목, 도합 55항목으로 분류하여 취급하고 있다. 근연종을 합치면 그 수는 훨씬 많아진다. (鯊魚)라는 항목에서 근 20종을 다루고 있다.

그의 분류법은 오늘날의 과학적 분류법의 관점에서 본다면 유치하고 비과학적이기는 하나, 당시는 구미 선진국에 있어서도 근대 과학적 동식물분류법이 확립되어 있지 않았음을 잊어서는 안 된다.

원래 생물학자가 아니었던 정약전이 근연종을 한 항목으로 묶어 설명을 시도하였던 것을 볼 때 그의 학문적 태도는 높이 평가되어야 할 것으로 생각된다.

항목별 설명내용은 『우해이어보(牛海異魚譜)』에서와 같이 각종 이명(里名)·형태·습성·맛·이용법·어구·어법 등이 다루어져 있다. 그리고 『우해이어보』와는 달리 우리나라와 중국의 문헌을 많이 참고하고 이를 인용하고 있다.

그러나 결코 문헌에만 의존한 것은 아니고, 실제로 견문한 것을 토대로 하여 내용의 충실을 기하려고 노력한 흔적이 역력히 드러나 있다.

기존 문헌을 많이 참고하고 인용했다고는 하나 결코 문헌에만 의존한 것은 아니고, 실제로 유배지의 바닷가에 살면서 물고기를 해부하거나 현지인들의 증언, 직접 관찰과 견문한 것을 토대로 하여 내용의 충실을 기하려고 노력한 흔적이 역력히 드러난다. 아귀가 물속에서 낚싯대 모양의 촉수를 사용하여 먹이를 유인하는 것이나, 어류의 아가미 호흡과 아가미의 구조 등에 대해서도 연구하고 있다. 어류의 상세한 산란과정이나 일부 상어류의 태생(胎生)습성, 서식지에 따라 조금씩 다른 어류의 형태적 기술(가령 영남산 청어는 척추골 수가 74마디이고 호남산 청어는 척추골 수가 53마디라는 것) 등 해부를 해야 알 수 있는 내부적 특징도 기술하고 있으며 먹이 포획, 계절별 생물 분포와 같은 다양한 생태학적 특징이 기술되었다.

수족들의 특징 중에는 맛을 기록한 부분에는 생선은 맛이 달고 기름지다, 이 조개는 향이 좋지만 쓴맛이 난다는 식으로 서술하고 있으며 수족들을 어떻게 요리하는 것이 좋은지에 대해서도 서술하고 있다. 수족들의 실용적인 쓰임새 또한 찾으려 한 노력을 엿볼 수 있다.

어류 백과로서의 걸출함에 아쉽게도, 도록(圖錄)이 없는 이유는 정약전이 동생 정약용과 의논하다 "그림은 믿을 게 못되니 오히려 글로 자세히 서술하는 게 더 나을 듯"이라는 충고를 따랐기 때문. 도록까지 있었으면 세계 생물학사에 남을 저서가 될 수 있었을지도 모르나, 유배되어 형을 살고 있는 현실적 어려움이나 당시 기술의 한계 등을 고려해야 한다. 실제로 원본이 전해지지 않고 필사본만 남은 것을 볼 때, 설명의 일부를 도록으로 대체했더라면 오히려 필사의 어려움 때문에 복제가 더 적게 이루어졌거나 혹은 필사본마다 다른 그림을 전해 실용성이 크게 떨어질 수 있었다.

이를 다룬 소설 목민심서에서는 양식이 없는 산지기(가문의 산을 책임지는 사람이었다)의 손자가 정약전 사후 그림과 알 수 없는 문자가 그려진 자산어보를 예쁘다고 벽지로 써버리는 만행을 저질렀다가 정약용이 경악하는 내용이 있다. 결국 정약용과 조카들이 글씨들을 필사해서 자산어보를 보존하는 것으로 묘사한다.

어족들의 명칭을 한문으로만 표기했다는 한계도 있다. 당시의 한문으로 된 정식 명칭은 어쩔 수 없다고 해도, 현지 주민들이 직접 사용하는 이름도 한문으로만 표기하고 순우리말도 한문으로 음차해서 표기하였다. 이상한 건, 정약전이 평소 글을 쓰면서 한글을 완전히 무시한 사람도 아니라는 것. 정약전은 문순득의 표해록인 표해시말을 대필하면서 여송(필리핀), 유구(류큐)의 언어들의 발음을 한글로 직접 표기한 적이 있다. 한글 표기를 하지 않은 특별한 이유가 있는지는 불분명하나, 어보의 독자층을 문맹률이 높은 어부나 현지 주민 등으로 특정하지 않았음은 추정할 수 있다.

국립중앙도서관과 서울대학교·고려대학교·영남대학교 도서관, 서울대학교 상백문고(相佰文庫) 등에 소장되어 있다. 2012년 개봉한 영화 "자산어보"는 정약전과 자산어보에 대해 다시 한번 생각해보는 계기가 되었다.

<영화 "자산어보">

책 속 의 책 - 더 읽어보기

김려의 "우해이어보"를 아시나요?

《우해이어보》(牛海異魚譜)는 조선 후기 김려(金鑢)가 진해(鎭海) 앞바다의 해상 생물을 연구해 펴낸 책이다. 김려가 1801년부터 1803년까지 진해(김려 당시 이름이 '우해')에서 유배 생활을 하면서 연구하고 집필한 내용을 1803년에 탈고한 책이다. 정약전의 <자산어보>보다 약 13년(11년이라고 보기도 한다) 일찍 출간된 셈이다. 1권 1책이며, 필사본으로 한국 최초의 어보(魚譜)이며, 정약전(丁若銓)의 《자산어보》(玆山魚譜)와 더불어 한국 어류 연구서의 쌍벽(雙壁)을 이루고 있다.

<김려의 "우해이어보">

우해'(牛海)는 지금의 진해(鎭海)앞바다(현 창원시 진동면)의 별명으로, 진해를 우산(牛山)이라고도 하였다. 김려가 책 제목을 '이어보'(異魚譜)라고 한 것은 잉어 등과 같이 사람들이 알고 있는 것과 해마(海馬) 등과 같이 어족과 관계가 없는 것을 비롯하여, 하찮은 것이나 의의를 풀이하기 어려운 것을 제외하였기 때문이다. '이어'(異魚)는 기이한 수생생물이라는 뜻으로, 《산해경》에 다른 동물의 편명인 이수(異獸), 이조(異鳥), 이충(異蟲)과 함께 실려 있다. 이는 이국적이고 기이한 것에 대한 매료로 박물지의 중요한 특징이다. '이어'는 동양 3국의 어보에서도 확인할 수 있는데, 중국 명나라 양신(楊愼)의 《이어도찬》(異魚圖贊), 호세안(胡世安)의 《이어도찬보》(異魚圖贊補), 일본 에도 시대 구리모토 탄슈(栗本丹洲)의 《이어도찬》(異魚圖贊) 등의 책 제목에 나온다. 김려의 어보 저술 동기가 기이한 것에 대한 호기심이었음을 알 수 있다. 《담정유고》(薄庭遺藁)의 제8권에도 수록되어 있어 《담정집외서》(薄庭集外書)라고도 부른다.

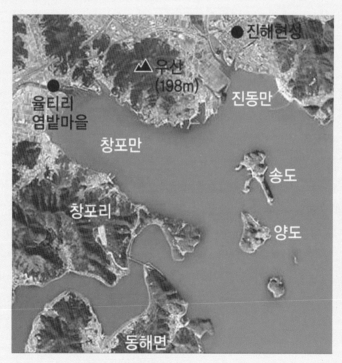

<김려가 유배생활을 한 진해만 일대>

김려가 1801년(순조 1)에 가톨릭교 신봉의 혐의를 입어 진해에 유배되어 있던 2년 반 동안, 그 곳 어부들과 앞바다에 나가 물고기의 종류를 세밀히 조사해 펴낸 것이다. 〈자서〉(自序)에 따르면, 김려는 매일 아침 고기바구니와 낚싯대를 가지고 작은 배를 타고 바다로 나가 밤을 새우고 돌아오곤 하였다. 그러는 동안 그는 이상하고 기괴하며 놀랄 만한 물고기가 헤아릴 수 없이 많은 것을 보았고, 바다가 육지보다 넓고 해양동물이 육지동물보다 많다는 것을 알게 되어, 그 형색과 성미 중 기록할 만한 것을 함께 채록하였다고 한다. 진해에 유배된 지 2년여가 지난 1803년 늦가을에 탈고한 것이다. 현재 연세대학교 도서관에 소장되어 있다. 책이 지어진 지 200년 만인 2004년에 한국어로 번역되었다.

김려가 2년 반 동안 관찰한 어류들의 생리(生理)·형태·습성·번식·효용 등이 담겨 있다. 조사·기록된 어류와 조개류는 약 70종에 달한다. 방어·꽁치 등 어류 53종(연체동물 포함)과 갑각류 8종, 패류 10여 종 등이 소개되어 있고, 어종과 그 근연종(近緣種 : 가까운 종류)으로 생각되는 것을 첨가하여 설명한 것이 많다. 표현에 있어서는 한글을 사용하지 않아서 한자차자를 많이 사용하였고, 또 만든 글자도 많이 사용하였다. 동물들의 각종 이명(異名)·형태·습성·맛 등을 비롯하여 이용법·어획법·유통 등의 문제도 언급하고 있다.

풍류를 겸한 관찰이었던 만큼 말미에 「우산잡곡 牛山雜曲」이라는 칠언절구의 자작시도 첨가하고 있다. 내용 중 주목을 끄는 것으로서 정어리에 관한 설명을 보면 "정어리가 많이 잡히면 반드시 장려(瘴癘)가 많이 발생한다고 하며, 본토박이는 이를 많이 먹지 않고 어류가 회귀한 인근의 함안·영산·칠원 지방에 내어다 판다."라고 하고 있다. 이는 1800년을 전후한 시기에 진해 지방 해안에서 정어리가 많이 어획되었던 사실을 입증하고, 또 그것이 기후변동과도 관계가 있는 것임을 시사 하는 것으로서, 정어리자원의 장기적 변동에 관한 연구에 귀중한 자료가 되고 있다. 어구·어획법에 관하여도 상당히 자세히 밝혀놓고 있다. 예컨대, 양타 어획용의 정치어구(定置漁具)의 설치방법 및 어획법이라든지, 비옥(飛玉) 어획용 무결절망(無結節網)의 제작법과 사용법 등을 구체적으로 설명하고 있다. 이 책은 정약전(丁若銓)의 『자산어보 玆山魚譜』와 더불어 유배생활 중 저자들이 직접 관찰하고 들은 바를 옮겨 정리한 실학사상의 결과이며, 수산연구에 있어 중요한 지침이 되는 연구서이다.

< 잠이 잘 오게 해주는 물고기, 문절어 (꼬시래기, 망둥어, 문절망둑) >

문절어는 "물이 얕고 모래가 두툼한 바닷가에 살면서, 밤이면 반드시 무리를 이루어 머리를 물 바깥쪽으로, 몸은 물 안쪽에 두고 줄줄이 잠을 자는 물고기"라고 기록되어 있어 이 모습 때문인지 옛 진해 사람들은 문절어를 많이 먹으면 잠을 잘 잔다고 생각했다고 한다. 김려는 문절어가 물가에 줄줄이 머리를 내놓고 자기 때문에 장대 끝에 통발을 달아 멀찍이서 내리쳐 가두고 손으로 잡는다고 기록했다.

<흉년을 부르는 물고기, 한사어(가래상어, 목탁수구리)>

한사어는 모래 바닥에 숨어서 사는 가래상어로 홍어와 비슷하지만 더 크고 길다. 또 머리부터 꼬리까지 칼날 같은 등뼈 지느러미가 있어 나무배의 밑바닥도 자를 수 있다.

한사어는 "이곳(진해) 사람들의 말로는 한사어가 많으면 그해 흉년이 든다고 한다."라는 기록과 흉년이 들었던 1755년(영조31)에 한사어를 쉽게 잡았다는 기록도 있다. 그 이듬해에는 홍수가 들어 한양에서 청계천 일대가 모두 범람했기에 이런 나쁜 기억들이 한사어가 흉년을 불러온다고 생각하게 만든 것으로 보고 있다.

김려는 적조 때문에 모래 바닥에서 살던 한사어가 물가로 도망쳐 오면 긴 막대기의 쇠 작살로 지느러미 사이를 마구 찔러 포획한다고 저술했다. 등뼈 쪽의 살은 구워 먹을 수 있지만 나머지는 모두 기름이라 먹지 않고 등불을 켜는 데 쓴다고도 기록되어 있다.

6장 단원평가

학년도	학기	고사 분류	학과	학번	이름	평가점수
20	1학기/2학기	제6장 /익힘문제 (제출용)				

1. 어류에 대한 설명 중 옳은 것은?

① 물고기 또는 어류(魚類)는 척추동물아문에 속하는 동물의 하나이다.

② 어류 전체의 종수는 10000-20000종정도이며, 이는 척추동물 전체의 30%에 해당한다.

③ 대한민국에서는 생선이라고 불리기도 하는데 이는 보통 생물학적으로 분류된 이름이다.

④ 물고기라는 용어는 정확하게 말하면 절지동물이 아니면서 다리가 있고 폐를 통해 호흡하고 만약 다리가 있다면 손모양의 형상을 하고 있는 모든 생명체들을 호칭한다.

2. 어류의 감감기관에 대한 설명 중 옳지 않은 것은?

① 귀를 갖고는 있어도, 많은 물고기들은 소리를 잘 듣지는 못한다.

② 옆의 물고기와 먹이의 움직임을 느끼는 측선기관(lateral line system)을 형성하는 감각 수용기를 지닌다.

③ 메기나 상어와 같은 물고기들은 낮은 수준의 전류를 감지하는 기관을 가진다.

④ 대부분은 시력이 좋지 않아 맛과 냄새에 반응하는 화학수용기관을 지닌다.

3. 어류의 번식 방법에 대한 설명 중 옳은 것은?

① 난생 어류의 유생의 시기는 몇 주 정도로 상대적으로 짧고, 유생은 빨리 자라나 초생이 되기 위해 외양과 구조를 바꾼다.

② 난자들은 평균 10 mm의 직경을 지닌다.

③ 난자가 모체의 안쪽에서 생성된다.

④ 모든 알려진 어류의 70% 이상은 난생이다.

4. 바다생물백과 사전 "자산어보"에 대한 설명으로 옳지 않은 것은?

① 정약전이 1801년 전라도로 유배되어 1814년까지 생활하면서 이 지역의 해상 생물에 대해서 분석하여 편찬한 해양생물학 서적이다.

② 총 3권으로 이뤄져 있으며 원본은 없고 필사본만 남아 있다.

③ 각종 어류와 수중 식물을 인류(鱗類 : 비늘이 있음)와 무린류(無鱗類 : 비늘이 없음), 개류(介類 : 딱딱한 껍질을 가짐), 잡류(雜類 : 물고기가 아니지만 물에 사는 생물)로 분류하여 총 155종의 생물을 설명했다.

④ 정약전의 분류법은 근대 과학적 분류법의 논리적이며 체계적인 분류의 효시를 만들어 냈다.

5. 김려의 《우해이어보》(牛海異魚譜)에 대한 설명 중 옳은 것은?

① 조선후기 김려(金鑢)가 순천 앞바다의 해상 생물을 연구해 펴낸 책이다.

② 정약전의 <자산어보>보다 약 50년 일찍 출간되었다.

③ 《자산어보》에 비해 내용도 빈약하고 체계적이지 않아 연구가 거의 이루어지지 않았다.

④ '이어보'(異魚譜)라고 한 것은 잉어 등과 같이 사람들이 알고 있는 것과 해마(海馬) 등과 같이 어족과 관계가 없는 것을 비롯하여, 하찮은 것이나 의의를 풀이하기 어려운 것을 제외하였기 때문이다.

6. 어류에 생물학적인 특징으로 옳지 않은 것은?

① 전형적인 물고기들은 변온 냉혈동물이다

② 물고기의 지느러미는 다양한 기능을 하는데, 가슴지느러미는 물고기의 좌우 균형을 잡으며, 배지느러미는 알을 옮기는 등의 기능을 한다.

③ 부레는 물의 온도, 흐름, 수압, 진동을 감지한다.

④ 대부분 아가미로 호흡하지만, 예외적으로 허파, 피부 등으로 호흡하며, 갯벌이나 습지와 같은 지역에서 생활하는 물고기도 있다.

7. 어류의 호흡기관에 대한 설명 중 옳지 않은 것은?

① 아가미는 인두 양 옆의 열리는 부분을 이용해서 산소가 없어진 물을 뱉어낸다.

② 어류의 아가미는 머리 내부에만 존재한다.

③ 아가미는 필라멘트라 불리는 실 같은 구조를 지닌다.

④ 대부분의 어류는 인두의 양 옆에 달려있는 아가미를 이용해서 기체를 교환한다.

8. 어류의 순환 기관에 대한 설명 중 옳은 것은?

① 대부분의 어류에서 심장은 두 개의 방과 입구, 출구의 4개의 부분으로 이루어져 있다

② 동맥구는 산소를 얻기 위해 혈액이 아가미로 흐르는 대정맥으로 연결된다.

③ 심장은 여러 경로를 통해 신체에 혈액을 공급한다.

④ 어류는 개방순환회로를 지니고 있다.

9. 어류의 항온성에 대한 설명으로 옳은 것은?

① 장기간에 걸친 기간 동안 물 바깥에서는 살 수 없다.

② 대부준의 어류는 일정한 체온을 유지한다.

③ 짧은 지느러미 청상아리, 긴 지느러미 청상아리, 백상아리, 악상어, 연어상어등의 악상어과의 모든 상어들도 냉혈이다.

④ 온혈은 대사적으로는 높은 비용이 들어감에도, 향상된 근육의 힘, 중앙신경계의 빠른 속도, 그리고 고효율의 소화 등의 이점을 제공한다고 여겨진다.

10. 자산어보의 내용 중 옳지 않은 것은?

① 제1권 인류(鱗類), 제2권 무인류(無鱗類) 및 개류(介類), 제3권 잡류(雜類)로 되어 있다.

② 무인류는 분어(鱝魚)·해만려(海鰻鱺)·해점어(海鮎魚)·돈어(魨魚)·오적어(烏賊魚)·장어(章魚)·인어(人魚)·사방어(四方魚) 등이다.

③ 《본초강목》과 비교했을 때, 새로운 생물군을 찾아내고 좀 더 구체적으로 나누었다는 점에서 우수했다.

④ 개류(介類)에는 해충(海蟲)·해금(海禽)·해수(海獸)·해초(海草)를 소개 하고 있다.

11. 김려의 《우해이어보》(牛海異魚譜)의 내용 중 옳지 않은 것은?

① 어종과 그 근연종(近緣種 : 가까운 종류)으로 생각되는 것을 첨가하여 설명한 것이 많다.

② 표현에 있어서는 한글을 많이 사용하였고, 또 만든 글자도 많이 사용하였다.

③ 방어·꽁치 등 어류 53종(연체동물 포함)과 갑각류 8종, 패류 10여 종 등이 소개되어 있다.

④ 김려가 2년 반 동안 관찰한 어류들의 생리(生理)·형태·습성·번식·효용 등이 담겨 있다. 조사·기록된 어류와 조개류는 약 70종에 달한다.

12. 다음 중 높은 체온을 유지하는 온혈 경골어류가 아닌 것은?

  ① 새치

  ② 참치

  ③ 상어

  ④ 광어

13. 다음 중 자산어보 저자 정약전이 유배된 곳은?

  ① 영산도

  ② 흑산도

  ③ 대장도

  ④ 대둔도

14. 어류의 피부를 이루는 중배엽(mesoderm)에서 기원하며 보통 이빨과 비슷한 구조를 지녔고 식물의 나이테와 같은 원 모양의 테두리가 있는 어류의 지닌 조직은?

15. 정약적의 <자산 어보>와 김려의 <우해이어보>의 인문학적 의의는 무엇인가 간략히 서술하시오.

학년도	학기	고사 분류	학과	학번	이름	평가점수
20	1학기/2학기	제6장 /서술형문제 (제출용)				

생각해보기

우리 조상들이 물고기에 대한 체계적 지식이 필요했던 이유가 무엇인지 자신의 생각을
서술하시오.

7장

해양인문학과 지리- 독도

7.1 독도의 지리적 특징과 자연환경

7.1.1 독도의 지리적 특징

독도는 동해의 해저 지형 중 울릉분지의 북쪽 경계부분에 위치하고 있으며, 평균 수심 2,000 m의 해양 평원에 솟아 있는 화산섬이다.

두 개의 큰 섬인 동도(東島)와 서도(西島)를 중심으로 총 89개의 크고 작은 섬과 암초로 이루어져 있으며 독도의 총면적은 187,554 ㎡ 로, 서도(西島)가 88,740 ㎡, 동도(東島)가 73,297 ㎡, 그 밖의 부속도서가 25,517 ㎡ 이다. 서도의 최고 높이는 168.5 m이고, 동도의 최고 높이는 98.6 m이다. 2012년 11월부터 대한민국 정부 고시에 따라 서도의 최고봉은 '대한봉'(大韓峰), 동도의 최고봉은 '우산봉'(于山峰)으로 부른다. 동도의 최고봉은 1950년대에는 '성걸봉'으로 불렸으며 2005년부터 고시 이전까지는 '일출봉'(日出峰)이라 불렸다. 동도와 서도 및 부속도서는 대부분 수심 10 m 미만의 얕은 땅으로 연결되어 있다.

독도의 동도는 동경 131도 52분 10.4초, 북위 37도 14분 26.8초에 위치하고 있다. 이 섬은 대한민국 경상북도 울릉도에서 동남쪽으로 약 87.4 km 떨어져 있으며, 일본 시마네현 오키 제도에서는 약 157.5 km 떨어져 있다. 한반도에서의 거리는 약 216.8 km이며, 일본 혼슈에서의 거리는 약 211 km이다. 날씨가 좋으면 울릉도 동쪽 해안에서 맨눈으로 이 섬을 볼 수 있다.

\<독도의 위치\>

<독도의 지리 구성>

독도는 신생대 3기 플라이오세 전기부터 후기사이, 약 460만 년 전부터 200만 년 전 사이에 생성되었다. 독도의 화산체는 해저 면에서 약 3 km의 지름, 높이 2,000 m 정도의 거대한 원추형 모양의 화산, 현무암 주상절리가 잘 발달한 절벽으로 해식동굴, 해식대, 해식애(海蝕崖)가 발달하였고 동도와 서도간 해협의 폭은 약 150 m, 길이는 약 330 m, 수심은 10 m 미만이며 울릉도와 독도는 해저에서 해산으로 연결되어 있다.

화산 활동 때문에 분출된 알칼리성 화산암으로 물 위의 주류 암석은 안산암류, 해수면 밑은 현무암으로 추정되며, 토양은 산의 정상부에서 풍화되어 생성된 잔적토, 토성은 사질양토, 경사 30도 이상의 급격한 평행사면을 이루는 흑갈색 또는 암갈색의 토양, 흙 깊이는 깊은 곳이 60 cm 이상인 곳도 있으나 대부분 30 cm 미만이다.

섬 주변에 분포하는 지층들을 아래에서부터 괴상 응회각력암, 조면 안산암 I, 층상 라필리응회암, 층상 응회암, 조면 안산암, 스코리아 성 층상 라필리응회암, 각력암, 조면암, 염기성 암맥 등 총 9개의 화산암층으로 이루어져 있다.

현재는 오랜 세월 동안 침식되어 화산의 흔적은 찾기 힘들다. 특히 동도의 지반은 불안정한데, 이것은 단층과 절리, 균열, 그리고 불완전한 공사 등이 원인으로 추정된다. 독도는 지질학적으로 울릉도의 화산암류와 비슷한 전암 화학조성을 갖는 알칼리 현무암, 조면 현무암, 조면 안산암 및 조면암으로 구성되어 있다.

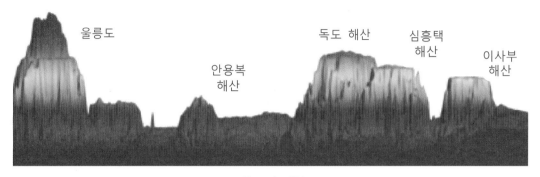

<독도의 해산>

독도는 우리나라 영토 중 가장 동쪽에 위치하며 행정 구역상의 위치는 경상북도 울릉군 울릉읍 독도리 1에서 96번지이다.

기후는 난류의 영향을 많이 받는 전형적인 해양성 기후로 연간 평균 강수량은 1,240 mm 정도, 연평균 기온 약 12℃, 1월 평균기온 1℃, 8월 평균기온 23℃로 온난한 편이다. 연평균 풍속은 4.3 m/s로 겨울과 봄에는 북서풍이 빈번하고, 여름과 가을에는 남서풍이 빈번하여 계절에 따른 주 풍향이 뚜렷하다. 안개가 잦고 연중 날씨 중 흐린 날은 160일 이상이며 비 또는 눈 오는 날은 150일 정도로, 겨울철 강수량이 많다.

연중 85%가 흐리거나 눈비가 내려 비교적 습한 지역이다. 즉, 일 년 중 맑은 날은 57일 정도밖에 없다. 겨울철에는 눈이 많이 내리지만, 강한 해풍으로 눈이 높이 쌓이지는 않는다.

독도와 관련되어 전해 내려오는 전설이 여럿 있는데, 그중에 하나가 '구멍 바위' 형성에 관한 전설이다. 전설에 따르면, 먼 옛날 힘센 노인 하나가 노인의 집 앞을 가리고 있던 바위를 묶어 배를 타고 옮기던 중에 다른 바위를 던져 바위에 구멍을 내고 난 후 독도에서 좌초되어 지금의 자리에 구멍 바위가 있게 되었다는 것이다.

한편 일본에는 잔태평기(殘太平記)의 권7에 전하는 죄인원도유형평정지사(「罪人遠島流刑評定之事」) 조에 전하는 이야기가 있다. 섬에 대나무 옷을 잎은 검은색 외눈의 거인이 산다는 내용이다.

<독도의 전경>

7.1.2. 독도의 생태환경

(1) 수중 생물

독도 주변 바다는 다양한 어패류와 해조류가 자생하는 우리나라의 주 어장으로 대구, 문어, 새우, 전복, 소라, 해삼, 분홍 성게, 보라성게 방어, 끄떡 새우, 오징어, 돌돔, 꽁치, 넙치, 복어, 전어, 붕장어, 가자미, 도루묵, 임연수어, 조피볼락 등 다양함 다양한 어류와 어패류가 서식, 남조류 5종, 홍조류 67종, 갈조류 19종, 녹조류 7종 등 모두 102종 해조류가 자생하며 특히 다시마, 미역, 김 등이 해중림을 이룬다. 또한, 대구지방환경청은 2007년 5월부터 6개월 동안 경북대학교 울릉도·독도연구소와 공동으로 네 차례에 걸쳐 이 섬의 생태계를 조사한 결과 이 섬에 무척추동물 26종이 살고 있다는 사실을 2007년 12월 11일에 발표했다.

<독도의 수중 생물>

(2) 식물

키가 작아서 강한 바닷바람에 잘 적응하며, 잎이 두껍고 잔털이 많아 가뭄과 추위에도 잘 견디는 식물들이 주로 자생한다. 보리밥 나무, 민들레, 괭이밥, 섬장대, 강아지풀, 바랭이, 쇠비름, 명아주, 질경이, 가마중, 억새군, 왕기털이, 우정 등 육지에서 흔히 볼 수 있는 초본류가 서식지하고 있으며 동도 분화구 주변 및 동쪽과 남쪽 암벽에는 도깨비쇠고비 등이 자생하며 해송, 바위수국, 사철나무, 개머루, 곰솔, 붉은가시딸기, 줄사철, 보리장나무, 가새잎, 날개 하늘나리, 동백 등의 목본류들을 자생한다.

2008년과 2009년에 걸쳐 실행한 독도의 식물상 및 식생 조사에서는 독도의 식물은 29과 48속 49종, 1아종 3변종 총 53종류로 조사되었다. 이 중 특산식물은 섬기린초와 섬초롱꽃 2종류이고, 귀화식물은 갓, 방가지똥, 큰이삭풀, 콩다닥냉이, 흰명아주, 둥근입나팔꽃 6종류가 있다. 식생형은 주로 해국-땅채송화, 해국-갯제비쑥, 왕호장근-도깨비쇠고비, 돌피, 물피군락 등으로 구분된다.

경사가 급하여 토양이 발달하지 못하였고, 비는 내리는 대로 배수되어 수분이 부족하여 자생하는 식물이 적으나 울릉도에서 씨앗이 날아와 50~60종의 풀과 나무가 있다. 2007년 12월, 외부에서 들여와 직접 심은 나무 가운데 무궁화, 후박나무, 곰솔, 향나무 등이 대부분 말라 죽은 것으로 알려졌다. 또한 인근 얕은 바다에는 모자반, 대황 등의 해양식물이 군락을 이루고 있다.

독도 사철나무는 독도에서 현존하는 수목 중 가장 오래된 나무로 독도에서 생육할 수 있는 수종이라는 의미뿐만 아니라, 국토의 동쪽 끝 독도를 100년 이상 지켜왔다는 영토적·상징적 가치가 큰 점을 고려하여 2012년 10월 5일 대한민국의 천연기념물 제538호로 지정되었다.

<독도의 사철나무>

(3) 조류

독도 조류는 약 160여 종으로 괭이갈매기의 개체 수가 가장 많고 바다제비, 슴새, 참새, 도요새, 왜가리, 민물도요, 황로, 동고비, 떼까마귀, 긴발톱멧새 등이 서식하고 있고 독도는 또 철새들이 이동하는 경로. 황로, 흑비둘기, 흰갈매기, 까마귀, 노랑발도요, 딱새 등 철새들의 쉼터, 바다제비, 슴새, 괭이갈매기 등의 번식지이다. 개체 수가 가장 많은 종은 괭이갈매기이었고, 약 7,000여 마리가 서식하고 있다. 그 뒤로 바다제비, 슴새, 참새가 들 수 있는데, 최근 슴새의 수는 감소하고 있지만 바다제비 수는 증가하고 있다고 알려져 있다. 섬은 남북으로 왕래하는 철새들이 쉬어가는 주요 휴식처이다. 조류는 여러 가지의 천연기념물이 있다. 2013년에는 시베리아의 텃새인 솔양진이 수컷 한 개체가 남한 지역에서는 처음으로 동도에서 발견되었다.

<독도의 조류>

(4) 곤충과 동물

독도의 곤충은 딱정벌레, 파리, 나비, 벌, 노린재, 매미, 톡토기, 잠자리, 메뚜기, 집게벌레, 독도장님노린재, 초록다홍알락매미, 섬땅방아벌레, 검정넓적꽃등에 등 약 130여 종이 있다. 2003년 독도 경비대가 키우고 있는 삽살개가 독도에 존재하는 유일한 포유류이며 1973년 경비대에서 토끼를 방목하였으나 지금은 한 마리도 서식하지 않는다.

  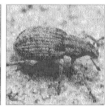 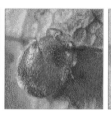 

물땡땡이   방패광대노린재   표주박바구미   대륙애기무당벌레   왕침개미

<독도의 곤충>

(5) 박테리아

섬 일대는 '박테리아의 보고'로 불릴 만큼 다양한 종의 박테리아가 많이 서식하는 곳으로 알려져 있다. 한국생명공학연구원에서 조사한 바에 따르면 2005년 5종, 2006년 13종, 2007년 16종, 2008년 4종 등 2008년 기준으로 이 섬에서 발견된 신종 박테리아는 38종에 이른다. 발견된 신종 박테리아들의 학명에는 독도넬라 코린시스(Dokdonella koreensis), 동해아나 독도넨시스(Donghaeana dokdonensis) 등과 같이 '독도'나 '동해'의 명칭이 포함되었다. 독도에서 발견된 박테리아들로 인해 2005년부터 2008년까지 대한민국이 3년 연속으로 신종 세균 발표 건수 1위를 차지했다

7.2 독도와 역사

독도는 오랫동안 무인도로 있었으며, 일찍부터 기록에 오르내린 울릉도(鬱陵島)와는 모자 관계에 있는 섬이다. 즉 울릉도와 독도는 같이 언급된다고 볼 수 있다. 처음으로 울릉도가 역사서에 등장하는 것은 서기 512년 신라 지증마립간 13년 6월에 신라의 이사부가 우산국 또는 울릉도를 항복시켰다는 기록이 삼국사기에 등장한다.

참고로 동해라는 명칭도 삼국사기 고구려 동명왕편에 함께 등장하는 데 이는 BC 59년에 해당한다. 즉 동해라는 말은 거의 2000년 전부터 우리 고유의 명칭이었으며 우리의 영토였다

울릉도에 세워진 우산국은 하슬라주라는 지역의 군주인 그 당시 신라 총리급인 시중 바로 아래 직급인 이찬 이사부(異斯夫)에게 정벌 된 서기 512년 후부터 내륙의 왕조인 신라 및 고려와 조공 관계를 맺고 토산물을 바쳐왔다.

이는 후삼국 시대인 서기 930년에 우산국이 고려의 태조 왕건에게 토산물을 바쳤다는 기록이 1451년, 조선 문종 1년 편찬된 《고려사》에 있어 알 수 있다.

1018년인 고려 현종 9년에서 1022년인 고려 현종 13년 사이에는 우산국이 동북 여진의 침략을 받아 심각한 피해를 보아 농사를 짓지 못하였다는 기록이 《고려사》에 등장한다. 이에 현종은 1018년에는 이원구를 파견하여 농기구를 제공하고, 1019년에는 여진의 침략으로 망명했던 우산국 백성들을 모두 돌려보내고, 1022년에는 여진에게서 약탈당하고 도망하여 온 우산국 백성들을 예주인 지금의 경북 영해에 배치하여 관가에서 그들에게 식량을 제공하고 그 지방에 영구히 편호하고자하는 바램을 수락해 주었다는 기록이 전해진다.

이러한 11세기 초 동북여진족(東北女眞族)의 침략을 받은 뒤부터 우산국은 급격하게 쇠퇴하였고, 늦어도 12세기 중엽에 이르러서는 거의 사람이 살지 않는 섬으로 되어버린 것 같다.

하지만 고려 후기에는 울릉도가 유배지로도 이용되기도 하였는데 이 점으로 볼 때 고려 후기에는 적어도 울릉도는 고려의 지방행정 체계에 포함되었음을 알 수 있다.

즉 우산국과는 고려 때까지 조공 관계가 지속하다 11세기 초에 여진의 침략을 받은 우산국 사람들이 본토로 피난한 이후부터 고려의 직할 구역이 됐다고 분수 있다. 이는 조선 시대에도 지속하였다.

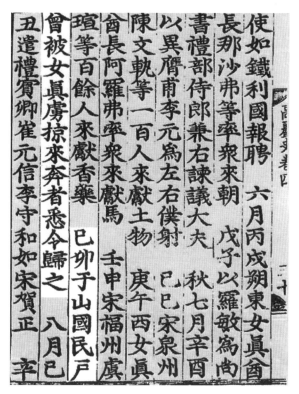

<고려사의 우산국 기록>

　조선 초기에는 일본 해적의 침략으로 많은 섬 주민이 피해를 보자 1416년인 태종 18년에 조정은 섬의 주민을 본토로 이주시켰다. 이에 대해 일본 측은 이를 섬을 사람이 살지 못하게 비웠다는 공도 정책(空島政策)이라고 하나, 한국 측은 이를 이주정책의 하나인 쇄환 정책이라고 한다. 그 이후 이듬해 당시 이름이 무릉도였던 울릉도에 주민 3명을 이주시킨 것을 비롯하여 여러 차례 무릉도 일대의 주민을 이주시켰다.

　1454년(세종 36년)에 편찬된 《세종실록》 지리지의 〈울진현조〉 부분에 동쪽 바다의 무릉과 우산의 두 섬을 언급하고 있다.

　　"우산과 무릉 두 섬이 현의 정동 (방향) 바다 가운데(海中)에 있다. 두 섬이 서로 거리가 멀지 않아 바람이 불고 청명한 날씨면 바라볼 수 있다. 신라에서는 우산국이라 불렀다."

<프랑스의 포경선 리앙쿠르호>

이후 1693년에 안용복은 일본 애도막부에게 울릉도, 독도가 조선 영토임을 확인하여 문서를 받아온다.

1849년 프랑스 포경선 리앙쿠르호의 선원들이 서양인으로는 처음으로 이 섬을 발견하고 섬에 선박의 이름을 붙였다. 이후 같은 방법으로 1854년에 러시아 군함의 이름을 따서 '마날라이 올리부차 섬(Manalai and Olivutsa Rocks),' 1855년에 영국 선박의 이름을 따서 '호넷 바위섬(Hornet Rocks)'이라는 이름도 붙었다.

1900년인 광무 3년 10월 25일, 대한제국 정부는 칙령 41호를 공포하여 울릉도를 강원도의 군으로 승격하고, 이 울릉군의 관할 구역으로 석도(石島)를 포함했다. 그리고 이를 대한제국 관보를 통해 공포하였다. 일본 학자들은 석도가 이 섬을 가리킨다고 하는 근거가 없다고 주장하고 있다. 일본 측의 주장은 울릉도에 살았던 조선인이 수천 년간이 섬의 존재를 모르고 살았다는 의미인데 이에 대해 대한민국 측은 석도는 독도가 바르다고 주장한다. 또한, 대한민국 측은 일본 학자들은 무엇이 석도인지 지적하지 못하고 있는 점을 비판하고 있으며, 일본 제국이 1906년 3월 28일에 이 섬을 영토로 편입한 사실을 울도인 울릉도의 군수에게 알렸을 때 울도 군수는 본섬이 이 섬이 일본에 편입되려고 한다고 항의하는 서한을 중앙 정부에 올렸던 것으로 볼 때 이 시기까지 한반도의 사람이 이 섬을 모르고 살았다는 주장은 터무니없다고 주장한다.

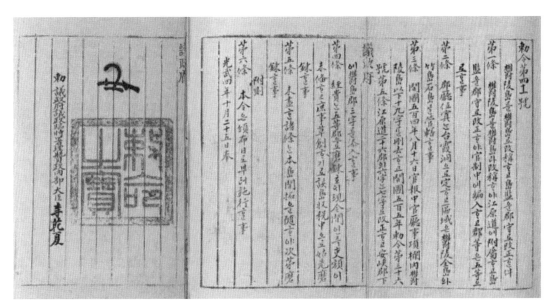

<대한제국 정부는 칙령 41호>

　　하지만 1905년에 일본은 러일전쟁 전쟁 중 시마네현 고시 제40호를 통해 독도를 시마네현소관 아래 일방적으로 편입하여 독도를 죽도라는 뜻의 다케시마라 칭하고 시마네현 고시 40호에 의해 일본 영토로 편입했다. 일본은 '무주지 선점', 즉 주인이 없는 섬을 처음으로 차지하였다고 주장하였다. 그러나 독도는 이미 일본 스스로 밝힌 것처럼 주인 없는 땅이 아니라 대한제국의 영토였기 때문에 이는 명백한 불법 행위였다. 일본의 이러한 불법은 1905년 11월 조선이 을사늑약으로 국권 상실하였기에 가능했다.

　　을사늑약 이후에도 대한제국은 일본이 독도를 자신들의 영토라고 주장하는 것에 대하여 동의하지 않았다. 이후 일본은 1905년에 독도를 편입한 것은 원래 일본의 영토인 '독도 영유 의사를 재확인한 것'이라고 말을 바꾸었다. 독도가 자국 고유 영토라는 주장과 '무주지 선점'이라는 주장이 서로 모순되기 때문이다. 그러나 이 역시 역사적으로나 국제법적으로 인정될 수 없는 주장이다.

　　당시 일본 내무성은 러일전쟁이 종결되기 전에 이 섬을 편입시키는 것은 열강에게 '일본이 한국 병탄의 야심이 있지 않은가'라는 의심을 하게 할 위험이 있다고 영토 편입을 반대하였다. 이는 섬의 일본 편입은 한국 영토의 일부를 일본 영토로 편입하는 행위임을 일본 내무성 스스로가 인정하였다는 근거가 될 수 있다.

국제법에서 일컫는 선점(先占)의 경우, 거주하지 않는 무주 지역을 자국의 영역에 편입한다는 사실을 국내외에 공표하게 되어있는데, 일본은 정상적으로 공표하지 아니하였다. 현재 이 고시의 원본은 유일하게 시마네현청에 단 1장 보관되어 있는데, 이 문건은 1905년 2월 22일 당시 시마네현에서 발간됐던 시마네 현령(島根県令)이나 시마네현 훈령(島根県訓令) 어디에도 수록돼 있지 않으며, 더구나 이 문건에는 "회람"(回覽) 이라는 주인(朱印)이 선명하게 찍혀 있다. 다시 말해 이것은 영토의 합법적 편입을 밝히는 "고시"라는 일본의 주장과는 달리 단순히 관계자 몇몇이 돌려보는 '회람'일 뿐이며, 이는 또한 선점이 공표되어 진행되지 않고 몰래 진행되었음을 알려주는 증거가 되는 된다고 할 수 있다.

그 당시 울도인 울릉도 군수 심흥택은 1906년 3월 28일에 일본이 이 섬을 영토로 편입한 사실을 알게 되었고, 이튿날 강원도 관찰사를 통해 대한제국 정부에 이 사실을 보고했는데, 이 보고에서 처음으로 섬의 이름을 '독도(獨島)'로 썼다. 대한제국 참정대신이 일본에 공식적으로 항의한 것은 그 뒤였다. 일본 학자들은 한반도에서 발행하던 신문에서도 독도 편입에 대한 비판이 있었음에도 정부가 1년 동안 아무 공식적인 비난을 하지 않았다고 지적하지만, 이것이 1905년 11월 맺어진 을사늑약을 전후로 일었던 혼란 때문이었다고 볼 수 있다.

<1906년 울릉도 강제 점령한 일본, 멀리 일장기가 보인다.>

하지만 국권 피탈 이후 일제는 1907년에는 울릉도와 독도의 관할권이 강원도에서 경상도로 이속되었다.

1945년 8월 15일 일본은 포츠담 선언을 수락하고 연합국에 무조건 항복하였다. 1946년 1월 29일 패전한 일본을 통치하던 연합군 최고사령부(Supreme Commander of Allied Powers)는 일본 정부에 지시령(SCAPIN) 제677호 〈약간의 주변지역을 정치상 행정상 일본에서 분리하는 것에 관한 각서〉 에 의거하여 독도를 일본통수권에서 드디어 제외했다.

```
BASIC:  Memo to IJG (SCAPIN - 1033   )

        (b)  Japanese vessels or personnel thereof will not approach
closer than twelve (12) miles to Takeshima (37°15' North Latitude,
131°53' East Longitude) nor have any contact with said island.

    4.  The present authorization does not establish a precedent for
any further extension of authorized fishing areas.

    5.  The present authorization is not an expression of allied
policy relative to ultimate determination of national jurisdiction,
international boundaries or fishing rights in the area concerned or
in any other area.
```

FOR THE SUPREME COMMANDER:

JOHN B. COOLEY,
Colonel, AGD,
Adjutant General.

<일본 정부에 지시령(SCAPIN) 제677호>

하지만 이 지시령에는 '포츠담 선언 제8항에서 언급된 부속도서에 대한 최종적인 결정'이 아니라고 쓰여 있다. 이후 샌프란시스코 강화조약의 1차 초안에는 독도가 한국의 영토라고 되어있었으나, 1949년 12월 29일에 작성된 6차 초안에는 이 섬이 일본의 영토라고 되어 있었다. 그러나 결국 최종안에는 독도에 대한 언급이 실리지 않았다.

1951년 9월 8일 일본과 연합국은 샌프란시스코 조약을 조인하면서 전쟁을 공식적으로 끝냈다. 이 조약은 일본이 권리를 포기해야 하는 한반도의 섬으로 제주도, 거문도, 울릉도를 명시하고 있지만, 독도는 한반도의 다른 3167개의 도서와 함께 언급하고 있지 않다. 하지만 1952년 일본의 마이니치 신문도 이를 보도하면서 지도에서 이 섬을 대한민국의 영토로 표시했다.

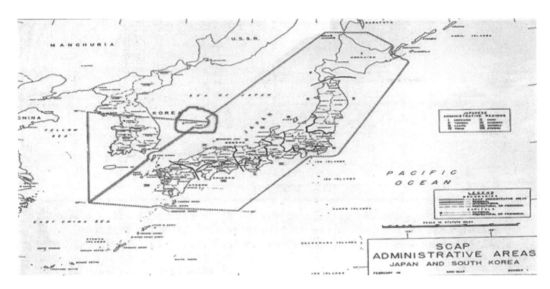

<샌프란시스코 조약에 의한 한국 영토 독도>

이후 한국 정부는 1952년 '인접 해양의 주권에 관한 대통령 선언'을 선포했는데 그 안에는 독도도 포함되어 있다. 그러나 일본 정부가 같은 해 1월 다케시마, 즉 독도에 대한 영유권을 주장하는 외교문서를 한국 정부에 보내옴으로써 '독도 문제'가 한·일 양국 간의 외교상 쟁점으로 다시 떠올랐다. 이후 한·일 양국정부는 독도에 대한 자국의 영유권을 주장하거나, 상대국 주장에 항의·반박하는 내용의 외교문서를 교환하면서 오늘에 이르고 있다. 일본은 1905년 시마네현 고시를 독도에 대한 영유권 주장의 근거로 삼고 있다. 이는 시기적으로 보아 한반도 침략을 목적으로 한 영토 편입 형태로, 1905년 이전에도 일본이 독도를 배타적으로 영유했다는 근거가 없는 한 독도에 대한 일본의 영토 편입은 무효가 될 수밖에 없다는 것이 지명하다.

이에 한국 정부는 6.25 전쟁 후 1953년에 독도의용수비대를 조직하여 대장 홍순칠 외, 대원 32명이 독도를 경비하였다. 1956년에는 국립 경찰에 독도경비가 인계되었고 1981년에 독도 주민증을 발급받은 최종덕이 울릉읍 도동리 산67로 최초로 전입하였다. 이후 1982년 국가지정 문화재로 지정되어 독도 해조류 번식지로 천연기념물 제336호로 등록되었다.

대한민국과 일본은 1998년 한일어업협정을 맺었는데, 그 결과 이 섬이 한일 배타적 경제 수역 안에 놓이게 되었다. 이에 대해 섬의 영유권이 침해당했다며 헌법재판소에 헌법소원 심판이 청구되었는데, 헌법재판소는 "어업을 위해 양국이 정한 수역과 섬의 영유권 내지는 영해 문제는 서로 관련이 없다." 하여 이를 기각했다. 신한일 어업협정 체결된 이후 1999년에 국가지정문화재 관리단체 지정 및 천연기념물 제336호 독도 관리지침 고시 문화재 명칭변경 때문에 독도 해조류 번식지가 독도 천연 보호 구역으로 지정되었다.

2000년에는 행정구역 명칭 및 지번 변경되어 도동리에서 독도리로 바뀌게 된다. 그 이후 2005년 1월 14일 일본 시마네현 의회는 100년 전 이 섬을 일본 영토로 편입함을 고시한 2월 22일을 다케시마의 날로 정하는 조례안을 제정하여 2월 23일에 의회에 상정했고, 3월 16일에 이 안을 최종 통과하였다. 대한민국 정부는 이에 항의하였고, 경상북도 도의회는 2005년 6월 9일, 10월 25일을 "독도의 날"로 하는 조례안을 가결하였다.

2008년 2월, 일본 외무성이 이 섬에 대한 일본의 영유권을 주장하는 책자를 발간하여 나누어 주자 대한민국의 동북아역사재단과 한국해양수산개발원은 이를 반박하는 자료를 발표하였다.

2008년 7월에는 일본 정부가 중학교 사회 교과서 학습지도요령 해설서에 이 섬을 일본 영토로 표기하여 2012년부터 이 섬에 대해 '다케시마는 일본 고유의 영토'라는 내용을 교육할 것이라 발표하였고, 이는 즉시 대한민국 정부로부터의 항의를 받았다고 독도 표기 문제에 대한 논란이 제기되자 대한민국 정부에서는 현재 이에 대한 대응하고 있다.

<일본 교과서 속의 독도>

현재 독도는 대한민국이 1948년 정부 수립 이후로 이 섬에 대한 실효 지배를 하고 있다. 대한민국 정부는 국제법상 평화적인 지배를 계속하는 것이 영토권을 주장할 수 있는 가장 확실한 근거라고 판단하여 섬에 대한 외교적 공론화를 피해 왔다.

요약하자면 독도는 울릉도에 가까이 있어 예로부터 울릉도의 부속 섬으로 인식되었다. "세종실록지리지"(1454)에는 '우산(독도), 무릉(울릉도) 두 섬이 서로 거리가 멀지 않아 날씨가 맑으면 바라볼 수 있다.'라고 기록되어 있다. 조선 숙종 때에는 어부였던 안용복이 두 차례 일본으로 건너가 울릉도와 독도가 우리 땅임을 일본 관리로부터 확답을 받고 돌아왔다. 이 내용을 다루고 있는 에도 막부의 죽도 기사(1726)에 의하면, 에도 막부는 울릉도와 독도를 조선의 영토로 인정하고 있었다. 특히 1877년 일본 메이지 정부의 최고 기관인 태정관에서는 '울릉도와 독도가 일본과는 관계없음을 명심할 것'이라는 지령문을 시마네현에 보내, 일본 스스로 독도가 조선 영토라고 인정하였다. 1900년 대한제국 정부는 칙령 제41호를 반포하여, 울릉도를 울도로 개칭하고 울도 군수의 관할 구역을 울릉도와 석도로 규정하여 독도가 우리 땅임을 분명히 하였다.

※ 죽도기사 : 울릉도와 독도의 조선 귀속과 일본 어민의 출어 금지에 대한 조선 정부와 일본 에도 막부 사이의 왕복 문서 기록이다. 현재는 외교통상부와 국토해양부 홈페이지에 섬에 대한 분쟁 문제에 대응하고 있다.

7.3 고지도에 나타난 울릉도와 독도

〈팔도 총서〉는 조선 전기에 제작된 지도로, 우리나라 인쇄본 지도 중 독도가 그려진 가장 오래된 지도이다. 신증동국여지승람의 이 지도에서 우산도는 울릉도 동쪽이 아니라 울릉도 서쪽에 있다 그림을 보면 울릉도 서쪽에는 섬이 없다. 이는 단순한 지도 제작의 오류로 보이며 본 지도는 정밀 묘사 지도가 아니라는 것이다.

<팔도 총서>

1770년경에 만들어진 정상기의 〈동국대 지도〉의 제일 오른쪽에는 우산도가 그려져 있다.

<동국대 지도>

1785년 일본에서 제작한 동해 지도에는 독도가 조선의 땅이라고 표시되어 있다.

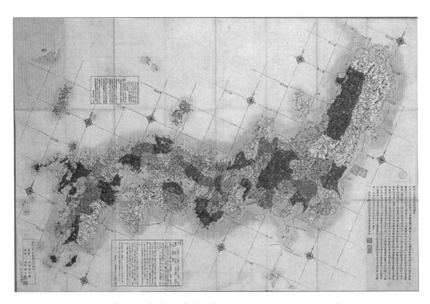

<일본제작 동해 지도>

에도 시대에 만들어진 개정일본여지로정전도(改正日本輿地路程全圖), 나가쿠보 세키스이(長久保赤水), 1791년. 독도가 조선과 같은 색으로 표시되어 있다

<개정일본여지로정전도(改正日本輿地路程全圖)>

1882년의 동해 지도에서 독도가 조선의 땅이라고 표시되어 있다.

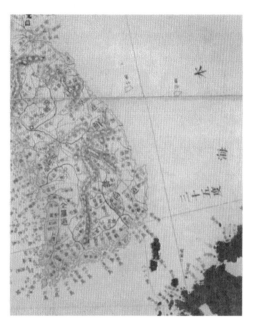

<동해 지도>

일본 제국 시절에 만들어진 〈대일본국전도〉는 독도를 일본 땅으로 표시하였다.

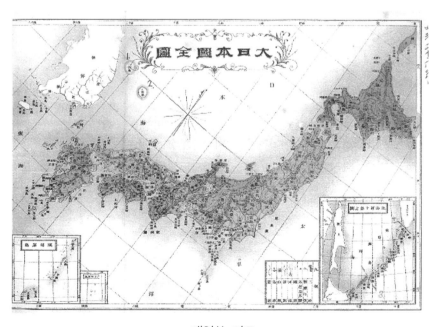

<대일본 지도>

7.4 독도의 생태 지리적, 과학적 가치

7.4.1 독도의 생태적 가치

독도는 식물이 잘 자랄 수 있는 좋은 환경이 아니다. 섬의 경사가 심하여 비가 내려도 빗물이 흘러내리기 때문에 토양이 건조한 편이다. 이러한 열악한 환경에도 현재 50~60여 종의 식물이 자생하며 독특한 생태계를 이루고 있다. 독도는 먼 지역으로 이동하는 철새들에게 중요한 서식지이다. 바다제비, 슴새, 괭이갈매기는 천연기념물로 지정되어 보호받고 있다. 또한, 독도에 곤충은 생물 지리학적 한계선 역할을 하고 있다. 독도는 환경. 생태적으로 가치를 인정받아 섬 전체가 천연기념물로 지정되어 보전되고 있다. 독도 주변 해역이 풍성한 황금어장이라는 것은 이미 널리 알려진 사실이다. 북쪽에서 내려오는 북한 한류와 남쪽에서 북상하는 대마난류 계의 흐름이 교차하는 해역인 독도 주변 해역은 플랑크톤이 풍부하여 회유성 어족이 풍부하므로 좋은 어장을 형성한다. 어민들의 주요 수입원이 되는 회유성 어족인 연어, 송어, 대구를 비롯해 꽁치, 오징어, 상어가 주종을 이루고 있으며, 특히 오징어잡이 철인 겨울이면 오징어 집어등의 맑은 불빛이 독도 주변 해역의 밤을 하얗게 밝히곤 한다. 또한, 해저 암초에는 다시마, 미역, 소라, 전복 등의 해양 동물과 해조류들이 풍성히 자라고 있어 어민들의 주요한 수입원이 되며, 독도의 해조 식생이 남해안이나 제주도와 다른 북반구의 아열대 지역이나 지중해 식생형으로 볼 수 있기에, 별도의 독립생태계 지역으로 나눌 수 있을 정도로 특유의 생태계를 구성하고 있다. 동해의 중심수역에 있는 독도의 주변 해역은 청정수역으로서 오징어를 비롯한 각종 어류가 풍부하게 서식하고 있는 어 자원의 보고인 동시에 조업 어선의 피난이나 휴식처의 기능도 하고 있다. 독도의 어장은 연안 어장과 대화퇴어장으로 양분되며, 오징어를 비롯한 풍부한 어류가 서식하고 있다. 특히 오징어의 경우 국내 전체 어획량 중에서 독도 연안과 대화퇴어장의 어획량이 60% 이상을 차지하고 있다. 흘림걸그물 어업으로 잡는 가오리, 열어, 광어 등 잡어 어획량과 홍게, 새우를 대상으로 하는 통발어선의 어획량도 연간 수백억 원대에 이르고 있다. 또한, 최근 들어 각종 매스컴을 통해 알려진 대로 미생물 분야에서도 지난 2005년부터 현재까지 약 40여 종 이상의 신종 미생물 박테리아가 발견되어 독도란 이름을 붙여 국제학회에 보고되기도 하였다. 이처럼 독도는 미지의 생물자원 보고(寶庫)로 가치가 매우 높다.

불리한 생태환경인 건조한 토양, 화산암 체임에도 불구하고 다양한 동식물이 서식하는 독도는 1982년 11월부터 「문화재보호법」 제6조에 의해 '천연기념물 제336호 독도 해조류 번식지(1999년에 독도 천연 보호 구역으로 명칭변경)'로 지정되어 보호되고 있다. 또한, 독도 안에 자생하는 흑비둘기(천연기념물 제215호)와 매(천연기념물 제323호)도 천연기념물로 지정되어 보호받고 있다. 아울러 2000년 9월부터는 환경부 고시를 통해 「독도 등도서 지역의 생태계 보전에 관한 특별법」 제4조에 의한 '특정 도서'로 지정되어 보호·관리되고 있다.

그러나 근래 독도에 하수처리시설이 설치된 이후, 그 오작동으로 인해 독도 경비대나 등대 관리자와 같은 거주자들로부터 발생한 오수가 바다에 그대로 쏟아지는 일이 반복돼 독도 부근은 심각한 바다 오염의 우려가 크다. 독도 부근 바다에서는 바닷물이 우윳빛으로 변하거나, 해초들이 죽고 산호초가 석회화되는 현상이 발견되고 있다. 현재는 이러한 오염을 줄이기 위한 공공 단체와 시민 조직에 의한 노력이 진행 중이다.

즉 독도는 생태계 연구의 대상이면서 보존의 대상인 것이다.

<독도생물자원의 가치-대화퇴어장>

7.4.2 독도의 지리적 가치

독도는 우리 영해의 동쪽 끝 확정시켜주는 배타적 경제 수역 설정과 관련한 중요 기점으로서 200해리 배타적 경제수역인 EEZ에 설정에 결정적 영토이다.

독도를 기점으로 배타적 경제수역 확보 시 막대한 수산자원, 지하자원 확보 가능하며 수산자원은 청정, 한류와 난류가 교차하는 지역에 동해 어업 전진 기지를 마련할 수 있다. 북쪽에서 내려오는 한류와 남쪽에서 북상하는 난류가 만나는 독도 주변의 바다는 플랑크톤이 풍부하여 다양하고 희귀한 어류와 해조류 등이 살기 때문에 좋은 어장을 형성한다.

또한, 동북아시아의 군사적 요충지로서 항공과 방어 기지로서 국가안보에 중요한 역할을 한다. 일례로 1905년 러일전쟁 당시 독도의 군사적 가치는 유감없이 발휘하였는데, 일본이 한국령 독도를 일본령 '다케시마'로 개명하여 강제 일본령 편입시켜 독도 망루 설치 활용으로 막강한 러시아 해군을 격파하였다. 일본이 왜 독도를 강제 편입한 이유를 극명하게 보여준다. 이런 전략적 군사적 요인 때문에 현재 우리나라는 독도 통신기지 구축을 전략적 기지화 함에 따라 관리하고 있으며 러시아, 일본 및 북한 해·공군 이동상황 파악에 중요기지로 활용 중이다. 이는 독도가 동북아 및 국가안보 군사정보 제공하는 중요한 역할을 담당한다는 것이다.

독도는 또한 동해의 해상 주도권을 갖기 위한 전진 기지로 최근 북극 항로가 열리면서 그 중요성이 증가하고 있고 이에 독도는 해양기후과학의 전초 기지로서의 몫을 단단히 해내고 있다.

그 예로 기상청이 설치한 자동기상측정장치가 국토 최동단에서 기상자료를 실시간으로 보내오고 있다. 크고 작은 떨림을 잡아낼 수 있어 지진 예측에 사용할 수 있을 것으로 기대하고 있어서 이 설비로 독도 주변의 지진 발생 위치와 방향, 동해의 심부 지각 구조까지 연구할

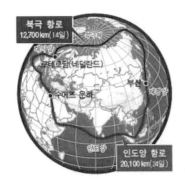 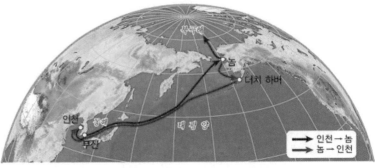

\<독도의 항로적 가치\>

수 있다. 독도에 설치된 지진관측소에는 가속도 감지기와 광대역 속도 감지기가 각각 1개씩 설치됐는데 특히, 독도의 지진관측소에서 관측된 결과를 국제 지진 관측들과 공유할 계획이므로 독도가 우리나라 영토라는 사실도 함께 알릴 수 있는 계기가 될 수 있을 것이다.

또한, 지질지원연구원은 독도에서 수시로 발생하는 지형 변화를 계속 감시하기 위해 무인 항공기로 독도를 탐사할 계획이다. 기상청 측은' 현재 우리나라에 설치된 자동기상측정장치는 내륙에서는 17 km, 해상에서는 100 km 간격으로 전국에 500여 대가 운영되고 있지만, 독도의 자동기상측정장치만큼 큰 몫을 하는 곳은 없다.'라고 한다.

독도는 동해에서 조업하는 어부들의 임시 대피소로서 가치가 있다.

또한, 해양과학 기지가 들어서기에 좋은 곳이며 기상, 어장 상황 등의 관측·예보, 지구·해양 환경을 연구하기에 적합하다. 현재 울릉도에 독도 해양과학기지가 완공되어 해양, 기상, 환경 분야의 다양한 연구와 지진, 해일에 대한 정보 수집도 가능하게 되었다.

정치, 사회적 가치로서 역사적, 국제법적 상으로 독도는 100% 한국 영토이지만 일본 독도영유권 주장 계속하고 있다, 일본은 독도 문제 현안 화하여 노골적 편입을 시도하고 있으며, 일본이 유엔 상임이사국 가입하거나 국제 사회 환경 변동 시 한국은 불리한 입장에 서게 된다. 이는 전 국민적인 정서적으로 독도에 대한 애착이 강하게 보이는 현재에 정부 확고한 대응 필요하다.

또한, 울릉도·독도는 천혜의 관광자원으로 전 세계적인 관광 상품화를 이룰 수 있는 가치가 있다.

7.4.3 독도의 경제적 가치

최근에는 인근 해저 메탄가스 수화물, 인산염, 석유, 천연가스 등 해저 지하자원 부존 가능성이 매우 크다고 조사되었다. 그중 미래 대체 에너지로 꼽히는 메탄 하이드레이트가 독도 인근 깊은 바다에 매장된 것으로 밝혀져 가치가 더욱 빛나고 있다. 이는 메탄이 주성분인 천연가스가 고체화된 것으로 연소 시 공해가 적어 차세대 청정에너지로 평가받고 있다. 현재까지 알려진 매장량은 약 6억 톤 규모로 우리나라가 약 30년 동안 쓸 수 있는 양이며, 그 가치는 약 150조 원에 이른다. 또한, 울산 남동쪽 50 km 해상 대륙붕인 천연 가스층이 발견되었고, 대기와 접촉할 때 생기는 암석인 조면암, 안산암, 관입암 등으로 구성된 암석학의 보고이며 해저산의 진화과정을 한눈에 알아볼 수 있는 세계적인 지질 유적이라는 것도 발표 되었다.

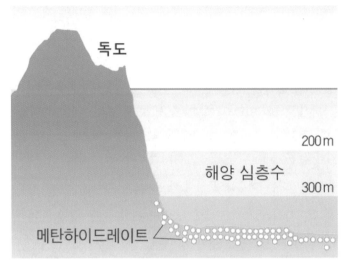

<독도의 자원 메탄 하이드레이트>

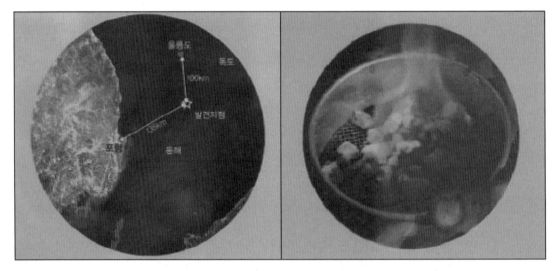

<메탄 하이드레이트와 발견지점>

또한, 독도 주변은 청정지역이므로 해양심층수의 생산이 가능하다. 심층수란 수심 200 이하 바다 밑 깊은 곳의 바닷물을 말한다. 심층수는 온도가 섭씨 2℃ 정도로 항상 일정하고 햇빛이 도달하지 않는 곳의 물이기 때문에 세균 번식이 없어 무균성이고 오염이 전혀 되지 않은 100% 청정수이다. 심층수는 높은 수압 때문에 바닷물 물질이 완전히 분해되어 있으므로, 인체에 필요한 땅 위 미네랄을 풍부하게 함유하고 있다. 땅 위의 물에 비교해 마그네슘, 칼슘, 나트륨, 칼륨 등 300배 이상의 미네랄도 보유하고 있다. 생물에 필요한 무기영양소도 땅 위의

물에 비교해 수십 배 더 많아 심층수가 솟아 나오는 지역은 자연적으로 이미 대형 어장이 형성되어 있기도 하다. 독도가 있는 동해의 해양심층수는 수심이 깊어 청정성이 매우 뛰어나고, 섭씨 2℃의 안정적 저온성으로 다량의 산소가 녹아 있다. 그러므로 독도 주변을 포함한 동해 심층수의 염분을 제거하면, 미네랄 영양가가 매우 높은 생수·식수를 무제한 공급받을 수 있고, 식품공업, 화장품 공업, 의료, 수산양식, 수경(水耕) 농업 분야에도 이용할 수 있다. 독도 주변의 바다 밑에는 이상과 같이 풍부한 해저 광물 자원이 있는데, 유엔 신해양법은 자기 나라 영토를 기점(Base Point)으로, 반지름 200해리까지의 '배타적 경제수역' (Exclusive Economic Zone·EEZ) 내에 있는 해저 광물 자원의 개발 소유를 허용하고 있다.

<시판 중인 울릉도 해양심층수>

또한, 독도는 해수 담수화 기술에 적합하다.

독도의 강우량은 1,240 mm이다. 1,900 mm대인 울릉도의 강우량보다 훨씬 적은데, 이는 나무가 없고 경사가 급해서 비가 고이거나 스며들지 않기 때문이다. 비록 서도에서 천연 담수를 구할 수 있으나, 이는 식수와 생활 수로 사용하기에는 많이 부족하다. 이러한 걱정을 해결해준 첨단과학기술이 바로 해수 담수화 기술이다. 현재 독도에는 독도 경비대원과 등대 관리원 등 하루 70명이 사용할 수 있는 27 t 규모와 어민 숙소 일일 생산용량 4 t 규모로 총 2개의 해수 담수화 시설이 있다. 이는 두산중공업에서 설비해준 것으로, 현지 운전여건을 고려하여 섬 지역에 적합한 역삼투압방식으로 제작되었다. 해수 담수화는 바닷물에 녹아 있는 염분을 제거하여 마시거나 사용할 수 있는 물로 바꾸는 것인데, 증류법, 전기투석법, 이온교환수지법, 역삼투압법 등 여러 가지 방법이 있다. 독도에서 사용되고 있는 역삼투압법은 삼투압 현상을 기반으로 한 해수 담수화 방법이다. 서로 다른 농도의 용액이 반투막을 사이에 놓고 분리되어있을 때, 물은 농도의 평형을 유지하기 위해 반투막을 통과하게 된다. 저농도의 물이 고농도의 물 쪽으로 이동하면 상대적으로 고농도에 많은 물량이 생성되어 압력이 발생하는데, 이를 삼투압이라고 부른다. 역삼투압방식은 이러한 삼투 현상을 인위적인 압력을 통해 역으로 진행하게 해 고농도의 물 분자를 저농도의 지역으로 이동시킴으로써 순수한 물만을 생성하는 방법이다.

<독도의 해양담수화 설비>

또한, 독도는 해양온도 차 발전에 적합하다.

해양수온도 차 발전 방식은 태양에 의해서 가열된 높은 온도의 표층수를 파이프로 끌어들 후, 이를 진공 펌프로 압력을 낮추면 낮아진 물의 온도만큼 증발하는 수증기를 이용하여 전기를 생산하는 방식이다. 그리고 이 발전 방식을 하게 되면 담수도 얻을 수 있어 일거양득의 효과가 있다. 독도의 인근 해역은 태평양에서 수온의 차가 가장 큰 지역이기 때문에 해양수온도 차 발전을 이용한 전기 생산이 쉽고, 독도 내의 부족한 물도 이를 이용해 해결할 수 있다.

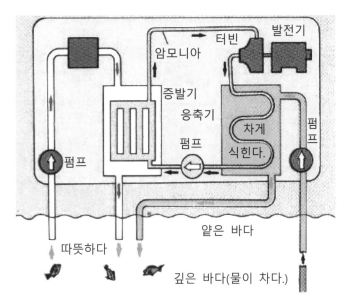

<해양온도 차 발전 원리>

요약하자면 독도는 섬이 많지 않은 동해에서 육지와 멀리 떨어져 있어, 우리나라 영해의 동쪽 끝을 확정 짓는다는 점에서 매우 중요하다. 또한, 독도는 우리나라, 러시아, 일본으로 둘러싸인 동해에서 해상 주도권을 갖기 위한 전진 기지 역할도 하고 있다. 최근에는 북극 항로가 열리면서 그 중요성이 증가하고 있다. 동해는 러시아, 중국 등의 대륙 국가들이 해양으로 진출하는 데 필요한 곳이고, 일본이나 미국이 대륙 세력을 견제하기 위한 전략적 요충지이다. 동해에 있는 독도는 바다와 하늘에서 우리나라의 군사적 활동 영역을 확보해 주고 있다. 한편 독도는 그 위치상 기상 상황, 어장 상황 등을 관측하고 예보하며, 지구 환경, 해양 환경을 연구하기에 적합한 장소이다. 특히 수심이 깊은 독도 인근의 바다는 해양과학 기지가 들어서기에 좋은 곳이다. 독도에 해양과학 기지가 만들어지면 동해의 변화 모습을 빠르게 파악할 수 있어 해양 자원의 활용에 도움을 얻을 수 있다. 또한, 메탄 하이드레이트와 같은 천연자원을 얻을 수 있고 해양심층수와 담수화 기술, 해양온도 차 발전에 쉽다는 것이다.

해상 교통 관제 시스템

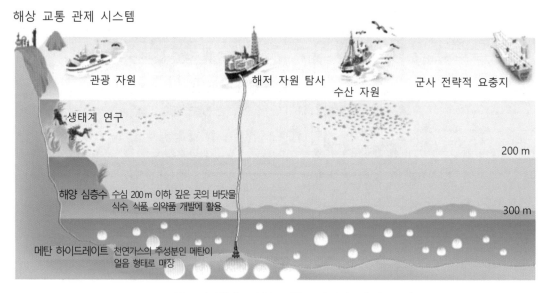

<독도의 생태, 자원, 과학, 지리적 가치>

책 속의 책 - 더 읽어보기

독도에서 발견된 미생물 이야기

독도에서 발견된 희귀한 미생물들도 매년 조사되었다. 그 현황을 연도별로 살펴보면,

- 2005년 : 독도니아 동해엔시스, 버지바실루스 독도넨시스, 독도 동해, 독도 한국, 버지바실러스 독도, 마리박터 독도, 마리노모나스 독도
- 2006년 : 독도넬라 코린시스, 수도모나스 세게티스, 동해아나 독도넨시스
- 2007년 : 휴미코커스 플라비더스, 플라겔리모나스 엑클로니아에
- 2008년 : 노키르디오이데스 독도넨시스, 크로케이필레아 독도넨시스, 크로케이필레아 엑클로니아에

　이러한 발견은 전 세계적으로 볼 수 없었던 희귀 미생들의 관찰로 희소성의 가치와 함께 독도의 신규 미생물 발견이 독도의 실효적 지배를 위한 과학적 자료 확보를 통해 독도를 세계에 알리는데 크게 기여하고 있을 뿐만 아니라, 동해아나 독도넨시스는 우리 땅 독도에서 처음으로 발견된 동해 독도라고 이름 붙여진 미생물이며, 이 미생물에서 친환경 에너지나 의학연구에 적용할 수 있는 새로운 물질, NQ로돕신이 발견되기도 했다. 동해 독도'의 유전체 정보 분석을 통해 아스파라긴(N)과 글루타민(Q)으로 이루어진 모티프를 가진 새로운 로돕신을 밝혀내고 이를 NQ 로돕신이라고 명명했다.

　미생물 로돕신(microbial rhodopsin)은 빛을 이용해 사는 미생물이 갖고 있는 단백질로, 미생물은 이 단백질을 이용해 빛을 에너지로 변환시킨다. 즉 NQ로돕신은 태양에너지를 생명체가 이용할 수 있는 화학에너지로 전환할 수 있다. 이것을 이용하면 바이오에너지 생산, 뇌/신경 연구 등 다양한 분야에 이용할 수 있다.

　이에 관한 연구논문이 국제 학술지에 게재되면서 우리의 독도와 동해를 전세계 과학계에 소개하는 일거양득의 효과를 거둔 셈이다.

　최근 세계 각국은 생물다양성 협약체결 등으로 자국의 생물자원을 보호하고 산업적으로 활용하려는 정책을 강화하고 있으므로 독도에 존재하는 다양한 미생물자원을 확보하는 것은 국내 생물자원을 우선적으로 확보하고 이용하는데 매우 중요하다.

　현재 독도에서 발견한 다양한 미생물을 대상으로 산업적으로 유용한 미생물을 탐색하는 연구가 진행중에 있으며 유해한 곰팡이를 억제하는 등의 유용한 미생물이 발견되고 있다. 이러한 새로운 미생물은 새로운 기능이나 유용한 물질을 가지고 있을 가능성이 크므로 향후 신약후보물질, 효소 등 산업적가치가 높은 제품을 생산하는 데 활용될 수 있을 것으로 기대된다.

7장 단원평가

학년도	학기	고사 분류	학과	학번	이름	평가점수
20	1학기/2학기	제7장 /익힘문제 (제출용)				

1. 독도의 지리적 특징으로 옳지 않은 것은?

① 독도는 동해의 해저 지형 중 독도분지의 남쪽 경계부분에 위치하고 있으며, 평균 수심 500 m의 해양 평원에 솟아 있는 화산섬이다.

② 두 개의 큰 섬인 동도(東島)와 서도(西島)를 중심으로 총 89개의 크고 작은 섬과 암초로 이루어져 있으며 독도의 총 면적은 187,554 m²로, 서도(西島)가 88,740 m², 동도(東島)가 73,297 m², 그 밖의 부속도서가 25,517 m²이다.

③ 2012년 11월부터 대한민국 정부 고시에 의거하여 서도의 최고봉은 '대한봉'(大韓峰), 동도의 최고봉은 '우산봉'(于山峰)으로 부른다.

④ 동도와 서도 및 부속 도서는 대부분 수심 10 m 미만의 얕은 땅으로 연결되어 있다.

2. 독도의 생태환경에 관한 설명 중 옳지 않은 것은?

① 키가 작아서 강한 바닷바람에 잘 적응하며, 잎이 두텁고 잔털이 많아 가뭄과 추위에도 잘 견디는 식물들이 주로 서식한다.

② 독도 사철나무는 독도에서 현존하는 수목 중 가장 오래된 나무로 독도에서 생육할 수 있는 수종이라는 의미뿐만 아니라, 국토의 동쪽 끝 독도를 100년 이상 지켜왔다

③ 독도에서 발견된 신종 박테리아들의 학명에는 코리아넬라 코린시스(Koreanella koreensis), 대한아나 독도넨시스(Deahanana dokdonensis) 등과 같이 '코리아'나 '대한'의 명칭이 포함되었다.

④ 철새들이 이동하는 경로. 왕로, 흑비둘기, 흰길매기, 까마귀, 노랑발도요, 딱새 등 철새들의 쉼터, 바다제비, 슴새, 괭이갈매기 등의 번식지이다.

3. 독도의 초기 역사에 관한 설명 중 옳은 것은?

① 울릉도에 세워진 우산국은 서기 50년 후부터 내륙의 왕조인 가야, 신라 및 고구려와 조공관계를 맺고 토산물을 바쳐왔다.

② 11세기 초 동북여진족(東北女眞族)의 침략을 받은 뒤부터 우산국은 급격하게 번성하였고 인구가 20만에 육박했다.

③ 조선 초기에는 일본 해적의 침략으로 많은 섬 주민이 피해를 입자 1416년인 태종 18년에 조정은 섬의 주민을 본토로 이주시켰다.

④ 100여 년 동안 무인도로 있다가 울릉도와 독도는 조선후기 때 지방행정체계에 포함되었다.

4. 근대현의 독도의 역사에 대한 설명 중 옳지 않은 것은?

① 1693년에 안용복은 일본 애도막부에게 울릉도, 독도가 조선 영토임임을 확인하여 문서를 받아온다.

② 1849년 프랑스 포경선 리앙쿠르호의 선원들이 서양인으로는 처음으로 이 섬을 발견하고 섬에 선박의 이름을 붙였다

③ 1900년인 광무 3년 10월 25일, 대한제국 정부는 칙령 41호를 공포하여 울릉도를 강원도의 군으로 승격하고, 이 울릉군의 관할 구역으로 석도(石島)를 포함시켰다.

④ 1905년에 일본은 러일전쟁 전쟁 중 시마네 현 고시 제40호를 통해 독도를 대한제국정부와의 조약을 통해 시마네 현 고시 40호에 의해 일본 영토로 편입했다

5. 독도의 생태 지리적, 과학적 가치에 관한 설명 중 옳지 않은 것은?

① 독도는 1982년 11월부터 「문화재보호법」제6조에 의해 '천연기념물 제336호 독도 해조류 번식지(1999년에 독도 천연 보호 구역으로 명칭 변경)'로 지정되어 보호되고 있다.

② 국제 분쟁 지역으로 지정되어 군이 주둔하지 못하여 동북아시아의 군사적 요충지로서 역할을 못하고 있다.

③ 독도는 우리 영해의 동쪽 끝을 확정시켜 주는 배타적 경제 수역 설정과 관련한 중요 기점으로서 200 해리 배타적 경제수역인 EEZ에 설정에 결정적 영토이다.

④ 미래 대체 에너지로 꼽히는 메탄 하이드레이트가 독도 인근 깊은 바다에 매장된 것으로 밝혀져 가치가 더욱 빛나고 있다.

6. 독도의 기후에 관한 설명 중 옳은 것은?

① 1월 평균기온 6℃, 8월 평균기온 30℃로 온난한 편이다

② 평균 강수량은 2,240 mm 정도, 연평균 기온 약 17℃ 이다.

③ 난류의 영향을 많이 받는 전형적인 해양성 기후이다.

④ 연중 날씨 중 흐린 날은 250일 이상이며 비 또는 눈 오는 날은 50일 정도이다.

7. 독도의 서식하는 생물에 관한 내용 중 옳지 않은 것은?

① 독도 주변 바다는 다양한 어패류와 해조류가 서식한다.

② 독도의 곤충은 딱정벌레, 파리, 나비, 벌, 노린재, 매미, 톡토기, 잠자리, 메뚜기, 집게벌레, 독도장님노린재, 초록다홍알락매미, 섬땅방아벌레, 검정넓적꽃등에 등 약 20여 종이 있다,

③ 2013년에는 시베리아의 텃새인 솔양진이 수컷 한 개체가 남한 지역에서는 처음으로 동도에서 발견되었다.

④ 인근 얕은 바다에는 모자반, 대황 등의 해양식물이 군락을 이루고 있다.

8. 1800년대 이후 독도의 역사에 관한 설명 중 옳지 않은 것은?

① 일본은 독도를 편입한 이유는 '무주지 선점', 즉 주인이 없는 섬을 처음으로 차지하였다고 주장하였다.

② 일본은 1905년에 독도를 편입한 것은 원래 일본의 영토인 '독도 영유 의사를 재확인한 것'이라고 말을 바꾸었다.

③ 일본 내무성은 러일전쟁이 종결되기 전에 독도 영토 편입을 적극찬성 하였다.

④ 1854년에 러시아 군함의 이름을 따서 '마날라이 올리부차 섬(Manalai and Olivutsa Rocks),' 1855년에 영국 선박의 이름을 따서 '호넷 바위섬(Hornet Rocks)'이라는 이름도 붙었다.

9. 광복이후 독도에 대한 설명 중 옳지 않은 것은?

① 2008년 7월에는 일본 정부가 중학교 사회 교과서 학습지도요령 해설서에 이 섬을 일본 영토로 표기하여 2012년부터 이 섬에 대해 '다케시마는 일본 고유의 영토'라는 내용을 교육할 것이라 발표하였다.

② 2008년 2월, 일본 외무성이 이 섬에 대한 일본의 영유권을 주장하는 책자를 발간하여 배포하자 대한민국의 동북아역사재단과 한국해양수산개발원은 이를 반박하는 자료를 발표하였다.

③ 일본 시마네 현은 2005년 6월 9일, 10월 25일을 "독도의 날"로 하는 조례안을 가결하였다.

④ 1999년에 국가지정문화재관리단체 지정 및 천연기념물 제336호 독도관리지침 고시 문화재명칭변경에 의해 독도해조류 번식지가 독도천연 보호 구역으로 지정되었다.

10. 독도의 과학적 가치에 대한 설명 중 옳지 않은 것은?

① 독도 주변은 청정지역이므로 해양심층수의 생산이 가능하다.

② 해저 메탄가스수화물, 인산염, 석유, 천연가스 등 해저지하자원 부존 가능성 이 매우 높다고 조사되었다.

③ 울산 남동쪽 10 km 해상 대륙붕인 우리나라가 30년간 쓸 수 있는 석유지층이 발견되었다.

④ 해저산의 진화과정을 한눈에 알아볼 수 있는 세계적인 지질 유적이라는 것도 발표되었다.

11. 독도를 지형을 구성하는 해산의 종류를 1가지 이상 적으시오

12. 배타적 경제수역'(Exclusive Economic Zone·EEZ)에 관해 간략히 서술하시오.

13. 독도 인근 깊은 바다에 매장된 것으로 메탄이 주성분인 천연가스가 고체화된 것으로 연소 시 공해가 적어 차세대 청정에너지로 평가받고 현재까지 알려진 매장량은 약 6억 톤 규모로 우리나라가 약 30년 동안 쓸 수 있는 양이며, 그 가치는 약 150조 원에 이르는 미래 대체 에너지로 꼽히는 것은 무엇인가?

14. 독도가 우리 땅임을 알 수 있는 근거를 서술하시오.

학년도	학기	고사 분류	학과	학번	이름	평가점수
20	1학기/2학기	제7장 /서술형문제 (제출용)				

생각해보기

한국과 일본의 '독도 영유권'에 대한 역사적 논쟁의 과정을 연대기적으로 조사하여 서술하시오.

8장

해양인문학의 미래

이제 21세기 미래를 바라보는 관점에서 우리는 바다가 인간에게 있어 어떠한 존재인가를 이해하고 어떤 의미로 다가오는지에 대한 고차원적인 사고가 필요한 때가 되었다고 본다. 이제는 바다가 단순히 해상 교통로이거나 어패류와 소금의 공급원이던 시대는 지났기 때문이다.

바다는 아시다시피 수산 식량자원과 미래 자원의 보고이다. 바다와 해양 관련 산업을 통해 앞으로 바다는 계속해서 미래의 새로운 먹거리를 우리에게 줄 것이며 이에 해양산업을 육성하고 해양과학기술을 발전시켜 바다를 잘 활용하면서도 해양 환경을 보존해야 하는 일이 누구나 아는 인간에게 있어 매우 중요한 과제일 것이다.

또한, 기술적으로는 나아가 해양 또는 해수의 실태를 알고 대기와의 상호작용을 고려하여 기상 또는 기후변화에 영향을 해명하고, 해저 지각 활동 조사 때문에 해저 지진의 해명에 이바지하는 등 과학적, 기술적, 사회적·경제적으로도 큰 의의가 있다는 것도 인식해야 한다. 이렇듯 우리의 주변을 둘러싸고 있는 해양은 이제 인간과 함께 존속해 나가야 할 대상으로 지금 우리 곁에 있다. 이에 우리는 그동안 우리에게 버림받았던 바다를 안전하고 깨끗하며 친숙한 바다로 만드는 일이 우리에게 필요할 것이다. 그것이 바다와 우리가 서로 공존해 나가는 길이라 할 수 있다.

즉 지구 표면적의 약 70%를 차지하는 수구로서의 지구의 바다를 인간과 공유해 나가기 위해 우리는 무조건 광대한 해양을 이용을 목적으로만 볼 것이 아니라 인간 활동이 영향을 준수 있는 해양 과학사, 해양 철학, 해양문학, 해양 사회학, 해양 인류학, 해양 심리학 등의 모든 부분을 포함하여 이해해야 할 것이다.

50~60년 전 인류가 처음 달에 도달하였을 때, 달보다 훨씬 가까운 지구의 포함된 바다에 대해 인류가 모르는 것이 너무나 많다는 사실이 오히려 역설적으로 다가왔다. 하지만 돌이켜 생각해보면 최초의 바다 탐험이 생존의 장에서 호기심이 가득한 항해로 시작되었다는 것과 오늘날에 이르러 바다를 심해의 영역까지 탐험하고 있는 역사적 상황을 고려해 본다면. 더욱더 바다를 이해하는 것은 우리의 의무가 아닌가 싶다.

그러므로 여기에 인류와 함께 공존하는 바다의 존재의미를 이해해야 하는 이유가 있고 해양문화를 확산시킬 수 있는 해양인문학의 힘이 절실히 필요한 것이다. 나아가 미래를 위한 발전적인 지속할 수 있는 해양가치를 새로 마련해 해양인문학에 기반을 둔 새로운 해양 패러다임을 만들고, 인류의 삶의 질을 또한 지속할 수 있게 향상하는 해양 패러다임의 공유와 해양문화와 철학적 의미의 확산이 필요하다.

해양과학사적 의미의 해양은 항해와 모험의 역사와 밀접하게 관련되어 있었다. 인류는 처음에는 생존과 이주, 종교, 무역, 전쟁, 식량을 구하는 시기에서 호기심의 바탕으로 한 모험과 발견의 모습으로 나아가 차츰 새로운 것을 알고자 하는 지식탐구와 과학기술의 발전 모습으로 변모하였다. 이는 인류 생존을 위한 본성적이고 자연스러운 항해와 탐사 등이 지식탐구를 위한 과학기술의 형태로 눈을 돌렸다는 것이다.

그러므로 해양인문학에서는 일반적인 해양의 내용뿐만 아니라 인류가 살던 시대의 사상적 배경, 당시의 사회제도, 경제구조, 생활방식, 종교 등이 그 시대 인류가 행한 안 인문학 내용이 어떤 영향을 미쳤는가 하는 것을 과학기술사 및 사회학적 의미와 그것을 둘러싼 외적 요인과의 상호관계에 대해서 이해해야 한다는 것이다. 즉 해양의 역사가 발전되어온 과정을 정치, 경제, 사회, 문화, 과학, 철학, 예술의 인문학적 분석을 통해 인류와 바다가 연관된 또는 학문적인 경계를 뛰어넘어선 인문학적 관계를 이해하는 것이 필요하다는 것이다. 그러므로 해양인문학에 대한 이해는 우리가 현재의 바다를 이해하는 데 있어 필수 불가결하다고 할 수 있다.

결론적으로 현재를 우리를 보았을 때 우리 사회는 이제 단순히 한가지의 개념으로 문제를 해결할 수 있는 단순한 구조의 사회가 아니다. 이제는 여러 분야를 간 학문적인 사고와 경계를 뛰어넘는 융합적 통섭의 개념에서 바다를 이해해야 한다는 것이다. 또한, 단순히 데카르트와 베이컨으로 대변되는 서양의 기계적이고 도구적인 사고에서 벗어나 바다를 동반자와 공존과 동등의 존중 대상으로 생각하는 동양적인 자연 친화적이고 유연한 사고의 힘이 어느 정도 필요하다는 것이다. 궁극적으로는 이러한 생각과 사고들이 하나로 귀결되어 서로 상호 보안을 유지해 준다면 바다를 통한 인류의 미래는 매우 긍정적인 효과가 나타날 것이다. 이에 또 우리가 해양인문학을 도입하고 이해하는 이유가 바로 여기에 있다고 본다.

또한, 이를 통해 해양인문학을 기본으로 한 간 학문적인 융합이 이루어져 21세기가 요구하는 미래에 대한 바다에 새로운 패러다임을 제시할 수 있는 동기를 부여할 수 있는 분야로 충분히 발전할 수 있다고 본다. 그동안 늘 우리 인류의 역사와 함께했고 지속했던 바다를 인문학적으로 이해해 본다는 것은 과학기술의 세계 속에서 사는 우리 현대인들에게 있어서도 획기적인 사고의 전환이 아닐 수 없다. 이에 이번 해양인문학 강의를 목적이 바다와 인간과 사회, 그리고 역사와 과학 및 인문, 문화, 철학, 문학, 예술 등의 인간에 의해 행해지는 육체적, 정신적 활동의 과정 이해라고 볼 수 있으며 순수하게 태곳적부터 지속하고 있는 인류 생명의 근원인 해양 즉 바다의 모습을 총체적으로 이해해 보는 데 목적이 있다고 할 수 있다.

해양의 역사적 의미를 이해한다는 갓은 과거의 의미가 현재와 미래로 이어진다는 것을 이해하는 것과 같은 것이다. 과거를 이해하지 못하면 현재도 존재할 수 없으며 아울러 미래에 대한 예측도 불가능하다. 과거사에서 보듯 역사는 되풀이되며 이에 우리는 현재와 미래의 해양 역사를 과거를 통해 이해하고 또한 대비해 나가 인류 문명의 역사를 더욱더 발전시킬 수 있다.

　　과거 수천 년의 해양 과학사를 보면 인류는 바다보다는 육지를 중심으로 한 역사를 이루어왔다. 하지만 앞서 말한 대로 지금은 육지의 한계를 뛰어넘어 바다에 시야를 넓힐 필요가 있는 시대라 할 수 있다. 비록 14~16세기로 대변되는 대항해 시대가 이런 맥락을 함께하고 있지만, 그때의 상황은 바다를 이해하고 공존하는 생각에 미치지 못하고 정복의 대상과 호기심의 대상으로만 바라봐야 했다. 즉 더 나아가 생각해보면 고대 해양을 바라보는 인류에게는 인류에 있어서 생존과 투쟁을 위한 생명의 지속하기 위한 수단의 바다였고 중세 이후는 공포와 두려움의 미지의 상태에서 상상력과 모험의 세계로 바뀌었고 최근에서는 바다를 통해 인류의 삶과 생활에 보탬이 되기 위한 수탈적, 일방적, 기계적, 산업적으로 이용한 도구의 바다였다고 볼 수 있다.

　　다시 대항해의 역사를 되짚어 볼 때 그때부터 인류는 강한 모험심으로 바다를 통해 인간과 자본, 물질과 문화의 이동을 이루어왔으며 이는 후에 전 세계를 하나의 문화권으로 만들어 왔다.

　　하지만 이로 인해 전 세계의 인류는 많은 문화적, 경제적, 사회적, 정치적, 사상적인 문제에 봉착하게 되었고 각종 갈등과 한계에 직면하게 되는 현재에 이르게 되었다.

　　그러므로 이제는 인류가 다시 바다로 눈을 돌려 그 안에서 진정으로 그 문제의 해결책을 곰곰이 철학과 인문학적 소견으로 찾아야 한다고 생각한다. 즉 바다를 통해 사회적, 국가적, 문화적 갈등의 문제에 대한 치유와 서로 공존과 배려의 새로운 장을 만들어 가야 한다는 것이다. 즉 이를 다시 말하면 자연의 본질을 이해하고 존중하는 상호 간의 인본주의를 바탕으로 한 제2의 르네상스와 제2의 대항해 시대를 열어나가야 한다고 것이다.

　　그러므로 이제 우리는 다가오는 미래에서는 우리가 바다와 함께 공존해 나가고 바다를 통해 치유하고 안도를 얻는 삶이 필요하다는 획기적인 전환적 사고가 필요하다. 이를 위해 우리는 과학기술의 범위를 바다에 맞추어 바다가 스스로 자정작용을 할 수 있는 범위 안에서 사용해야 할 것이며 그 이상의 과학기술의 적용을 우리 인류가 심사숙고하여 적용할 수 있어야 한다. 바다는 이제 지배와 정복의 대상이 아닌 우리의 삶에 있어 함께 생존해 나가야 가야 할 동반자적이고 계속해서 교류해 나갈 공생의 존재라는 사실을 잊어서는 안 될 것이다.

　　또한, 대륙적 사고에서 해양적 사고로 인식 전환이 필요하며 해양산업과 해양문화를 이해 할 수 있도록 해양인문학교육을 진행해야 하며 그것을 나아가 법제화 필요도 있다고 본다. 즉 해양르네상스 시대를 구축하기 위해서는 대륙적 사고와 인식에서 벗어나 해양적 사고로 대전환이 필요하다는 큰 의미의 생각 전환이 필요한 것이다.

앞서 말했듯이 지금까지 해양에 대한 인식은 해양을 자연과학의 물리적 대상으로만 여겨 주로 해양학이라는 학문적 영역에서만 표류하여 아직도 해양을 자연과학의 영역으로만 치부하고 있으므로, 해양인문학적 관점에서 해양적 사고 전환의 본질을 해명하는 작업이 필요한 것이다.

신 해양 시대를 맞아 이제 해양에 대한 인식과 해양 패러다임을 새로운 차원에서 탐구해야 할 단계에 이르렀으며 해양적 인식으로의 대전환을 통해 해양성을 삶과 관련된 인문학을 실천하는 계기가 되어 대륙형에서 해양형으로서의 시대정신의 대전환이 새로운 시대에 필요하다.

그로 인해 해양적 사고로의 전환이 국가 해양 발전전략의 발전 방향 제시해 줄 것이며 나아가 정확한 해양의식과 관념이 정립되어 해양인문학 발전의 구체적 운영 방안 제시하며 바다와 해양에 대한 의식변화를 불러일으킬 것이다.

최근 50여 년 동안 한국의 예를 보면 기적과 같은 산업발전에 해양 분야가 상당히 이바지 했음에도 불구하고, 우리 국민의 바다에 대한 인식과 태도와 친화도, 문화적, 사회적, 인문학적 환경은 부족한 게 사실이었다. 이는 다른 해양강국이라고 자부하는 선진국들도 비슷한 실정일 것이다.

그러므로 우리는 이 같은 문제를 해결하기 위해 구체적으로 해양인문학의 활성화를 위해 해양 아카이브 확립 및 인문학적 해양 빅데이터 구축과 함께 국내외 해양인문학 전문가를 양성하고 교육 프로그램 마련하여 국가 간 인적네트워크 및 협약을 통해 해양인문학을 확대하고 활용하여 해양인문학을 발전시켜 나가 한다. 또 앞서 말한 누구나 참여하는 해양 교육의 법적 근거의 마련하여 더욱더 친근하고 소통의 대상으로서의 바다를 바라보는 계기가 되어야 하겠다.

인간과 해양과의 상호작용을 이해하고, 지속할 수 있는 공존을 위해 실천할 줄 아는 능력이 인류에게 갖춰야 할 해양적 소양으로 인식할 수 있도록 사회적 차원에서 행정적이며 재정적, 교육적 지원과 중장기계획 수립을 통해 지속해서 시행돼야 한다는 것이다.

또한, 해양르네상스 바탕으로 해양인문학 강국으로 가는 길은 대학 및 정부 부설 연구소를 개설, 운영하여 해양문화와 해양르네상스, 해양 정책, 예술, 문화, 인문 등을 연구할 수 있도록 길도 넓혀 나가야 할 것이다.

14세기 이탈리아를 중심으로 한 유럽의 르네상스가 고대 그리스·로마 문화를 이상으로 한 인문주의를 바탕으로 한 학문과 예술의 부활이라는 의미가 있다면 21세기의 해양르네상스는 가야로 대표되는 해상문화와 육상 문화의 융합, 장보고의 해양경영, 이순신 장군의 해양지배, 동양의 지중해로 불리며 해양으로 뻗어갈 수 있는 한반도의 유리한 지정학적 위치, 바다를 공존과 치유, 교류와 개방으로 보는 새로운 패러다임의 전환이 해양인문학의 강국으로서의 과거의 찬란한 해양강국의 위상과 역사를 다시 재현해보자는 미래지향의 미를 담고 있다고 분수 있다.

해양르네상스, 제2의 대항해 시대에 있어서 또한 중요한 것은 바다를 바라만 보아서도 안 된다는 것이다. 바로 바다를 체험할 수 있도록 적극적인 자세가 요구된다는 것이다. 해양르네상스의 실현을 위해 무엇보다 중요한 건 사회 각계각층과 모든 국민의 일상 속에서 바다를 중심으로 생각하고, 바다와 함께 생활하며 바다에서 꿈과 미래를 찾는 문화가 깊이 자리 잡는 것이다.

바다는 우리의 곁에 늘 있었다. 바다는 어디로 가버리지 않는다. 하지만 우리가 어떻게 바라를 이해하여 대하는 태도에 따라 바라는 어떠한 모습으로 우리에게 나타날지 모릅니다. 바다와 해양에 대한 동등하고 편견 없는 공존의 동반자적 의미의 이해가 우리의 바다를 대하는 해양인문학의 가장 기본적 소양일 것이다.

<거꾸로 세계지도를 보면 해양으로 나아가는 한국의 미래가 보인다>

8장 단원평가

학년도	학기	고사 분류	학과	학번	이름	평가점수
20	1학기/2학기	제8장 /익힘문제 (제출용)				

1. 인간이 바다를 바라본 방식의 전환에 대한 설명 중 옳지 않은 것은?

① 해양과학사적 의미의 해양은 항해와 모험의 역사와 밀접하게 관련되어 있었다.

② 인류는 처음에는 생존과 이주, 종교, 무역, 전쟁, 식량을 구하는 시기에서 호기심의 바탕으로 한 모험과 발견의 모습으로 나아가 차츰 새로운 것을 알고자 하는 지식탐구와 과학기술의 발전의 모습으로 변모하였다.

③ 인류 생존을 위한 본성적이고 자연스러운 항해와 탐사 등이 지식탐구를 위한 과학기술의 형태로 눈을 돌렸다.

④ 해양진출의 꿈을 일찍 인식하여 인류 진화시기로부터 지금까지 활발히 해양진출의 모습의 변화를 이끌어 왔다.

2. 해양인문학의 과거와 미래에 대한 설명으로 옳지 않은 것은?

① 해양을 한정적 공간으로 인식하고 인간의 욕구를 해소하는 공간으로 이용해야 한다.

② 해양산업을 육성하고 해양과학기술을 발전시켜 바다를 잘 활용하면서도 해양 환경을 보존해야 한다.

③ 해양의 역사가 발전되어온 과정을 정치, 경제, 사회, 문화, 과학, 철학, 예술의 인문학적 분석을 통해 이해하는 것이 필요하다

④ 해양과학사적 의미의 해양은 항해와 모험의 역사와 밀접하게 관련되어 있었다.

3. 우리나라가 해양르네상스를 통해 해양강국이 될 수 있는 역사적 근거에 관한 설명 중 옳지 않은 것은?

① 고구려로 대표되는 해상문화와 육상 문화의 융합

② 장보고의 해양경영

③ 이순신 장군의 해양지배

④ 동양의 지중해로 불리며 해양으로 뻗어갈 수 있는 한반도의 유리한 지정학적 위치

4. 해양르네상스의 실현을 위해 무엇보다 우선적이고 기본적으로 이루어야 할 일은 무엇인가?

① 해양 군사력 증대를 통한 해양 권력의 확보

② 해양 관련 산업육성을 통한 경제 강국 건설

③ 사회 각계각층과 모든 국민의 일상 속에서 바다를 중심으로 생각하고, 바다와 함께 생활하며 바다에서 꿈과 미래를 찾는 문화가 깊이 자리 잡는 것

④ 해양수산개발을 통한 식량 확보

5. 해양인문학의 이해와 패러다임의 전환을 위한 분야 간의 경계를 허무는 학문적 사고방법을 의미하는 용어는 무엇인가?

6. (   )안에 들어갈 단어를 각각 적으시오.

신 해양 시대를 맞아 이제 해양에 대한 인식과 해양 패러다임을 새로운 차원에서 탐구해야 할 단계에 이르렀으며 해양적 인식으로의 대전환을 통해 해양성을 삶과 관련된 인문학을 실천하는 계기가 되어 (   )형에서 (   )형으로서의 시대정신의 대전환이 새로운 시대에 필요하다.

7. 해양인문학을 활성화하기 위한 방안에 대해 간략히 서술하시오.

8. 빈 칸에 들어갈 알맞은 단어를 쓰시오.

(   ), 제2의 대항해 시대에 있어서 또한 중요한 것은 바다를 바라만 보아서도 안 된다는 것이다. 바로 바다를 체험할 수 있도록 적극적인 자세가 요구된다는 것이다.

(   )의 실현을 위해 무엇보다 중요한 건 사회 각계각층과 모든 국민의 일상 속에서 바다를 중심으로 생각하고, 바다와 함께 생활하며 바다에서 꿈과 미래를 찾는 문화가 깊이 자리 잡는 것이다.

9. 해양인문학의 미래를 위한 인문학적인 인간의 자세에 관해 간략히 서술하시오

학년도	학기	고사 분류	학과	학번	이름	평가점수
20	1학기/2학기	제8장 /서술형문제 (제출용)				

생각해보기

대륙적 사고와 해양적 사고의 특징을 대조하여 구체적인 예를 들어 서술하시오.

참고문헌 및
단원평가 정답

참고문헌

1. 강봉룡, 김경옥 외 3명 (2007). 해양사와 해양문화. 경인문화사

2. 강봉룡 (2008). 해양인식의 확대와 해양사. 역사학보 200, 67-97

3. 강정숙 (1991) 한국 근대시에 나타난 서구 지향성과 전통 지향성의 변모양상 연구. 국내 석사학위논문 건국대학 교육대학원.

4. 강은정 (2020). 이어도 해양경계획정과 해양주권 국민인식 확산 방안. 2016년과 2020년 국민 인식조사 비교 분석. 평화학연구 21.4, 301-323

5. 구모룡 (2002). 해양 인식의 전환과 해양문화. 부산광역시 해양수도 21, 26-49

6. 김남석 (2018). 해양문화와 영상문화. 이담북스

7. 김동철 (2014). 부산 해양축제의 시공간적 형태와 변화 특성 연구. 국내석사학위논문 부산대학교 대학원.

8. 김명희 (1982). 박재삼 시론 - 바다와 저승의 이미지. 새국어교육

9. 김소영 (2013). 영화 속 등대의 상징 분석과 콘텐츠 활용방안 연구. 글로컬 창의 문화연구 3, 48-64

10. 김종규, 김정현 (2021). 해양공간정보학. 전남대학교출판문화원

11. 김선태 (2012), 목포해양문학의 흐름과 과제. 도서문화 40, 261-288

12. 김상구 (2011). 부산광역시 해양문화 발전방향에 관한 시론적 연구. 한국지방정부학회 학술대회자료집, 105-121

13. 김성귀,박수진 (2010). 국제 해양 주도권 확대 방안 연구. 한국해양수산개발원

14. 김성민 (2021). 해양인문학연구 〈해양인문학의 정의와 적용분야를 중심으로〉. 국내박사 학위논문 부경대학교 대학원.

15. 김성준 (1999). 세계에 이름을 남긴 대항해자들의 발자취. 신서원

16. 김성준 (2001). 유럽의 대항해시대. 신서원

17. 김성준 (2003). 영화로 읽는 바다의 역사. 혜안

18. 김성준 (2007). 해양탐험의 역사. 신서원

19. 김성준 (2009). 영화에 빠진 바다. 혜안

20. 김성준 (2014). 해양과 문화. 문현

21. 김성준 (2015). 서양항해선박사. 혜안

22. 김성준 (2014). 한국항해선박사. 문현

23. 김성준 (2015). 역사와 범선. 교우미디어

24. 김성준 (2019). 대항해시대. 문현

25. 김성희 (2010). 한국 해양극문학의 '바다' 연구. 국내석사학위논문 원광대학교 일반대학.

26. 김열규 (1998). 한국인의 해양의식. repository.kmou.ac.kr, 1-45

27. 김정흠 (2001). 중고생을 위한 해양과학 이야기. 연구사

28. 김지은 (2019). 해양환경교육의 관점에서 해양박물관의 의미. 한국환경교육학회 학술대회 자료집, 165-170

29. 김창겸 (2017). 신라 문무왕 (文武王) 의 해양의식 (海洋意識). 탐라문화 56, 117-14

30. 김학민 (2010). 블루 캔버스 (바다보다 더 매혹적인 바다그림 이야기). 생각의나무

31. 김홍섭 (2011). 해양강국 실천을 위한 행정조직 부활의 필요성 연구. 한국항만경제학회지 27.4. 313-346.

32. 김홍섭 (2010). 우리나라 새로운 해양문화의 도입과 확장 전략에 관한 연구. 한국항만 경제학회지 26.4. 269-288

33. 김혜영 (2008). 지속가능한 해양관광지 개발 연구." 국내박사학위논문 경기대학교 일반 대학원.

34. 나승만, 신순호 외 3명 (2007). 해양생태와 해양문화. 경인문화사

35. 남송우 (2013). 해양 인문학의 모색과 해양문화콘텐츠의 방향. 해안과 해양 6.2, 24-27

36. 남진숙, 이영숙 (2019). [玆山魚譜]의 해양생태인문학적 가치와 융합연구 제언. 문학과 환경 18.2, 139-174

37. 류인숙 (1984). J.M.W.Turner의 繪畵연구. 국내석사학위논문 홍익대학교.

38. 마광 (2016). A Legal Study on the Chinas practice of marine legislation. 국제법무 8.1, 239-257

39. 마츠다 히로유키 (2015). 해양보전생태학 (현명한 바다 이용). 자연과생태

40. 미에다 히사키, 콘도 타케오 외 1 (2012). 바다와 해양건축 (21세기에는 어디에서 살 것 인가?). 기문당

41. 박경하 (2019). 21세기 해양 생활사 연구 동향과 방향. 역사민속학 57, 7-23

42. 박대석 (2015). 해양 어메니티를 활용한 대지미술 사례연구: 모래조각을 중심으로. 도서문화 45, 239-273

43. 박성쾌(2011). 해양과 육지의 통합 철학에 대한 제언. 계간 해양수산 2, 30-32

44. 박이문 (2004). 사유의 열쇠, 창비

45. 박인태 (1997). 해양자원과 활용. 학문사

46. 박홍균.(2018) 해양산업에서 해양관광의 트랜드 분석. 해운물류연구 34.3 473-488.

47. 변동명 (2010). 여수해양사론. 전남대학교출판부

48. 변지선 (2021). 해양관련 구술채록 기록물 활용 빅데이터 연구 시론. 문화와 융합 43,: 851-866

49. 백종현 (2004). 철학의 주요 개념 1·2. 서울대 철학사상연구소

50. 서애영 (2012). 등대를 활용한 해양문화콘텐츠 활성화 방안 연구. 국내석사학위논문 건국대학교 대학원.

51. 손동주,서광덕 (2021). 동북아해역인문학 관련 연구의 동향과 전망 - 부경대 HK+사업단 아젠다 연구와 관련하여. 인문사회과학연구 22.1, 115-140

52. 손율 (2019). 바다풍경을 통한 심상적 표현 연구. 국내석사학위논문 경북대학교 대학원.

53. 심경훈 (2000). 바다에 관한 회화적 이미지 연구. 국내석사학위논문 중앙대학교 대학원

54. 신정호 (2009) 한중 해양문학연구 서설:'해양인식'의 기원과 '해양문학'범주. 중국인문학회 학술대회 발표논문집, 353-363

55. 신정호 (2012). 한중 해양문학 비교 연구 서설-시론(試論) 적 접근. 도서문화 40, 289-320

56. 아키미치 토모야 (2005). 해양인류학. 민속원

57. 양구어전(楊國楨) (2010). 해양인문사회과학 되돌아보기. 해양도시문화교섭학 vol .3, 225-251

58. 옥태권 (2006). 해양소설의 이해. 전망

59. 엄태웅, 최호석 (2008). 해양인문학의 가능성과 과제. 동북아 문화연구, 17, 159-178

60. 알프레드 베게너 (2010). 대륙과 해양의 기원. 나남

61. 오어진 (2013). 오성찬 해양소설의 서사 전략 연구. 인문학연구 15, 171-193

62. 옥태권 (2004). 한국 현대 해양소설의 공간의식 연구. 동남어문논집, 211-239

63. 윤명철 (2014). 한국해양사.학연

64. 윤선영 (2010). 세계박람회 테마관 전시 콘텐츠 및 연출에 관한 연구-여수세계박람회

65. 해양산업기술관을 중심으로. 정보디자인학연구 15, 131-140

66. 윤수진 (2011). 바다를 주제로 한 회화표현 연구 - 본인작품을 중심으로-." 국내석사학위
논문 영남대학교 대학원.

67. 윤정임 (2014).「바다의 편지」에 나타난 최인훈의 예술론. "국내석사학위논문 숙명여자
대학교 교육대학원.

68. 윤옥경(2006). 해양 교육의 중요성과 지리 교육의 역할. 대한지리학회지 41, 91-506

69. 윤일 (2017) 일본문학의 해양성 연구: 일본 해양문학 담론에 나타나는 '해양성'. 동북아
문화연구 51, 467-477

70. 원용태, 이말례, 노효원, 곽훈성 (2008). 해양 에듀테인먼트 게임의 개발과 활용. 한국
컴퓨터게임학회논문지. vol 2008, 37-46

71. 이경란 (2016). 용신 (龍神) 신앙을 통해 본 해양종교문화. 동북아시아문화학회 국제학술
대회 발표자료집, 462-466

72. 이경호 (2002). 한국의 해양화와 부산의 전망. 국제해양문제연구 13.1 , 205-215

73. 이동근, 한철환, 엄선희(2003). 역사와 해양의식: 해양의식의 체계적 함양방안 연구. 연구
보고서, 1-219

74. 이석용 (2007). 국제해양분쟁해결. 글누리

75. 이석우 (2004). 해양정보 130가지. 집문당

76. 이윤선 (2007). 해양문화의 프랙탈, 竹幕洞 水聖堂 포지셔닝. 도서문화 30, 85-129

77. 이원갑(2010). 해양관광 활성화를 위한 해양문화콘텐츠 활용방안 연구. 연구보고서, 1-165

78. 이재우 (2019). 영미 해양문학산책. 문경출판사

79. 이초희 (2013). 해양교육 정책도구가 해양의식수준에 미치는 영향. 세계해양발전연구 22,
245-275

80. 임환영 (2015). 아리랑 역사와 한국어의 기원. 나남

81. 조선화 (2009). 복합문화공간의 특성을 적용한 박물관 공간계획. 국내석사학위논문 국민
대학교 디자인대학원.

82. 조숙정 (2014). 바다 생태환경의 민속구분법. 국내박사학위논문 서울대학교 대학원.

83. 정규상, 이현성 외 1명 (2013). 해양 공간디자인. 미세움

84. 장이브 블로 (1998). 해양고고학 (암초에 걸린 유물들). 시공사

85. 전망편집부 (2017). 해양과 문학 20호. 전망편집부

86. 정승건 (1999). 해양정책론. 효성출판사

87. 정해상 (2017). 해양과학과 인간. 일진사

88. 조정희 (2020) 해양성의 기표를 통한 바다 이미지 변천에 관한 연구:〈갯마을〉과〈명량〉을 중심으로. 영화연구 85, 355-382

89. 주수완 (2016). 반구대 암각화 고래도상의 미술사적 의의. 강좌 미술사 47, 89-107

90. 재단법인해양문화재단 (2000). 우리나라 해양문화. 실천문학사

91. 채동렬 (2017). 해양자원의 웰니스 산업적 이용가능성과 해외치유관광 개발 전략. 해양관광연구 10, 65-81

92. 최성두, 우양호 외 1명 (2013). 해양문화와 해양 거버넌스. 도서출판선인

93. 최복주 (1993). 정지용의 〈바다시〉 연구. 국내석사학위논문 공주대학교,

94. 최성애 (2016). 한·중·일 해양교육 현황과 시사점: 학교 해양교육을 중심으로. 연구 보고서, 7-41

95. 최영호(1998). 국민해양의식 고취와 교육문제. 해양문화연구, vol 24, 39-56

96. 최형태, 김웅서 (2012). 해양과 인간. 한국해양과학기술원

97. 하세봉 (2019). 조공시스템"론과 그 이후 – 해양인문학에의 시사점 탐색. 인문사회과학연구 20.2, 439-458.

98. 한겨레신문사 (1999). 해양과 문화. 편집부

99. 한국해양수산개발원 (2003).역사와 해양의식」 pp.1-254

100. 한국해양연구소 (1995). 해양개발의 현재와 미래. 편집부

101. 한국해양학회(2017). 한국해양학회 50년사. 지성사

102. 한승원 (1992). 작가의 말: 내고향 남쪽바다. 청아출판사

103. 홍승용(2019). 해양책략 1. 효민

104. 홍석준. (2005). 인류학적 관점에서 본 해양문화의 특징과 의미 : '해양문화의 지역체계 만들기'의 사례를 중심으로" 해양문화학 [Journal of Maritime Culture] 창간호 .12. 45-66

105. 홍순일 (2007). 서해바다 황금갯벌의 구비전승물과 해양정서. 도서문화 30, 287-335

106. 홍장원 (2017). 해양문화 정책 방향에 관한 연구. 연구보고서, 1-145

107. 황인철 (2020). 바다의 순환적 생명력에 대한 연구. 국내석사학위논문 단국대학교 대학원.

108. 후지이 키요미츠(2019). 해양개발. 전파과학사

109. Kim, Jeong-Sik(2009). Proceedings of the Korean Institute of Navigation and Port Research Conference. Korean Institute of Navigation and Port Research, 25-49

110. Kim, Sam-Kon, and Cheol-Pyo Cha.(2009). A Study on objective and content domains of marine education in the fish and marine high school. Journal of Fisheries and Marine Sciences Education 21.2, 237-246

111. Kim, Hong-Seop (2013): A Study on the Development and Activation of Marina Port for the Expansion of the Marine Leisure Sports. Journal of Korea Port Economic Association 29.1, 215-245

112. LEE, Sang-Cheol, and WON Hyo-Heon (2015) A Study on the Level of the Occupational Basic Competencies of Fisheries and Maritime High School Students. Journal of Fisheries and Marine Sciences Education 27.4, 1202-1210

113. Pak, Sung-Sine.(2011). A study on architectural type and design characteristics of floating architecture. Journal of Navigation and Port Research 35.5 407-414

114. 위키피디아 www.ko.wikipedia.org

115. 한국민족문화대백과사전 www.encykorea.aks.ac.kr

116. 해양교육포털 www.ilovesea.or.kr

[단원평가 정답]

1장 해양인문학과 해양문화

1	2	3	4	5	6	7	8	9	10
4	2	1	3	4	2	2	4	1	2
11	12	13	14	15	16	17	18	19	20
1	1	4	1	3	해설	해설	해설		

▪ 16. 레이첼 카슨(Rachel Carson)

▪ 17. 정답예시

바다는 지구의 자체의 온도를 조절하는 역할을 한다.

바다는 모든 육지에서 흘러나오는 각종 물질을 전부 받아들여 스스로 자정작용을 통해 그동안 오염된 물질을 분산하고 순순하게 처리하는 역할을 담당한다. 해양은 커다란 열을 관리하는 탱크의 역할을 하고 그 온도를 조절하여 최종 결과적으로 사막이 확산하는 것을 또한 방지한다. 해양은 우리 인간에게 아주 손쉬운 수송방법을 제공하고 있는데 그것을 해양 주변은 휴양지로 이용하기도 한다. 또한, 식량의 주요공급원이자 거대한 쓰레기를 처리하는 처리장이기도 하다. 마지막으로 해양은 단백질과 광물 그리고 전력 등 현대 산업화한 사회에서 필요로 하는 모든 잠재적 에너지를 제공해주는 역할을 한다.

▪ 18. 정답예시

① 대륙지향 사유에서 해양 지향 사유로의 인식전환

② 해양 사고의 전환으로 해양에 대한 지식의 축적 그리고 행동에 실천

③ 해양을 인식에서 벗어나 도전적 의식으로 맞아 드리는 것

2장 해양항해사의 이해

1	2	3	4	5	6	7	8	9	10
2	2	1	2	4	3	4	3	3	3
11	12	13	14	15	16	17	18	19	20
1	3	1	2	2	해설	해설	해설	해설	해설

15. 바이킹(족)

16. 후안 세바스티안 엘 카노 또는 엘 카노

17. 정답 예시

① 남방문화와 한반도문화의 융합이 일어났다.

② 대외 교역에 유리한 김해 가락국의 입지 조건이 허황후의 도래를 통해 보여 주는 선진 문물의 상징인 '선박 신앙'과 결합된 것이다.

③ 김해 지역과 남방 지역의 인적·물적 교류의 산물로 볼 수 있을 것이다.

18. 와이빌 톰슨(Wyville Thompson)

19. 정답 예시

① 19세기 전반기에는 증기를 이용한 목조 외륜선이 등장했으며, 1832년 외륜기선이 증기 기관만 사용하여 대서양을 횡단하기도 했다. 이어서 19세기 후반기에는 프로펠러 철선이 등장하였는데, 특히 1861년에 수에즈 운하가 개통됨으로써 프로펠러 철선시대가 촉진되었다.

② 서구 열강의 식민지 개척과 하와이와 중남미의 중요성을 인식했고, 영토 확장 정책과 해군 확장정책을 동시에 추진하였다.

③ 발전된 기술로 마한의 해양전략론을 논거로 삼아 바다를 통한 대외 팽창으로 눈을 돌렸다.

3장 선박의 이해 - 한선

1	2	3	4	5	6	7	8	9	10
3	1	2	3	4	1	3	해설	해설	해설
11	12	13	14	15	16	17	18	19	20
해설									

8. 해골선

9. 정답예시

① 바다와 강에 인접한 자연 환경을 극복하기 위하여, 또한 삶을 보다 지혜롭게 가꾸기 위하여 우리 조상들은 환경과 용도에 따른 다양한 배들을 만들었다.

② 우리의 조상들은 배를 타고 물과 친숙해지며 자연과 하나 되었다.

③ 선박의 발전을 서양의 것처럼 자연을 정복의 대상이 아닌 서로 같이 가야할 동반자의 의미로 생각했다.

④ 무조건적인 빠름이 아닌 느긋함과 순리에 적응하고 순응 하는 마음으로 배의 구조와 역할을 우리 지형과 인간의 조건에 따라 발전시켜왔다.

10. 정답예시

한국 해안의 지리적 조건 때문이다. 한국의 남~서해안은 조수 간만의 차가 심한 지역이다. 첨저선 형태의 경우 배 밑바닥이 뾰족하므로 썰물 때 갯벌 위에 좌초할 위험이 크다. 이에 반해 평저선 형태의 경우 썰물 때 갯벌에 안전하게 내려앉을 수 있다.

바람이나 노에 의존하는 범노선(帆櫓船)의 경우, 대양이 아닌 연안지역에서는 대부분 마찰저항이 문제될 뿐, 주로 배 앞부분의 파도에 의한 속력저하 되는 조파저항은 생각만큼 그렇게 영향이 크지 않다고 한다.

마찰저항에 의한 속력손실은 감안하더라도 조파저항에 의한 속력손실은 그렇게 크지 않으므로, 전체적인 속도에선 그렇게 손해를 보지는 않는다는 것이다.

흘수가 작은 배는 선회성능이 좋아서 좌우 방향 전환을 쉽게 할 수 있으며, 선회반경도 작다. 결정적으로 한국 해안처럼 좁고 섬이 많은 연안 지역 해전에서는 선회성능은 속도보다도 더 중요할 수 있다는 것이다.

11. 테우

4장 해양 문학의 이해

1	2	3	4	5	6	7	8	9	10
2	1	4	2	1	4	2	4	해설	해설

⁝ 9. 포경선 에섹스 호의 놀랍고도 비참한 침몰기

⁝ 10. 정답예시

　　이 시에서 가장 중요하게 다루는 것은 모험과 생존, 귀환의 문제이고, 그러한 모험과 귀환이 굳은 의지와 인내, 지혜를 통해 가능하다는 것을 보여 준다. 이러한 모험의 과정은 인간의 삶에 대한 비유로 보고, 인간의 인생이 어떻게 펼쳐지는가에 관해 이야기하는 작품으로 보기도 한다. 한편, 지리적인 지식, 시 속에 묘사한 생활 상태, 기타 여러 가지 내적인 증거로 미루어 보아 이 작품은 '일리아드'보다 약간 뒤늦게 나온 것으로 추측되며, 내용상 '일리아드'보다 복잡하며 기교적이다.

5장 해양철학

1	2	3	4	5	6	7	8	9	10
1	4	3	2	2	1	4	4	4	2
11	12	13	14	15	16	17	18	19	20
2	3	해설	해설	해설	해설				

⁝ 13. 아르케(arche)

⁝ 14. 위버멘쉬(Übermersch)

15. 정답 예시

① 말의 어원은 사랑을 뜻하는 'Philia(필리아)'와 지혜를 뜻하는 'Sophia(소피아)'가 합쳐진 것이다. 그래서 철학을 다른 말로는 '애지(愛知)'의 학문이라고도 부른다. 즉 '지혜를 사랑하는 학문'이라는 것이다.   또는 '지혜에 대한 사랑'

② 자연을 이해하고 인간과 자연이 공존해 나가는 생각과 논리와 마음

16. 신은 죽었다.

6장 해양과 생물

1	2	3	4	5	6	7	8	9	10
1	4	1	4	4	3	2	1	4	4
11	12	13	14	15	16	17	18	19	20
2	4	2	해설	해설					

14. 비늘

15. 정답 예시

① 유배생활 중 저자들이 직접 관찰하고 들은 바를 옮겨 정리한 실학사상의 결과이며, 수산연구에 있어 중요한 지침이 된다.

② 원래 생물학자가 아니었던 정약전과 김려가 수산생물에 관심가지고 생태, 습성 등을 연구하는 시도는 간학문적 사고의 전환을 통한 패러다임의 전환으로 높이 평가되어야 할 것으로 여겨진다.

7장 해양인문학과 지리-독도

1	2	3	4	5	6	7	8	9	10
1	3	3	4	2	3	2	3	3	3
11	12	13	14	15	16	17	18	19	20
해설	해설	해설	해설						

11. 안용복해산, 독도해산, 심흥택해산, 이사부 해산 중 1

12. 정답 예시

① 자국 연안으로부터 200해리까지의 자원에 대해 독점적 권리를 행사할 수 있는 수역

② 유엔 신해양법은 자기 나라 영토를 기점(Base Point)으로, 반지름 200해리까지의 '배타적 경제 수역'(Exclusive Economic Zone·EEZ) 내에 있는 해저 광물 자원의 개발 소유를 허용하고 있다.

13. 메탄 하이드레이트

14. 정답예시

   독도는 울릉도에 가까이 있어 예로부터 울릉도의 부속 섬으로 인식되었다. "세종실록 지리지"(1454)에는 '우산(독도), 무릉(울릉도) 두 섬이 서로 거리가 멀지 않아 날씨가 맑으면 바라볼 수 있다.'라고 기록되어 있다. 조선 숙종 때에는 어부였던 안용복이 두 차례 일본으로 건너가 울릉도와 독도가 우리 땅임을 일본 관리로부터 확답을 받고 돌아왔다. 이 내용을 다루고 있는 에도 막부의 죽도기사(1726)에 의하면, 에도 막부는 울릉도와 독도를 조선의 영토로 인정하고 있었다. 특히 1877년 일본 메이지 정부의 최고 기관인 태정관에서는 '울릉도와 독도가 일본과는 관계없음을 명심할 것'이라는 지령문을 시마네 현에 보내, 일본 스스로 독도가 조선 영토라고 인정하였다. 1900년 대한 제국 정부는 칙령 제41호를 반포하여, 울릉도를 울도로 개칭하고 울도군수의 관할 구역을 울릉도와 석도로 규정하여 독도가 우리 땅임을 분명히 하였다.

8장 해양인문학의 미래

1	2	3	4	5	6	7	8	9	10
4	1	1	3	해설	해설	해설	해설	해설	

5. 간학문적 사고(Inter-disciplinary Thinking)

6. 대륙, 해양

7. 정답 예시

① 해양인문학의 활성화를 위해 해양 아카이브 확립 및 인문학적 해양 빅데이터 구축과 함께 국내외 해양 인문학 전문가를 양성하고 교육 프로그램 마련하여 국가 간 인적네트워크 및 협약을 통해 해양인문학을 확대하고 활용

② 대륙적 사고에서 해양적 사고로 인식 전환이 필요하며 해양산업과 해양문화를 이해할 수 있도록 해양인문학교육을 진행해야하며 그것을 나아가 법제화 필요

③ 해양을 정치, 경제, 사회, 문화, 과학, 철학, 예술의 인문학적 분석을 통해 인류와 바다가 연관된 또는 학문적인 경계를 뛰어 넘어 이해하는 패러다임의 전환과 사고가 필요

8. 해양르네상스

9. 정답 예시

① 지구 표면적의 약 70%를 차지하는 수구로서의 지구의 바다를 인간과 공유해 나가기 위해 우리는 무조건적으로 광대한 해양을 이용을 목적으로만 볼 것이 아니라 인간 활동이 영향을 줄 수 있는 해양 과학사, 해양 철학 ,해양문학, 해양 사회학, 해양 인류학, 해양 심리학 등의 모든 부분을 포함 하여 이해해야 할 것이다.

② 미래를 위한 발전적인 지속가능한 해양가치를 창출해 해양인문학에 기반을 둔 새로운 해양 패러다임을 만들고, 인류의 삶의 질을 또한 지속가능하게 향상시키는 해양 패러다임의 공유와 해양문화와 철학적 의미의 확산이 필요하다 .

③ 바다를 통해 사회적, 국가적, 문화적 갈등의 문제에 대한 치유와 서로 공존과 배려의 새로운 장을 만들어 가야 한다는 것이다.

해양인문학의 이해

2021년 10월 20일 초판 인쇄

2021년 10월 25일 인쇄 발행

저   자 윤홍주, 김성민

발 행 인 송기수

발 행 처 도서출판 위즈덤플

편 집 처 도서출판 위즈덤플

편 집 인 공예서

표 지 디 자 인 디자인붐

인 쇄 처 더블비

등 록 번 호 제 2015-000009 호

I S B N 979-11-89342-40-1 (03300)

주   소 서울 은평구 증산로 15길 69, 2층

전   화 02-976-7898, 02-3272-7898.

팩   스 02-6468-7898

홈 페 이 지 gsintervision.co.kr

E - M a i l gsinter7@gmail.com

정   가   27,000원